부모님처럼 살겠다고 다짐하면서
존중하며 행복하게 살고 싶은 당신과
사랑하는 우리 가족,
그리고 더 행복한 미래를 꿈꾸는 분들에게
이 책을 드립니다.

님　惠存

저자 世井 정 충 희 드림

21세기 최고의 웰빙지침서

가정을 변화시키는 ♥ ♥ ♥ ♥ ♥ 행복스토리

정충희 저

우리 가족이
공동의 꿈과 꿈 넘어 꿈이 있다면
얼마나 행복할까?

▲ 표지 그림 - 행복한 우리 가족 / 손자 정의진(대전 흥도초등1학년)

책을 내면서

언제부터인가 '행복이란 무엇일까? 어떻게 하면 다 같이 행복하게 살아 갈 수 있을까?'를 생각하게 되었다.

남자라면 누구나 하는 군 생활 속에서 '나를 따르라'는 생활방식에 익숙해진 나는 집에 와서 아내에게는 물론 어린 자녀들에게도 '나를 따르라'고 하면서 살다 보니 따뜻한 가정을 이루지 못하고 엄격한 병영 생활과도 같은 삶을 살게 한 나는 항상 아내와 자녀에게 언제부터인가 미안한 마음과 앞으로의 나의 인생은 어떻게 살아야 후회 없는 행복한 삶을 살 수 있을까 생각을 하게 되었다.

코칭(Coaching) 공부를 통하여 경청하는 방법을 배우고 질문을 통하여 서로 잠재력을 일깨우고 어떻게 하면 가족의 탁월함을 더욱 빛나게 할 수 있을까를 연구하게 되었다. 책을 잘 보지 않던 나는 인문학 등 1년이면 60권 이상의 책을 보면서 많은 것을 깨달았다.

책을 보다가 TV앞 탁자에 놓고 행복 관련 공부를 하고 저녁에 돌아오면 아내가 말을 한다. "탁자에 있는 책을 보니까 우리 집의 행복을 위하여 너무도 좋은데 어떻게 하면 우리 자녀들과 함께 더욱 행복한 가정이 될 수 있을까요?"라고 하면서 대화가 시작되었다.

이렇게 변화하기 시작한 우리 가정은 지금까지 생각 못했던 꿈을 만들고 또 꿈 넘어 꿈과 우리 가정의 공동의 꿈속에 한 달, 1년, 5년 세월이 지나 이제는 아들은 물론 며느리와 손주들도 우리 집의 분위기에 젖었고 행복한 가정을 위하여 동참하고 행복 관련 책을 보고 실천하고 자신도 모르는 사이에 행복한 삶을 살아가고 있다.

나는 끊임없이 행복에 관심을 갖고 공부하고 책을 보면서 살아온 결과 그 동안 기업체에 가서 기업의 새로운 꿈과 행복 관련 강의와 코칭을 시작하여 중, 고등학교, 대학교 / 대학원 등에서 강의와 코칭을 하고 있다.

최근에는 우리 가정 공동의 꿈을 이루고자 솔향의 도시 강릉 전원주택으로 이사를 와서 여건이 비슷한 사람끼리 모여서 텃밭에 상추와 고추, 땅콩, 옥수수, 고구마, 참외, 과일 등을 마을 주민으로 부터 재배법을 배우면서 키우고 수확하여 나누어 먹고 사는 재미는 또 하나의 행복이고, 바다낚시와 영동지방에서의 관광은 잊을 수 없는 추억을 쌓아가고 있다.

행복은 그냥 찾아오는 것이 아니고 자신의 삶에 대해 미래를 창조한다는 마음으로 자신이 주도적으로 변화하고 계획, 설계하는 등 삶에 대하여 스스로 주인공이 되어야 한다. 나는 오늘도 '목적이 이끄는 라이프 디자인'을 통하여 새로운 꿈을 설계하고 실천하면서 미래를 창조하고 있다. 많은 사람들에게 인생을 설계하여 좀 더 행복한 삶을 살 수 있도록 하는 것이 나의 사명이라고 생각한다.

2019년 초여름 강릉에서

世井 정 충 희

추천사 / 나의 절친 정충희 ♡ 이영수 행복부부를 생각합니다

햇볕 좋은 날 나비 기다리는 해맑은 꽃과 같은,
뙤약볕 참기 힘든 폭염 가려 줄 큼직한 양산 같은,
쓸쓸한 낙엽 길 걸을 때 가슴 한 구석 불어 줄 시원한 마파람 같은,
동지 섣달 긴긴 밤 화롯불에 고구마 구워 먹으면서
밤 새워 구수한 이야기 나누고 싶은 그런 존재..

바로 이 책의 주인공, 정충희 친구와 이영수 여사님 같은 분이지요.
부부간에도 부창부수(夫唱婦隨)의 도리를 잘 지키시는
요즘 세상에 정말 보기 드문, 이상적인 부부가 아닐까 싶습니다.

사랑 담긴 책 곳곳에서 읽으셨겠지만 어쩌면 이렇게도 착하고 어질고
모범적인 사나이가 존재할 수 있는지,
어떻게 살면 이렇게도 다정하고 금슬 좋고 서로 존경하면서
만족하는 부부가 있을 수 있는지..정말 신통하기만 합니다.

식구들 앞에서 늘 공부하고 배우는 모습으로 살아왔다는 것은 알지만
어떻게 아들 며느리가 아버지에게 표창장을 선사하는 경우가 있는지..

더 이상 말이 필요 없을 정도로 행복하고 아기자기한 삶을 살고 있는
가장과 부부와 가족을 보면서 한편으로 존경스럽고 부러우면서도
너무나도 배울 점이 많다는 고백을 드리지 않을 수가 없습니다.

이런 친구를 늘 지켜볼 수 있는 저로서는 무한 행복 더 없는 기쁨이요
대리 만족을 느끼면서, 열 번 스무 번 고맙고 또 고맙습니다.

> **절**약 검소 생활화
> **친**구 간에 의리파

> **동**기생 위해 주고
> **기**회 만들어 열공
> **생**동감 있는 지성

> **정**으로 가정 화목
> **충**성과 헌신 딛고
> **희**망을 나눠 주는

> **대**한 국민 예비역
> **령**관 장교의 표상

> **이**만한 짝 드물어
> **영**혼까지 맺어 진
> **수**준급 현모 양처

> **여**기 이분 아니면
> **사**는 재미 못 느껴

한국행시문학회장
예비역 대령 鄭東熙

행복스토리 목차

PART - 1
꿈을 통한 행복 키우기

PART - I. 꿈을 통한 행복 키우기

1. 꿈과 행복의 연관성

꿈과 행복은 어떤 연관성이 있을까?

"원하는 것을 적극 찾지 않으면 원하지 않는 나쁜 것이 찾아 든다"는 말이 있다. 나는 나 자신을 소개할 때 **"꿈이 있어 행복한 사람 정충희입니다"** 또는 "정직, 충성, 희망 앞에 있는 글자처럼 정충희는 정직하고 충성스럽게 살다 보니 삶에 희망이 가득합니다"라고 소개를 한다. 또는 직접 말을 하지 않아도 항상 나 자신은 꿈이 있어서 그어떤 사람보다도 행복하고 자신감이 있고 건강을 지키는데 도움이되고, 내가 행복한 것을 본 가족은 물론 친구까지도 행복지수가 올라가는 것 같다.

그러면 나의 꿈은 무엇이 있을까? 사실 나의 꿈은 나이 50대까지도 머릿속에만 가끔씩 생각을 했다. 그러다가 직장에서 퇴직한 50대 후반부터 꿈에 관한 책을 보고 생각을 하면서 꿈을 그리기 시작했다. 그래서 지금 꿈이 많다. 지금 이 글을 쓰면서 꿈 중에 하나는 **"꿈을 찾아주고 그 꿈을 이룰 수 있도록 영감을 주는 것"**을 조금이라도 실현하기 위하여 꿈을 통한 행복 키우기를 생각하게 되었다.

꿈이 있는 사람과 꿈이 없는 사람의 차이는 무엇일까?

누구든지 꿈이 있다. 꿈이 없는 사람은 없을 것이라고 생각한다. 하지만 그 꿈을 글로 써보고 구체화하고 또 그 꿈을 변화시키고 어떻게 실현시킬 것인지 생각하고 꿈이 달성될 때까지 노력을 하는 사람과 하지 않는 사람의 차이는 엄청 클 것이다. 그러면 꿈을 어떻게 만들고 그 꿈을 통하여 행복지수가 올라갈 수 있을까? 우리의 가슴 속

에는 생각하고 원하는 것 등이 많이 있고 그 것이 이루어지기를
바라고 있다. 예를 든다면 **"내가 바라는 것이 무엇일까?"** 를 원한다면
좋아하는 것과 하고 싶은 것, 갖고 싶은 것, 가고 싶은 곳, 싫어하는
것을 적어 본다.

o 좋아 하는 것(being) :

o 하고 싶은 것(doing) :

o 갖고 싶은 것 (having):

o 가고 싶은 곳(going) :

o 싫어 하는 것(disliking) :

(각주:CMOE Korea 국제코치 자격과정 교재)

5가지를 적을 때 한 번에 적으려고 하면 나의 가슴속에 있는 것을 모두
생각하기가 어렵다. 가슴속에 있는 꿈을 잘 표현하려면 핸드폰에 있는
노트 앱과 메모지에 생각 날 때마다 적으면서 정리를 해보면 그것이
꿈이 된다.

그러면 나는 무엇이 되고 싶은가? 내 가슴속에 내가 바라는 것은
무엇인지 자신이 알게 된다. **"자신이 바라는 것을 알게 되면 그것을
하고 싶어지고, 열정이 생기고, 삶에 활력소가 생기게 된다. 그것이 곧
꿈이 될 수 있다."** 그리고 그것을 세부계획을 세워서 하나씩 실행을
하면 된다. 누구든지 하루의 일과 중에 자신만이 누릴 수 있는 시간이
있고 해야 할 일중에 본인이 결정해서 할 일이 있다. 그렇다면 나의
꿈과 연결하여 실행한다면 조금씩 나의 꿈은 현실로 다가 올 것이라고
믿는다. 이와 같이 꿈이 있는 사람은 행복하게 되기 때문에 꿈과
행복은 연관성이 있다고 할 수 있다.

2. 꿈을 이룬 사람들

꿈을 이룬 사람들은 무수히 많이 있다. 안타까운 사고가 났을 때 꽃다운 나이에 꿈을 피워보지도 못하고 사망했다고 아쉬워 하는 경우가 많이 있다. 하지만 어릴 때부터 작은 꿈부터 써보고 목표를 세워서 실행을 해나가면 나이가 들수록 꿈을 키울 수 있고 그 꿈이 실현되어 행복지수가 점점 올라간다.

인생에서 단순한 꿈만 있으면 안 된다. 예를 들어 '**서울대학교에 합격하는 것이 꿈**'이라고 할 때 최종적으로 떨어지면 인생을 좌절하고 한강다리 위로 간다는 말이 있다. 또 합격을 했다고 했을 때 더 이상 공부를 하지 않게 된다. 그래서 꿈은 '**꿈 넘어 꿈**'이 있어야 한다. 그리고 '**공동의 꿈**'이 있어야 한다. 가족의 공동의 꿈이 있어야 하고 직장에서 팀 별, 회사 전체의 꿈이 있어야 갈등이 줄어들고 서로를 이해하고 원하는 성과를 달성할 수 있다.

예를 들어보자

예문1. 12세의 올리버 이야기

2016년 노벨 경제학상을 수상했고 하버드 대학 교수이면서 빌 게이츠와는 하버드 대학교 다닐 때에 단짝이었던 올리버는 12세 때에 **"왜 공부를 잘 해서 학업 성취도를 높여야 하는지?"** 알 수가 없었다. 공부하기도 싫어졌다. 그런 아들에게 엄마는 크리스마스 선물로서 신년 다이어리에 빨간 밑줄을 그은 신문기사를 주었다. 그 내용은

> 1962년 노벨 물리학상을 수상한 하버드대학 교수
> "james watson"에 관한 글이었다.

> 그는 12살에 처음으로 큰 꿈을 가졌다. 그 꿈은 "내가 세계적인 물리학
> 자가 되어 모든 인류가 풍족하게 살 수 있는 해결책을 제시하겠다"

이 기사를 본 올리버는 가슴이 뛰기 시작했다. **"나도 꿈을 가져야지"**
라고 생각을 굳히게 하였고 12살인 올리버는 자신의 미래에 대하여
깊이 있게 생각하는 새로운 인생이 시작되었다. 아무리 평범한
아이들도 꿈을 통해서 비범해 질 수 있다는 것이다.
올리버는 이전에는 꿈이 없었다. 그러니 삶에 있어서 열정이 있을
리가 없었다. 올리버는 엄마가 크리스마스 선물로 준 신년 다이
어리에서 꿈을 찾았다. 그렇지 못할 경우에는 내가 바라는 것이
무엇인지 찾아서 꿈을 만들고 그 꿈을 향하여 살아가면 새로운
인생을 살아갈 수 있으리라 생각된다.

예문2. 미국 전역을 울린 11세 브렌든 포스터의 이야기

만일 나의 인생이 15일 정도 시간이 남았다고 생각해보면 어떨까?
앞이 안 보일 정도로 앞이 캄캄한 마음일 것이다. 좌절하거나 슬퍼할
여유도 없는 15일 정도라는 시간밖에 없다면 그 짧은 시간에 무엇을
해야 할까? 백혈병 진단을 받은 미국의 11살 브렌든 포스터는
약2주가 지나면 사랑하는 사람들과 영원히 이별을 해야 한다는 것이
무엇인지도 어린 나이에 몰랐을 것 같다.

"남은 15일 동안에 하고 싶은 소원을 말해보아라."
세상에서 가장 꺼내기 힘들었던 엄마의 한 마디 말이었다.
브렌든은 힘든 치료를 받고 집으로 돌아오는 차 안에서 창 밖으로
지나가는 노숙자들의 캠프를 보면서 마지막 소원...

"저 사람들 모두에게 샌드위치를 만들어주고 싶어요." 라고 말을 했다.

너무나도 어린 나이에 생각하기 어려운 천사 같은 말이었기에 너무나도 가슴 아팠던 마지막 소원이었다. 브렌든의 마지막 소원은 우연히 인터넷에 올라오면서 수많은 사람들의 눈시울을 적시게 된다. 그 사람들은 모두 "도와주고 싶습니다."라는 것이었다.
그리고 얼마 남지 않은 시간에 급하게 각종 식재료를 싣고 달려온 대형 마트의 트럭이 있었고 하던 일도 미루어두고 달려 온 이웃 주민들과 미국 전역에서 보내 온 사람들의 기부금까지.......
그렇게 작은 천사의 마지막 소원을 들어주기 위해 모여든 수많은 도움의 손길들이 줄을 이었다.
그리고 노숙자들에게 건네진 샌드위치 봉지에 적힌 한마디 문장,

"사랑해 브렌든"

소년의 마지막 소원으로 시작된 브렌든의 샌드위치는 순식간에 미국 지역의 노숙자들에게 퍼지기 시작했고, 2주간에 3,500명의 노숙자들이 브렌든의 샌드위치를 받았다. 브렌든과의 마지막 인터뷰하는 날. 수많은 노숙자들이 샌드위치를 받았다고 알려주자, 브렌든은 너무나 행복해하며 말했다. **"행복한 시간이었어요. 숨이 멈추는 순간까지 저는 이제 행복할 것 같아요. "** 브렌든은 그 인터뷰를 마지막으로 다음날 엄마의 품속에서 마지막 숨을 거두었다.
그리고 천사가 모든 사람들에게 남기고 간 한마디.
"비록 어려운 상황이더라도 꿈을 잃지는 마세요. 제 소원도 결국 이루어졌잖아요. *(각주 박시호의 행복편지)*

예문3. 중학교 중퇴생이 골든벨을 울리다.

1981년생인 한국의 김수영이라는 학생이 있었다. 그는 중학교를 중퇴하였고 가출과 일진회에 소속되어 있었다. 그는 어느 날 자신에게 작은 꿈이 있다는 것을 발견하게 되었다. *(각주 박시호의 행복편지)*

그는 검정고시를 거쳐 실업계 고등학교를 다니면서 꿈을 이루기 위하여 책 살 돈이 없어서 쓰레기장에 버린 책을 주어다가 지우개로 지우면서 공부를 하기 시작하였다. 그는 고등학교에서 골든벨을 울렸고 연세대학교 영문학과를 졸업하고 동아일보 최연소 기자생활을 하면서 기자상을 수상하고 골드만 삭스 은행에 입사한 후에 암이 찾아왔다.

그는 죽기 전에 자신의 꿈 73가지 리스트를 만들고 그 꿈을 실현하기 위하여 런던으로 가서 석사학위를 받고 부모님께 집을 사드리고 SBS 스페셜 꿈의 파노라마를 진행하기도 했다.

그는 **"멈추지마. 다시 꿈부터 써봐. 당신의 꿈은 무엇입니까"**라는 책을 쓴 저자이다. *(각주 김수영 멈추지 마 다시 꿈부터 써봐)*

우리가 여기서 본 것처럼 꿈이 있어야 열정이 생기고 열정으로 인하여 삶의 방향이 바뀌고 삶의 방향에 따라 나의 행복 수준도 바뀔 수 있다고 생각한다.

꿈이 없으면 삶에 있어서 불평과 불만이 가득해지고 일을 하기도 싫어지고 결국은 외로운 늑대처럼 홀로 불상하게 살아가게 되는 것이다.

꿈과 행복은 반드시 연관이 된다고 생각한다.

나이 100세를 바라보는 연세대 명예교수 김형석 교수의 강의 내용을 들어보자

"사람들이 많은 곳에 가서 지나가는 사람들 한데 '오늘 하루 종일 무엇 하러 다녔어요'라고 물으면 대부분 '돈 벌기 위해 다녔어요'라고 답변한다. 우리가 돈을 벌기 위해서 세상에 태어난 것이 아니고 행복하게 살기 위해서 태어난 것인데 사람들은 대부분 돈을 벌기 위해서 살고 있어요. 인생의 목적이 없는 것 같습니다.

돈은 살아가는 수단일 뿐이지요. 나의 어머니가 나를 낳으면서 "우리 아기는 평생 힘들게 돈만 따라다니다가 죽으라고 했을까? 아니면 돈이 없어도 행복하게 살라고 했을까?" 생각해본다.
나의 부모님께 "내가 태어났을 때 어떤 사람이 되기를 바랬어요?" 라고 질문을 해보면 무어라고 대답할까? 또한 내가 부모라면 무어라고 기도를 했을까 생각 해본다.

경제는 살아가는 하나의 수단일 뿐이고 더 높은 가치는 학문이고 학문보다 더 높은 가치는 봉사라고 했다. 봉사를 통한 행복한 마음은 봉사를 해본 사람만이 알 것이다.
본인이 Coaching 공부하여 기업체에 경영 코칭을 하러 다녔는데 하루 다녀오면 적지 않은 돈을 받았다. 행복했다.

그러나 그 돈이 어디로 가는지 누가 쓰는지 알 수가 없었다.
어느 날 50대 후반의 기업체 회장을 만나 경영 코칭을 하게 되었다. 기업체 2개를 경영하고 있었는데 매주 2시간 정도씩 경영 코칭을 하는데 너무 힘들다는 것이다. 내가 생각할 때에는 부러움의 대상이라는 생각이 들었다.

그래서 힘든 것이 무엇인지 구체적으로 질문을 하니까 심각하게 말한다. 회사에 가면 어렵고 골치 아픈 것만 가지고 오는데 그것을 해결한다고 머리 아프고 밥도 제때에 먹지 못하면서 평일이 지나가고 주말에는 손님 접대 한다고 싫어도 좋아도 골프치고 술을 먹어야 하고 입에 없는 말까지 하다 보면 몸은 나빠지고 스트레스로 가득한 상태에서 집으로 들어간다고 한다. 집에 들어가면 여자 3명이 있는데 현관에 늦게 들어가면 여자 3명이 재미있게 이야기 하다가 간단한 인사만 하고 아내는 안방으로 가고 딸 2명은 각자 할 일이 많다고 자기들 방으로 들어간다. 그러면 자신은 TV를 보면서 내가 왜 이렇게 살아야 하나 하는 생각이 들어가는 생활을 해왔는데 그러다 보니 위암이 생겨서 일부를 잘라내고 지금은 먹고 싶어도 마음대로 먹지를 못한다고 한다.

그래서 내가 제안을 했다. "회장님 지금부터는 경영 코칭은 뒤로 미루고 life 코칭으로 생각을 바꾸시면 어떨까요?" 했더니 "좋아요" 라고 받아 주었다. 그때부터 life코칭을 하면서 많은 대화를 하고 변화하는 모습을 보게 되었다. 그 후 얼마가 지났는데 밤 10시가 넘어서 전화가 왔다.

늦은 밤 죄송한데 우리 집에 오고 싶다고 하면서 수박 1통을 들고 와서 우리가 사는 것도 보면서 말을 한다. "이제야 사람이 사는 것 같아서 행복합니다" 라고 한다.

그 회장님은 지금까지 돈을 벌기 위해서 젊어서부터 온갖 고생을 했는데 생각을 바꾸니까 집안 분위기도 바뀌고 회사에서도 행복합니다. 특히 건강도 아주 좋아졌다고 한다. 내가 특별히 한 것은 별로 없다. 단순히 가슴속에 있는 "진심으로 바라는 것이 무엇인지" 찾아서 종이에 쓰도록 하고 응원을 했는데 그 바라는 것이 실현된 것이다.

이렇게 같은 일을 해도 돈을 받고 했을 때보다는 봉사를 하여 성취했을 때 더욱 행복지수가 올라간다는 것을 알게 되었다. 물론 경제적인 활동을 하지 않고 현시대를 살아갈 수는 없을 것이다. 그래서 경제활동을 하면서 봉사활동을 한다면 행복지수가 높아진다.

꿈이 가득한 삶 / 처 외손주 이준희 그림(안성 안청중학교 1학년)

3. 꿈을 어떻게 이루어야 할까?

꿈 목록을 작성하고 나면 인생은 180도 변화가 가능하다고 생각한다. 누구든지 **"저도 꿈이 있어야 한다는 것을 잘 알고 있어요"** 하지만 제가 뭘 잘 할 수 있는지 뭘 원하는지 정말 모르겠다고 말을 한다. 자신은 꿈 목록도 없으면서 자녀들에게 꿈에 대해서 강요를 한다. 자녀에게 무엇을 요구하려면 나부터 실천을 해야 한다고 생각한다. 그러면서 자녀에게 **"너는 앞으로 의사가 되어야 해"** 또는 **"판사가 되어야 해"** 라고 강요하면 그 아이가 그 꿈을 실현 할 수가 있을까? 부모로서 자신부터 꿈에 대하여 공부하고 꿈 목록을 만들어 보고 하나씩 실천을 하면 부모의 모습을 보면서 아이들도 따라서 할 것이라고 생각한다.

이렇게 하려면 꿈을 위한 이벤트도 필요할 것이다.
예를 든다면 풍등이나 연에 꿈을 날려 보는 것이다. 그리고 꿈을 이룩하기 위하여 종이에 써서 책상이나 냉장고 문 앞에 붙여보면 온 가족이 응원을 해 줄 것이다. 그리고 꿈에 관한 노래도 배운다.

> I have a dream
> 나는 꿈이 있어요
> a song to sing
> 부를 노래가 있어요
> to help me cope with anything
> 어떤 어려움도 극복할 수 있게 도와주지요
> if you see the wonder of a fairy tale
> 당신이 동화 속의 경이로움을 안다면

> you can take the future even if you fail
> 아무리 힘들어도 미래를 꿈꿀 수 있어요
> I believe in angels
> 나는 천사를 믿어요 / - *이하 생략* -

이런 노래를 배워서 계속 부르면 꿈을 실현하는데 많은 도움이 되리라 생각한다.
(각주 아바의 노래 I have a dream)

가. 선박왕 오나시스의 잘못된 꿈

선박왕 오나시스는 그리스 담배상의 아들로 출생(1906~1975년) 하여 그의 선박은 한 나라의 해군 능력보다도 더 컸다.

• 오나시스는 1922년에 전쟁으로 파괴된 틈을 이용하여 부에노스 아이레스에서 25살에 100만 달러라는 엄청난 돈을 벌어서 1932년 캐나다 선박회사에서 6척의 화물선을 구입하여 인수하였고 1년 사이에 17척의 새 유조선을 구입하였다.

• 1946년 선박왕 리바노스의 딸 아시나와 결혼한 후에 1960년에 이혼하였고 오페라 프리 마돈나 마리아 칼라스와 재혼하였다. 하지만 그는 칼라스에게 반해서 결혼했지만 만족을 못하고 1968년 미국 대통령 존 F 케네디의 미망인 재클린 케네디와 재혼을 하였다.

오나시스는 3번 결혼하면서 많은 생각을 했다. **"이 세상에서 돈이 문제입니까? 어떤 것이 내 인생에 행복일까요"**라고 하면서 3번씩 결혼을 하였다.

오나시스는 무대에서 노래를 잘 부르는 칼라스에게 반해서 결혼을 하였으나 집안 살림을 잘 하는 아내에게 권태를 느끼자 미국 대통령의 영부인이었던 재클린과 다시 결혼을 하였다. 결혼했을 때 얼마나 행복했을까 생각해 본다.

하지만 재클린과 결혼하고 일주일도 되지 않아서 그는 **"내가 실수를 했다"**고 하면서

파혼을 하려고 했으나 엄청난 위자료 요구에 이혼을 못했다. 재클린은 한 달에 24억 원의 생할비에 화가 나서 병이 생겼고 아들이 비행기 사고로 사망하자 그 충격으로 인하여 얼마 후에 결국은 69세에 사망을 하였다.

오나시스는 "나는 인생을 헛살았다. 하나님의 축복을 쓰레기로 던지고 간다"고 하면서 사망을 하였다. 천사 같은 목소리의 가수 칼라스와 살아도 최고의 여자 재클린과 살아보아도 후회뿐이었고 그 여인들은 사회적인 명성은 있어도 오나시스를 행복하게 해 주지를 못하였다. 사회적인 명성도 좋을는지 모르겠지만 조금 부족하여도 남편을 최고로 알고 가족을 돌볼 줄 알고 살림 잘하는 주부가 최고의 아내라는 생각이 들어간다.

오나시스가 재혼하고 또 재혼하여 소비한 돈으로 어려운 사람에게 봉사를 하였다면 어떻게 되었을까 생각해 본다.

나. 꿈을 구체화하는 것이 중요한 이유는 무엇일까?

하버드 및 예일대에서 1953년 졸업생을 대상으로 20년 뒤에 살아가는 모습을 추적 조사를 하였다.

그 결과 3%는 명성 있는 성공자였는데 그들은 분명한 꿈과 인생 목표를 문서화하여 살았으며,

10%는 인생의 목표가 분명히 있었으나 문서화는 하지는 않았고 그 결과 부자로 살고 있었으며,

60%는 단기계획만 작성하여 살아온 결과 일반 서민으로 살고 있었다. 나머지 27%는 꿈도 인생목표도 없이 살아온 결과 빈곤층으로 살고 있었다. 꿈과 인생 목표를 문서화하여 보완하면서 실천하는 것이 얼마나 중요한지 함께 생각해 보면 어떨까?

이러한 꿈은 어느 곳에서 나올까?

첫째 어떤 사람을 만나느냐?
둘째 어떤 책을 보았느냐?
셋째 어느 곳에 여행을 했느냐?
넷째 좋아하는 것이 무엇이냐?
다섯째 기타 등등...(취미, 영화, 좋아하는 TV프로그램....)

이러한 여러 가지 상황에 따라 하고 싶은 것이 생기고 그 것이 꿈이 될 수 있다. 그 꿈은 계속 변화하고 변화는 더 좋은 상위의 꿈으로 변화해 간다.

다. 세시봉을 보면서 꿈을~~~

세시봉 친구들에 관한 이야기는 60대 이상에게는 누구나 꿈에 대상이었으리라고 생각한다. 1960년대에 조영남, 김세환, 윤형주, 송창식 4명의 가수가 모여서 세시봉 친구들이 되어서 "조개 껍질 묶어" 등 노랫말이 당시 젊은 세대에게 마음을 휘어 잡았다. 나도 마찬가지였다.

나도 세시봉처럼 대중 앞에서 멋지게 노래를 부르면서 기타를 치고 싶은 꿈이 생겼다. 그래서 그 모습을 보면서 20대 젊은 나이에 소위로 임관하여 백마고지가 있는 부대가 첫 부임지가 되었는데 그 당시에는 tv 보기도 어려운 시대였다.

그래서 세시봉을 보면서 기타를 샀는데 기타를 배울 곳이 없었다. 지금 나의 아내는 연애를 하면서 기타를 갖고 있는 모습을 보면서 나에게 마음이 끌렸다고 한다. 결국은 기타를 배우지도 못하고 약 40년이 지나서 그 꿈을 실현했다.

제주 서귀포에 살면서 주민자치센터에 가서 기타를 배우고 서귀포 이중섭 거리에 가서 연주회를 갖고 박수를 받고 많은 사람들로부터 축하를 받고 기념으로 사진도 찍고 짜장면을 먹었던 기억은 영원히 잊을 수가 없다.

그리고 오카리나도 배워서 연말 지역민을 대상으로 홀로 아리랑 등 연주회도 가졌다.

4. 나의 꿈은 무엇일까?

나의 꿈은 무엇일까 생각해 본다. 그리고 종이를 꺼내서 또는 컴퓨터 앞에 앉아서 적어본다. 나의 나이를 고려했을 때 '향후 00년 이상 내 처지를 약진의 발판으로 삼아서 행복하게 살아갈 수 있는 방안을 모색'하는 것으로 했다.

가. 내가 바라는 것은 무엇일까?(예문)

구 분	나의 생각	아내 생각 (가까운 사람)
좋아하는 것	존경 받는 삶, 행복한 생활, 독서, 건강독립, 자연과 생활, 자연 음식, 걷기, 여행, 주기적인 건강검진, 힐링 생활, 경청과 지지	
하고 싶은 것	아내가 좋아하는 것 지지하기, 악기연주, **소일 거리**(무공해야채재배), 매일 만보 걷기, 독서, 책 쓰기, 봉사하기, 바둑멀리하기, **골프** 80대 유지하기, 친구와 즐기기, 평생교육, 봉사활동	
갖고 싶은 것	용돈시스템 구축, 경제적인 독립	
가고 싶은 곳	국내주요지역 여행하기, 해외여행(휴양지), 자녀와 걷기(100km/200km)	
싫어하는 것	힘들게 하는 것, 지시와 통제 받는 것, 허황된 생각, 미세먼지, 충고와 답	

내가 바라는 것을 바탕으로 하여 가까운 지인이나 가족과 토의를 하여 보완한 후에 꿈 목록을 만들고 그 꿈을 실현하기 위하여 계획을 세우고 실천하면서 나의 생활이 바뀌고 내가 바라고 가족이 바라는 것이 점진적으로 현실화 될 수 있다.

각 분야별로 본인이 작성한 것 10개 이상과 가까운 사람이 본 내 모습을 분야별 5개 이상 적은 내용을 보고 중복되는 것은 삭제하고 생활을 통하여 정리하고 보완해 나간다.

그렇게 하여 정리된 꿈 목록을 1차 꿈, 2차 꿈, 3차 꿈 등으로 하여 추진을 한다.

나. 사랑하는 가족이 바라는 것은 무엇일까?

• 사랑하는 사람의 꿈은 또는 사랑하는 가족이 바라는 것은 무엇일까 생각해 본다.

가족이나 직장에서 공동의 꿈을 만들어서 추진을 한다면 어떨까?

-배우자의 꿈 :

-자녀1의 꿈 :

-자녀2의 꿈 :

-형제자매의 꿈 :

-가까운 나의 친구 꿈 :

나와 가족 그리고 친구의 꿈을 알게 되면 가정과 자신이 행복해 진다. 꿈을 그리고 그 꿈을 실현해 나가는 방법은 여러 가지가 있을 것이다.

• 기본원칙은 나와 가정, 그리고 사회 행복을 위한 꿈 설계를 하고 필요시 꿈과 목표는 계속 변화하고 발전시켜 나간다. 향후 100년 이상의 꿈을 설계하여 나의 꿈이 자손에게 까지 좋은 영향을 미치게 하면 어떨까 생각해본다. 가급적 스트레스를 심하게 받을 일은 하지 않는 것이 좋을 듯 싶다.

예를 든다면

1단계 꿈은 2020~2025년까지
-00를 하면서 행복 찾기,
-00즐기기, 매일 30분 이상 걷기
-자녀/손자 꿈 찾기 지원

꿈은 꿈 넘어 꿈이 있어야 한다. 그리고 가족이나 팀 또는 직장에서 공동의 꿈이 있어야 한다.
꿈 넘어 꿈과 공동의 꿈이 있다면 어떤 결과가 생길까?
우리 부부는 한 달간 남해에 여행을 가서 많은 대화를 하면서 꿈이 서로 다르다는 것을 인식한 후에 상대방의 의견을 끝까지 경청하고 질문을 통하여 공동의 꿈을 갖게 되었는데 그 꿈을 향하여 살다 보니 행복지수가 팡~~~팡 올라간다.
하루의 일과를 마치면서 대화한다. 오늘은 무엇이 행복했나요.
내일은 무엇을 하면 더욱 행복할까요~~~~
특히 어린 자녀들과도 부모와 함께 공동의 꿈을 만들어 실천하면 평생 가족과 함께 공동의 꿈으로 행복하게 살아갈 수 있으리라 생각된다 꿈 목록을 작성하여 본다. 인생 주기 분류는 각양 각색이다.

내가 생각하는 인생 주기는 다음과 같다.

교육기는 0~25세까지이며 청춘기는 26~50세, 중년기는 51~75세이고 노년기는 76~100세까지로 분류하고 꿈을 단계화 시켜 나갈 수 있다.

꿈이 큰 사람은 장애물을 쉽게 뛰어 넘는다. 수레가 있을 때 작은 바퀴는 작은 도랑만 만나도 넘지를 못하지만 큰 바퀴는 웬만한 도랑은 쉽게 넘어갈 수 있듯이 꿈이 커야 한다. 초한지에 보면 한나라를 세우는데 크게 공헌한 유방의 부하 한신 장군은 동네 불한당들의 요구에 의거하여 그들의 바지아래를 기었다고 하는데 그는 큰 꿈이 있었기에 바지 아래를 기어들어가는 것을 아무렇지도 않게 생각했던 것 같다.

꿈 목록 양식

▲ 나의 꿈

번호	꿈 목록	달성시기	중요도	성취도	비 고
1					
2					
3					
4					
5					

▲ 사랑하는 사람의 꿈?

번호	꿈 목록	번호	꿈 목록
● 삶의 점수는?(10점 만점)			
● 그 이유는?			

※ 인생주기 : 교육기(0~25세), 청춘기(26~50세), 중년기(51~75세), 노년기(76~100세)

이와 같은 꿈은 어디서 나오는 걸까? 꿈은 욕구에서 나온다. 욕구는 어디서 나올까?

① 무슨 책을 보는가?

② 어떤 친구를 만나는가?

③ 어느 곳에 여행을 하는가?

④ 어떤 방송이나 어떤 신문을 보는가? 등에 따라서 나온다.

예를 들면 신문에 나온 성공스토리, 또는 방송에 나온 스타킹 등을 보고 욕구가 생기고 그 욕구에 의거 꿈이 그려지는 것이다.

이렇게 꿈 목록이 완성되면 꿈을 시각화한다.

> · 문서화해서 수첩, 냉장고, 책상, 식탁, tv 등에 붙여 놓고 자주 볼 수 있도록 한다.
> · 사진이나 그림을 만들고 꿈과 관련된 노래를 부른다.
> · 꿈과 관련된 장소에서 그 꿈이 달성되었을 때를 상상하고 느껴본다.
> · 꿈과 관련되어 성공한 사람을 찾아서 그 사람의 책을 보고 직접 만나서 함께 한다.

꿈을 찾으려고 한다면 자신이나 자녀에게 다음과 같은 질문을 해본다.

- 네가 아주 잘 할 수 있고 또 좋아하는 일을 통하여 세상에 빛이 될 수 있을까?
- 네가 행복해 질 수 있는 것은 무엇일까?
- 네가 이루고 싶고, 갖고 싶고, 하고 싶은 일은 무엇일까?
- 꼭 이루고 싶은 꿈을 세가지를 선택해 본다면 무엇일까?

그리고 꿈을 꿈으로 끝나지 않도록 목표를 정하고 계획을 세우고 그 계획을 실행에 옮기면 되는 것이다.

꿈을 실행에 옮기는 방법에 대하여 알아본다.

- 자신의 꿈 : 달성해야 할 날짜를 적어 놓으면 그것은 목표가 된다.
- 국궁 : 화살을 허공에 쏘면 잘 쏜 것인지 알 수가 없다.
- 하지만 과녁에 대고 쏘면 자신의 잘잘못을 알 수 있다.
- 어떻게 하면 더 잘 할 수 있는지 알 수 있다.
- 우리의 꿈도 구체적인 목표를 세우고 계속 추진하면 힘이 생기고 실현이 된다.
- 지금 당장 장기계획을 수립한다.
- 예를 들어 초등학교, 중학교, 고등학교, 대학교, 20대, 30대, 40대, 50대, 60대, 70대 이후
- 학창시절, 군 생활시, 사회인이 되었을 때, 결혼했을 때,
- 경제분야, 건강분야, 여행, 언어 등

많은 사람들은 자신은 변화하기 위하여 노력하지 않으면서 상대방이 변화하기만 바란다. 과연 그것이 가능할까? 거의 불가능하다. 그런데도 불구하고 상대방이 평생 변화하기만을 바라고 살다가 늙어 죽는 경우가 대부분이다. 상대방이 변화하기를 바라지 말고 내가 상대방의 취향에 맞게 변화하면서 살아가면 어떨까? 내가 변화하기 위해서 내가 바라는 목록을 작성하고 목록을 바탕으로 꿈을 만들어서 그 꿈을 실현시킬 수 있도록 하여야 한다.

이 세상을 혼자만 산다고 하면 어떨까? 엄청 외롭고 딱한 일이다. 둘이 있으면서 따뜻한 정이 없다면 더욱 딱한 일이다. 하지만 둘이서 살면서 공경하고 정이 있으면 얼마나 행복할까? 또한 살면서 공동의 큰 꿈이 있으면 더 멋진 삶이다.

<u>나의 꿈 목록</u>

▶ 1단계(예문)

번호	꿈 목록	달성시기	중요도	성취도	비 고
1	배우자 꿈지지/동참하기	계속	A		배우자가 평가하기
2	꿈 프로젝트 봉사		A		"꿈찾아 행복한 삶"
3	가족건강/행복지수올리기		C		
4	가족간 감정소통	계속	A		배우자가 평가하기
5	가족과 사회가 필요로 하는 삶	계속	C		배우자가 평가하기
6	00즐기기		C		매일 30분이상 걷기

※ 인생주기: 교육기 0~25세, 청춘기 26~50세,중년기 51~75세,노년기 76~100세

다. 만다라트(Mandal Art)기법으로 꿈 리스트를 만들기

만다라트(Mandal-Art)란 일본의 디자이너 이마이즈미 히로아키가 개발한 발상**기법**으로 'mandal+art'는 목적을 달성한다는 뜻이다. 이 기법을 이용하여 꿈 리스트를 만드는 방법에 대하여 알아보자.

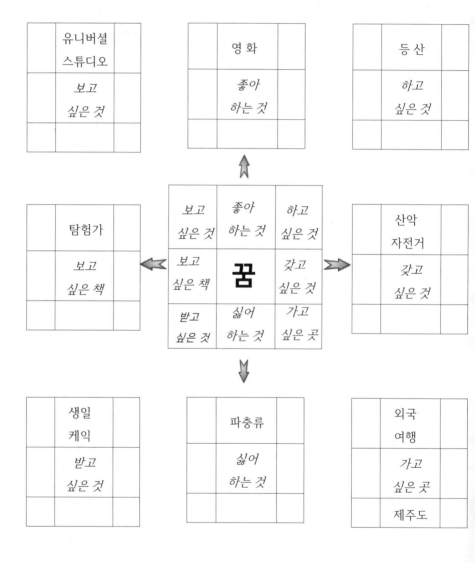

1. 9개로 나누어진 정사각형을 그린 후 중앙에 주제(꿈)를 적고, 외부에 있는 8칸에는 중앙에 있는 주제(꿈)와 연계된 아이디어(좋아하는 것 등)을 적는다.
2. 9개로 나누어진 정사각형 8개를 그린 것을 외부에 배치시키고 중앙 주제와 연계된 아이디어(*이탤릭체*)를 외부에 배치된 9칸의 중앙으로 옮긴다.
3. 외부에 배치된 8개의 중앙 주변의 칸에 주제와 연상되는 아이디어를 채워 넣는다.
   이와 같은 단계를 거치면 64개의 아이디어(흑색글씨)가 생긴다.
   64개의 빈칸을 채우려면 브레인 스토밍이라고 하는 기법을 이용한다
4. 브레인 스토밍은 **2부 코칭을 통한 행복 찾기 - 7. 코칭으로 행복했을 때**를 참고하면 된다.

만다라트 기법을 이용하여 꿈을 설계하여 성공한 사례가 있다.
세계적인 괴물 투수가 있었다. 일본의 '오타니 쇼헤이' 는 21살에 세계 최고의 투수라고 칭찬을 받는 야구 선수였다. 초등학생 때 110km를 던졌고 고등학생 때 160km의 공을 던졌으니 괴물 투수라고 매스컴이 전 세계에 알렸다. 그리고 우리들도 TV를 통해서 그가 야구공을 던지는 것을 보았는데 대단한 선수라는 생각이 들었다. 그는 어린 나이에 고교시절 구속 160km를 넘어서겠다고 만다라트 기법을 이용하여 꿈을 설계하였고 그 목표를 향하여 도전장을 던졌고 꿈을 이룬 것이다. 자세한 내용은 오타니 쇼헤이를 검색하면 이해가 쉽게 되리라 생각한다.*(각주 네이버 카페)*

라. 생명존중과 금연

(1) 생명 존중(자살 예방)

사람의 생명은 매우 중요하고 존중 받아야 한다. 하지만 우리나라의 청소년과 노인 자살률은 세계1위이고, 한국의 자살은 1일에 36명, 1년에 약13,000명 이상이나 된다고 한다. 특히 청소년들의 스트레스 원인은 학업, 친구 관계, 가정 불화 등인데 자살 원인도 스트레스와 연계되어 진학 문제, 가정의 어려움, 경제적인 어려움 등이고 이러한 자살 심리는 매우 복잡하고 다양한 원인이 있다.

이와 같은 생명 존중 즉 자살 관련 일은 남의 일로만 생각할 수 있는데 모두가 관심을 가져야 하고 자신도 모르게 자신의 생명을 쉽게 포기하는 사례가 많은 만큼 예방할 수 있는 방법에 대하여 알고 있어야 한다. *(각주 생명존중 교육협의회 교재)*

그러면 어떻게 하여야 자살을 예방할 수 있을까?

구 분		내 용
1단계	현상 인식	·1년 자살 인원:13,000명 이상 ·자살 충동:10명중 4명 이상
2단계	감정 소통	·경청과 지지 ·칭찬과 질문
3단계	태도 변화	·100점 인생을 향한 마음가짐 ·매슬로우 욕구를 위한 자아 실현
4단계	꿈 넘어 꿈	·꿈의 중요성 ·개인과 공동의 꿈 찾기 ·꿈 실천

1단계 현상을 정확히 인식하고 있어야 한다.

나의 가족, 친구, 자신이 지금 어떤 현상인지 정확히 알아야 한다. 자살징후는 행동적인 단서로 삶의 의욕이 저하되고 용모가 변화하고 약물 사용이 증가하고 소중한 본인의 소유물을 정리하게 된다.

그리고 정서적으로 우울증 증세가 나타나고 절망감과 자신을 비하하는 말을 자주 하게 된다. 또한 말을 할 때 자살을 암시하거나 삶에 대하여 고통을 호소하게 되는데 이러한 징후를 잘 살펴야 하고 본인 자신도 여기에 포함된다고 생각하면 부모나 가족, 의사 등에게 도움을 요청하여야 한다.

자살을 할 때에는 아무런 징후가 없이 자살을 하는 경우는 거의 없고 대부분 위와 같이 자살에 대한 징후가 있다. 그리고 자살 충동이 통계적으로 볼 때 10명중 4명이 되는데 여성은 자살 충동을 많이 느끼는 반면, 남자는 자살 충동을 느끼면 바로 자살을 하는 경우가 여성보다 훨씬 높다.

2단계 감정이 소통되어야 한다.

자살에 대한 현상을 인식하였으면 감정이 소통되어야 한다. 소통하려면 힘들어 하는 사람이 하는 말을 경청하고 지지를 하여야 한다. 작은 말에도 잘 듣고 지지를 해서 소통하여야 한다. 내 입장이 아니고 상대의 입장에서 말을 하여야 한다.

그리고 한 말에 대하여 칭찬과 질문으로 생각을 바꾸도록 하여야 한다. 경청과 지지, 그리고 칭찬과 질문에 관한 사항은 제2장 코칭을 통한 행복 찾기를 보면 된다.

상대방의 감정을 읽으려면 '나의 기준 버리기', '상대방과 입장 바꿔 보기', '그럴 수도 있지'를 통하여 감정을 읽을 수가 있다.

3단계 태도를 변화시켜야 한다.

자살을 하려는 현상을 발견하거나 느낌이 왔을 때 태도를 변화시켜야 한다. 태도란 어떤 일이나 상황에 직면했을 때 가지는 자세나 입장이라고 한다. 그래서 인생을 다시 한번 돌아보고 자아실현을 하도록 태도를 변화시켜야 하는데 태도를 변화시키기 위해서는 제2장 코칭을 통한 행복 찾기를 참고하면 도움이 되리라 생각한다.

4단계 꿈 넘어 꿈과 가족과 직장에서 공동의 꿈이 있어야 한다.

자살에 대한 '현상'을 인식하면 자살 충동을 느낀 사람과 경청과 지지, 그리고 칭찬과 질문을 통하여 '감정이 소통'되면 자살 충동이 없어지고 삶에 대한 '태도'가 변한다. 하지만 자살 충동이 없어졌다고 안심하면 다시 자살 충동이 발생하므로 "꿈 넘어 꿈"을 그려서 완전한 새사람이 되도록 해야 한다. 꿈의 중요성을 일깨워 주고 개인과 공동의 꿈을 찾아야 한다. 개인의 꿈도 중요하지만 가족과 공동의 꿈을 찾아야 하는데 학교나 직장에 가면 동료, 또는 선생님이나 직장의 상급자와 함께 꿈을 찾아서 도와주고 삶의 열정을 느끼도록 하여야 한다. 꿈에 대한 내용은 제1장 꿈을 통한 행복 키우기를 참고하면 된다.

한가지 예를 들어 보자.

만일 가까운 친구에게 전화가 왔다.

"내가 지금 한강 교각에 올라와 있는데 너는 나의 가장 소중한 친구이고 내 사정을 잘 아니까 너에게만 알리려고 한다. 이 일은 우리 가족도 모른다. 너에게 마지막으로 통보하고 나는 저 세상 사람이 되려고 한다. 잘 있거라" 라고 하는 전화를 받으면 당신은 그 친구에게 무슨 말을 하겠습니까? 참으로 난감한 일이다.

어느 날 목사님께 어느 신자로부터 전화가 왔다.

"목사님! 저는 지금 한강 교각에 올라와서 저 세상 사람이 되려고 합니다. 아시는 바와 같이 제가 평생 건설업을 했는데 이 돈은 저에 전 재산보다 큰 돈인데 받을 길이 없어요. 아내, 자식들에게 생활비나 학비도 줄 수가 없고 직원들에게도 할 말이 없구요. 이제는 절망, 절망입니다. 안녕히 계세요."

"아~ 그렇군요. 얼마나 가슴이 아프겠어요. 저 같아도 앞이 캄캄하고 절망이라는 생각이 들어갈 것 같습니다. 공감합니다. 아시는 바와 같이 저도 나이가 있어서 목회활동도 얼마 남지 않았네요. 곧 원로 목사라는 삶을 살아야 하는데 제가 남은 인생 살려고 조그만 땅을 준비했고 요즈음 그 땅에 지을 집을 설계하고 있는데 그 설계 도면만 도와주면 어떨까요? 설계 도면을 갖고 갈 테니까 잠깐만 기다려 주세요"

그래서 목사와 신자는 만나서 대화하기 시작했다.

목사의 부탁에 의거 "죽기 전에 설계 도면에 대하여 조언을 하면 나와 가족을 위해서 목사님이 기도라도 해 주겠지"라는 생각이 들어갔고 식사를 하면서 설계 도면을 보고 토의를 했다. 다음날 집 지을 현장에 가서 본인의 의견을 말하니까 목사님이 경청을 하면서 의견대로 보완을 하겠다고 한다. 자신의 의견이 100% 반영될 것이라는 기대에 기분이 좋았다. 이 때 목사가 말을 한다. "설계도까지 많은 도움을 주었는데 세상일 모두 잊어버리고 공기 좋고 물 맑은 한적한 이곳에서 집을 직접 지어 달라"고 하는 부탁에 집을 짓고 나니 6개월 이상 흘렀고 목사님과 6개월 이상 이런 저런 대화 속에서 새로운 삶의 열정이 생겼다.

신자가 교각에서 전화했을 때 목사님이 죽으면 안 된다고 말렸으면 어떻게 되었을까?

목사님은 힘든 신자의 말을 끝까지 경청했고, 신자가 평생 좋아하면서 전문가로서 살아온 건축업에 대하여 도와줄 것을 요청함으로써 한강 교각에서 내려왔다.

결국 목사님은 한 사람의 생명을 구한 것이다. 간단한 것 같지만 현상황을 파악하고 신자가 하는 말에 대하여 경청을 한 후에 간접적으로 건축업에 대한 지지를 보냈다. 그러면서 그에게 새로운 꿈을 갖게 하여 한 생명을 살린 것이다.

(2) 금연

담배란 무엇인가? 담배 속에는 4,000여 가지의 화학물질과 60여 가지의 발암물질이 들어있다. 이러한 담배와 술은 습관성 중독을 일으키는 마약성 발암물질이라고 할 수 있다.

중독성의 강도를 보면 가장 약한 것이 커피 속에 있는 카페인→알콜→대마초→코개인→담배 속에 있는 니코틴이 가장 높다. 대마초나 코개인은 중독성이 니코틴보다 약하지만 환각성이 높기 때문에 국가에서 범죄로 단정하고 단속을 한다. 중독성이 담배가 가장 높기 때문에 배우기도 어렵지만 끊기는 더 더욱 어려운 것이다.

미국의 빅터 드노블 박사는 말보루 담배회사로 유명한 미국의 필립모리스 비밀실험실에서 약4년간 근무하면서 쥐를 대상으로 니코틴의 중독성실험을 했다. 1994년 미국의 7대 담배회사 CEO가 "니코틴은 중독성이 없다"고 주장했는데 드노블 박사는 "담배는 습관이 아니라 중독입니다" 라고 했으며 1994년 미국 의회에서 "담배는 코카인이나 헤로인보다 중독성이 더 강하다.뇌가 변형되는 중독이다"라고 폭로하여

1998년 담배회사들은 200조원이 넘는 배상금을 지급하게 되었다.

담배의 대표적인 유해물질 3가지는 니코틴, 타르, 일산화탄소이다.

니코틴은 흡입되고 7초 이내에 뇌의 세포를 자극하며 습관성 중독물질이다. 수용체는 자극이 없으며 도파민 분비를 감소시키는데 도파민의 농도가 감소하면 짜증이 많아지고 집중력이 감소하며 흡연자들은 재 흡연을 하게 된다.

1kg의 쥐에 담배 1개비에서 나오는 1mg의 니코틴을 주사하면 47초 만에 죽는다. 결국 60kg 성인이 담배 60개비를 계속 피우면 죽게 된다고 생각하니 끔찍한 일이다. 타르는 아스팔트에서 나오는 시커먼 물질이며 일산화탄소는 연탄가스와도 같다고 할 수 있다.

전자담배는 일반 담배보다 니코틴이 일반적으로 약2배가 많다고 한다. 미국 플로리다주에 사는 21살의 에반스파링거는 집에서 전자담배를 사용하다 담배가 폭발해서 폐와 얼굴, 손에 심한 화상을 입었던 일이 있다. 일반적으로 비흡연자가 흡연자의 담배 연기를 흡입하는 것은 간접 흡연과 3차 간접 흡연 등이 있다. 흡연으로 인한 질병은 수없이 많지만 폐암, 췌장암, 입 천정에 생기는 구개암과 심할 때는 팔과 다리는 절단해야 하는 버거씨병 등 수없이 많은 질병의 원인이 될 수 있다.

이와 같이 무서운 담배를 끊기는 매우 어렵다. 흡연자에게 담배를 끊으라고 권유하면 "나도 담배가 나빠서 끊으려고 하지만 안 되는 것을 어떻게 하라구요"라고 속으로 말한다. 담배를 끊으려면 최근 국가적인 차원에서 운영하는 금연학교도 있고 병원에 가면 끊을 수 있도록 의사와 상담 후 조치를 받는 것이 좋을 것이다.

담배는 처음부터 배우지 않는 것이 가장 좋은 방법이다.

(각주 한국청소년 중독 예방협회 교재)

5. 꿈이 이루어 지지 않을 때

많은 사람들은 자신이 한일이 기대하지 않은 결과가 나왔을 때 실망을 크게 하고 포기 할 수도 있다. 왜 그럴까?

personal performance cycle(개인의 성과 주기)에 대하여 알아본다.

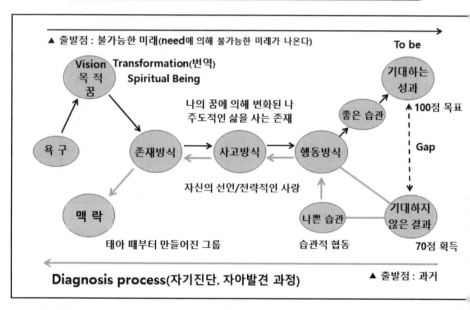

(각주 : CMOE Korea 국제코치자격과정 교재)

본인이 수행한 결과가 기대하지 않은 결과가 나왔을 때 기대했던 성과와 gap이 생긴다. 이러한 결과는 나쁜 습관이나 행동, 그리고 행동 방식 때문이고 사고 방식과 존재 방식에 대한 의식이 잘 못되어 그럴 수 있는데 이는 태아 때부터 만들어진 버릇에서 올 수도 있다. 그렇다고 다시 태어날 수도 없는 일이다.

공부를 잘 하거나 성공한 사람은 태어날 때부터 또는 운이 좋아서 그런 것으로 생각한다. 하지만 우리는 지금부터 다시 시작을 한다면 기대하는 성과에 도달을 할 수가 있는 것이다.

그러면 기대하는 만큼 성과가 나지 않았을 때에는 어떻게 해야 할까?

1단계 욕구 : 배가 고프면 먹고 싶은 욕구가 생기는 것처럼 책을 보거나 좋은 친구를 통해서, 그리고 여행을 통해서 새로운 욕구를 만들어 내야 한다.

2단계 꿈/목적 : 그 욕구에 의거 꿈을 만들고 그 꿈에 의해서 삶에 변혁을 가져와야 한다.

3단계 존재 방식 : 꿈에 의해서 변화된 나을 발견하고 주도적으로 살아가는 존재가 되어야 한다.

4단계 사고 방식 : 사고를 바꾸어야 한다. 나는 이런 꿈이 있으므로 이렇게 살아갈 거라고 선언도 하고 생각하면서 전략적인 사람이 되어야 한다.

5단계 행동 방식 : 욕구에 의거 꿈 목록을 만들고 사고가 바뀌면 변화된 행동 방식이 나온다. 예를 들어 늦잠을 자던 학생이 일찍 일어나서 예습을 하게 되고 학교에 가는 것이 신바람이 나게 된다.

6단계 좋은 습관 : 좋은 행동 방식에 의거 좋은 습관이 나온다. 아웃라이어에 나오는 1만시간의 법칙처럼 좋은 습관은 인생이 바뀐다.

7단계 기대하는 성과 : 마지막으로 좋은 습관을 통하여 기대하는 성과가 나오는데 때로는 기대 이상의 성과가 나올 수 있다.

이렇게 한다면 꿈은 이루어 질 것이다.
지금 바로 시작하는 것이다.
다음에 한다는 것은 내 인생의 삶이 지금처럼 영원히 변화할 수가 없다.

PART - II
코칭을 통한 행복 찾기

II. 코칭을 통한 행복 찾기

1. 코칭으로 새로운 제2의 행복한 인생

나는 지금 행복할까? 라고 생각을 해본다.

살다가 보면 현재의 삶이 무언가 부족하고 불편하고 불행한 것 같은 느낌과 생각 속에 살아간다. 어떻게 하면 지금보다 더 행복할 수 있을까?

약10년 전에 코칭 공부 이후 살아갈수록 마음이 편안해지고 행복한 삶을 살고 있다는 생각을 하게 된다. 코칭 공부를 하기 전에는 대부분의 생활 속에서 서로 지시하고 나의 의견을 관철시키려고 하고 상대방 말에 진지하게 경청하지 않고 살아왔기 때문에 불행했다는 생각이 들어갔다.

세상은 변화하고 있다.

앞으로 10년이 지나면 우리 사회는 또 많이 변화할 텐데 나는 앞으로 10년 동안 변화하기 위해서 무엇을 하고 어떻게 살아야 할까?

이제는 충고와 답을 주기보다는 지지와 질문을 하고 나의 의견을 강조하기 보다는 상대의 말에 대하여 경청(傾聽)하는 생활로 변화하면 나를 포함하여 온 가족의 마음이 편안해지고 행복지수가 올라가리라 생각한다.

그러면 나는 지금까지 삶은 성공이냐? 실패냐?

또는 향후 인생을 멋지게 살아 갈 것인가.

아니면 무사안일 식의 배부른 돼지처럼 살 것인가? 퇴직 후 살아가는데 있어서 행복한 삶을 사느냐 아니면 불행한 삶을 사느냐 하는 것은 모두 나 자신과의 싸움인 것이다. 이 모든 것은 나 자신에게 있다고 생각 한다. 조그만 장애물이 있다고 쉽게 포기할 것인가. 아니면 그 장애물을 즐기면서 뛰어 넘을 것인가.... 먼 훗날 나에 후손들이 무어라고 말 하겠는가? 이런 저런 "an explanation"라는 변명만 할 것인가? 아니면 나의 "an attitude"라는 태도를 변화하여 그 동안 하고 싶어도 하지 못했던 일 즉 독수리처럼 두 날개를 크게 활짝 펴고 새로운 인생을 멋지게 살 것인가 생각하게 된다.

나는 대령으로 전역한 것을 항상 자랑스럽게 생각한다. 대령이라고 하는 것은 colonel이다. colonel은 독수리가 큰 나무에 앉아 온 지상을 내려다 보고 조치를 하는 계급이다. 중령은 lieutenant colonel 로서 대령에 준하여 지휘하고 소령 major는 주도권을 갖고 한참 일을 해야 하는 계급이다. 군에서 대령은 군 내부에서 전투력창조와 병력관리 위주의 일을 했고 사회에 관한 일이나 군과 사회와 연계성 있는 일은 없다.

전역 후 군 생활은 아름다운 추억으로 가슴속에 간직하고, 새로운 모습으로 살아가려면 이 넓은 세상을 좀 더 큰 눈으로 바라보아야 하지 않을까? 군에서 대령으로 근무시 시력 1.5로 근무했다면 퇴직 후 삶의 시력은 15.0으로 바라 볼 수 있는 능력을 키우자.
인생의 주기는 학자에 따라서 다양하게 분류하고 있다.

나에 생각은 어느 강사가 말한 것처럼 교육기(0~25세), 청춘기(26~50세), 중년기(51~75세), 노년기(76~100세)로 구분한 것이 생각난다. 그렇다면 나는 이제 중년기에 해당한다. 그것도 중년으로서 한참 더 활동할 나이이다.

지금까지의 인생 삶이 만족하였다면 행복하겠지만, 그렇지 않으면 공허함과 초조함과 절망감을 느낄 것이다.

은퇴 후 사람들은 나에 인생을 어떤 위치에 있다고 생각할까?

혹자는 '그 동안 나이도 있고 경험도 많으니까 많은 사람들에게 가르치고 남은 인생을 편하게 살면 되겠지' 라고 생각할 수도 있다.

하지만 나는 반대의 생각을 해본다. 나는 유치원생이라고...

인생은 누구나 모든 길을 걸으면서 살아갈 수는 없다. 어느 한길만 가야 한다.

학창시절에 제대로 뜻도 모르고 좋아했던 시가 생각난다.

미국의 시인 **로버트 프로스트의 '가지 않은 길'을 생각해 본다.**

" 가지 않은 길 / 피천득 옮김 "

노란 숲 속에 길이 두 갈래로 났었습니다.

나는 두 길을 다 가지 못하는 것을 안타깝게 생각하면서,

오랫동안 서서 한 길이 굽어 꺾여 내려간 데까지,

바라다볼 수 있는 데까지 멀리 바라다 보았습니다

그리고, 똑같이 아름다운 다른 길을 택했습니다.

그 길에는 풀이 더 있고 사람이 걸은 자취가 적어,

아마 더 걸어야 될 길이라고 나는 생각했었던 게지요.

그 길을 걸으므로, 그 길도 거의 같아질 것이지만.

그 날 아침 두 길에는

낙엽을 밟은 자취는 없었습니다.

아, 나는 다음 날을 위하여 한 길은 남겨 두었습니다.

길은 길에 연하여 끝없으므로

내가 다시 돌아올 것을 의심하면서…… / 이하 생략

나는 그 많은 길 중에 군(軍)이라고 하는 한 길만 걸어왔다. 노란 숲 속에 두 길이라고 하지만 내가 걸어온 길은 한 길이고 나머지 길은 수 없이 많은 길이라는 생각이 들어간다. 그러면 나는 가보지 않은 길이 너무도 많다.

초행길이라면 그 초행길을 가야 하는 사람의 나이는 몇 살일까?

전역 후 아내와 아들에게, 그리고 가까운 친구들에게 "내 나이는 몇 살일까"물어본 후 나에게 한 말을 듣고 많은 것을 생각하게 되었다. 너무도 고마운 조언을 해 준다. 사회에 대하여 잘 모르면서 잘 알고 있는 것처럼 살아가면 언젠가는 후회를 많이 할 것 같았다. 그러면 나는 향후 몇 살로 살아가야 할까?

내 나이는 이제 1살이라고 생각하자.

그 이유는 전역한지 1년 되었으니까~~~

이제 1살인 나는 걸음마부터 앞으로 공부도 하고 모든 것을 배워야겠다.

이렇게 생각을 하니까 나의 마음이 왜 그렇게 편한지 모르겠다. 이제 한 살짜리 아이에게 무엇을 요구할 수 있을까? 2008년 전역시에는 모든 세상이 내 시야 아래에 있는 것 같았다. 누가 말을 하면 중간에 말을 끊고 답을 내리고, 지시성 발언을 하고.... 하지만 전역 후 대부분 취업하여 돈 벌고 회사에서 주는 멋진 승용차 타고 출퇴근 할 때 나는 밤늦게 까지 공부를 하러 다녔다. 죽을 때 후회하지 않도록 죽기 전에 하고 싶은 것은 모두 해보자고...

첫째는 해외 공부를 하러 다녔다.

세계 6대주를 모두 가보겠다고 계획을 세우고 시작했는데 개인사정으로 인하여 중간에 포기했다. 언젠가 다시 도전을 하고 싶다. 처음에 유럽의 프랑스 파리, 스위스의 알프스, 이태리, 바티칸 등에 가서 학교에서 배웠던 것을 현장에서 보면서 많은 것을 배웠다. 호주와 뉴질랜드, 미국 동부에 가서 한 달간 다국적 인종의 생활 모습을 보고, 다시 아시아 지역을 돌아보고 다시 미국 서부와 하와이 가서 보니 할 일도 많고 나의 가슴속에 꿈과 열정이 꽃피기 시작했다.

프랑스 파리 나폴레옹 묘에 갔을 때 나폴레옹이 사용했다고 하는 모의 권총을 사오고 스위스에 갔을 때 목에 걸 수 있는 회중시계 등을 샀다. 함께 여행간 동반자들이 무엇 하려고 샀냐고 물어본다. 결국 손녀와 손자 4명의 돌 때 선물로 한 개씩 주었다.

미국 동부에 있는 하버드 대학에 갔을 때 나의 손주도 언젠가는 하버드 대학에 입학하면 참 좋을 것 같다는 생각이 들었다.
하버드 대학 정문 근처에 있는 중고 책 서점에 가서 하버드학생들이 즐겨 본다는 탐험기 책 2권을 샀다. 그 책을 손주들이 읽고 소감을 영어로 발표하면 상금을 주겠다고 하면서 아들에게 주었다.

두 번째는 궁금한 것 공부했다.
3년 동안 30여 과정에 대하여 공부를 했다. 연세대 대학원에서 심리학과 코칭, CMOE Korea에서 국제코치자격과정 " 수원농업대학에서 과수과 특별과정, 광운대학교 경공매 과정, 단국대학교에서 웃음치료과정, 제주시에서 하는 귀농 귀촌 과정과 밭작물, 그리고 약용재배, 바리스타, 굴삭기 등등 수많은 수료증과 자격인증서.....
이런 공부를 하면서 많은 것을 느끼고 사회에 대하여, 그리고 향후 어떻게 살아가야 할지 조금씩 느낌이 온다.

세 번째는 현장실습이다.
어렸을 때부터 퇴직할 때까지 꼭 해보고 싶었던 과수농사를 했다. 감곡에 햇사레 봉숭아 과수원을 사고 농막을 짓고 수원농업대학에서 과수과 1년 과정 교육을 받으면서 얼굴에 검은 버섯(?)이 피는 줄도 모르고 열심히 했지만 실망이 너무 커서 1년 후 굴삭기를 불러서 모두 뽑아냈다.

그리고 다양한 조직과 개인에게 좀 더 큰 목표와 꿈을 심어주겠다고 코칭을 했다. 여러 기업체와 약 300명 이상에게 코칭을 했다. 그 중에는 전에 공기업이었던 업체도 있고 병원장도 있고 상장된 기업체 회장님도 있다.

넷째는 가족과 공동체를 이루었다.

군 생활을 하면서 우리가족은 다른 생각과 다른 생활을 많이 한 것에 대하여 부정할 수 없다. 훈련한다고 1주에서 많게는 4주씩 나가 있고. 갖가지 계급별 교육과 훈련(고등군사반, 육군대학, 팀스피리트 훈련 등등)하러 가고, 보직변경에 따른 전출로 인하여 아이들 학교(중학교부터는 도심에 정착)관련 별거생활을 했다. 전방에 지휘관으로 보직되면 보직된 2년간은 집행유예기간이라고 할 정도로 특별한 경우를 제외하고는 부대 작전지역을 벗어날 수가 없다. 이렇게 평생 살아왔는데 전역 후에도 다시 같은 생활을 할 수는 없지 않은가. 그래서 이제는 마음도 몸도 가족과 공동체가 되도록 하여야 한다는 생각으로 살아간다.

그리고 개인의 꿈도 중요하지만 개인의 꿈을 가족간에 서로 서로 지지하고 가족간에 공동의 꿈을 만들어 가면서 살아가고 있다.

가지 않는 길에서 보면 "훗날에 훗날에 나는 어디선가 한숨을 쉬며 이야기할 것입니다. 숲 속에 두 갈래 길이 있었다고, 나는 사람이 적게 간 길을 택하였다고. " 이 시를 생각해보면 한숨을 쉬며 나도 같은 이야기를 할까? 아니면 제2의 인생은 가고 싶은 모든 길을 가보면서 멋지게 살았다고 언제가 웃으면서 이야기 할 수 있을까?

이 중에서 모두가 의미 있는 것이었지만 그래도 코칭을 공부한 것은 나의 생각과 모든 삶에서 나를 새로운 길을 가게 해 주었고 새로운 행복을 갖게 했다. 코칭을 공부한 이후에 삶의 방향이 바뀌었고 코칭을 통하여 용돈도 많이 생기고, 항상 공부하는 모습을 본 자녀와 손자 손녀들도 책을 보는 습관이 생기는 것 같아서 더욱 행복 했다.

다섯째. 실천노트 작성이다.

하루 일과를 잘 정리하면 행복이 두 배가 된다.

살다 보면 잘 못된 일이 반복된다. 부부간에 서로 의견이 충돌되어 싸움을 하게 된다. 그리고 자녀와의 관계도 그렇고~~~

학교에 가서 공부를 하고 예습과 복습을 하고 났을 때 효과를 극대화 하려면 어떻게 하여야 할까?

오늘의 정리

구 분	내 용	비 고
배 운 점		
느 낀 점		
실천계획		

어떤 일을 했을 때 그냥 덤덤하게 지나는 경우가 많이 있다. 예를 들어 "오늘 수고했다" 또는 "오늘 참 잘 했어" 라고 하면서 끝을 낼 수가 있다.

하지만 어떤 일을 했을 때 좀 더 효과를 극대화하고 잘 못된 일을 반복하지 않으려면 **배운 점, 느낀 점, 실천 계획을 서로 주고받고 정리를 한**다면 어떤 결과가 나올까?

학교에 다니는 학생은 학교에서 수업 이후, 예습하고 또는 복습, 여행 후, 책을 보고 난 후, 신문이나 TV를 보고 난 다음에 배운 점, 느낀 점, 실천계획을 실천 노트에 적어서 추진을 한다면 나의 인생이 어떻게 변화할까 생각해 본다. 부부 또는 자녀와의 관계가 원만하지 않을 때 이슈가 있을 때마다 실천노트에 기록을 하여 실천을 한다면 큰 효과가 있으리라 생각한다.

최근에도 특강 강의를 나가면 수업 마지막 3~5분 정도를 할애하여 반드시 실천 노트를 이용하여 교육을 마무리 하고 있다.

. 꼭 해야 할 일은 광고를 하면 효과 극대화

작심삼일(作心三日)이라는 말이 있다. 특히 연말에 이런 저런 일로 인하여 "새해가 오면 나는 이것을 꼭 할거야" 하고 계획을 세우면 며칠 되지 않아서 용두사미(龍頭蛇尾)가 되어버리는 경우가 많이 있다. 하지만 작심삼일을 1년에 120번 한다면 1년 내내 실천을 확실히 한 결과가 된다. 이것도 쉽지가 않다. 그래서 어떤 결심을 하여 꼭 실천을 하고 싶으면 광고를 크게 많이 하여야 한다. 그러면 그 광고가 나의 실천력을 끌어 올릴 수 있다.

실천을 위해서는 작은 습관을 길러야 한다. 예를 들어 할 일을 하루에 처음에는 10분씩만 한다.

예를 들어 나는 새해부터 담배를 끊겠다고 결심을 했다고 가정을 해보자. 그러면 결심을 한 그 때부터 광고를 하는 것이다.

일기를 쓴다면 일기에 쓰고 금연을 위한 실천계획을 A4종이 한 장에 써서 책상이나 침대 옆에 붙이고 포스트 잇 작은 종이에 써서 수첩, 냉장고 문, 식탁, 화장실, 거울, 사무실 등에 붙이고 아내, 자녀, 친구나 필요시 관련요원(의사, 약속한 상대)에게 세부계획을 알려준다. 또는 아내와 자녀에게 말한다.

담배 끊는 것을 6개월 성공했을 때, 1년 성공했을 때, 3년 성공했을 때 나에게 무엇을 해 줄 수 있는지 약속을 받아내는 것이다. 통상 흡연을 하고 있는 남편이 바라는 것을 해 준다고 한다. 그러면 1석 2조의 효과를 낼 수가 있다.

추가로 금연을 위한 실천계획으로서 인터넷을 이용하여 자료를 확보하고 직장에서 금연운동을 본인이 캠페인에 앞장을 서서 실천하고 주말금연학교에 입학을 하고 흡연하는 친구나 흡연 장소와 담배를 파는 마트는 멀리하는 계획을 추가할 수가 있다. 그리고 금연과 관련된 책을 사서 읽고, 금연에 성공한 사람이나 담배를 피우지 않는 사람을 롤모델로 선정하여 솔직히 말하고 의사 등 전문가의 도움을 신청할 수도 있다. 또한 흡연을 대체할 수 있는 취미나 새로운 꿈을 만들어 실천한다면 크게 도움이 될 수 있다.

최근에는 정부시책에 의거하여 학교나 직장에서 금연운동을 많이 하고 있다. 흡연을 오랫동안 한 경험을 바탕으로 금연강사가 되어보는 것이다. 그러면 흡연을 했던 경험을 교육에 반영할 수 있고 교육을 함으로써 강사료를 받아서 용돈에도 도움이 된다. 또한 지인과 대화를 할 때 금연관련 논리적이고 과학적으로 설명을 할 수가 있다.

이것 이외에도 할 말은 점진적으로 하고 퇴직 후에 나는 Coaching을 공부하여 내 가슴속에는 항상 열정이 있고 행복이 넘치고 긍정적인 사고와 무언가 항상 할 일이 있어서 행복하다.

그러면 코칭이란 무엇인가?

> **코칭이란?**
> **고객의 가슴속에 있는 새로운 꿈을 이끌어 꿈 목록을 만들고**
> **그 꿈에 도달할 수 있도록 하는 것,**
> **그리고 고객의 탁월함을 더욱 빛나게 하는 것**이라고 할 수 있다.

백과 사전에는 **고객의 개인적, 전문적 가능성을 극대화시키기 위해 영감을 불어넣고 사고를 자극하는 창의적인 프로세스 안에서 고객과 파트너 관계를 맺는 것**을 말한다. 즉 개인과 조직의 잠재력을 극대화하여 최상의 가치를 실현할 수 있도록 돕는 수평적 파트너십이며, 고객의 현재 상태에서 목표 상태에 도착하도록 함께하는 보다 개인화된 서비스라고 할 수 있다.

코칭에 있어서 가장 기본 몇 가지를 소개하고 코칭에 기본을 안다면 우리의 삶 속에서 행복지수가 팡~팡 올라가리라 생각한다.

2.상대방 말에 경청과 지지하기

인간의 생각

누구나 생각이 있다. 사람에 따라서 그 생각을 강하게 표현하는 사람이 있고 표현하지 않은 사람이 있다. 또한 그 생각을 쉽게 바꾸는 사람이 있는 반면 목숨보다도 중요하게 생각하고 끝까지 가는 사람도 있다. 대화를 잘못하면 많은 상처를 받게 된다. 대화를 할 때에는 내 입장에서 하는 것이 아니고 상대의 입장에서 많은 생각을 하고 말을 해야 한다. 상대의 말에 상처를 받으면 말한 사람은 모든 것을 잊어버리고 생각하지도 않는데 말을 들은 사람은 잊혀지지가 않고 매일 이런 저런 생각이 나고 엄청 상처를 받게 된다. 다시는 그 사람을 만나고 싶지가 않다. 이럴 때는 상처받지 말고 '어차피 흘러가는 것을' 이라고 생각을 하고 잊어야 한다.

이 세상에서 가장 좋은 말은 '엄마'라고 하는데 힘이 들고 머리 아플 때에는 '어차피 흘러가는 것을' 이라고 생각하고 세월에 맡겨야 한다.

부모의 생각과 행동

부모와 자식은 나이가 대략 30년 정도 차이가 난다. 강산이 3번 바뀐다고 할 수 있다. 부모는 자식을 볼 때 항상 돌도 지나지 않은 어린아이로 생각하는 경우가 많고 가르치고 도와주어야 한다고 생각하기가 쉽다. 부모는 대부분 학업이 끝난 지 30년이 넘었다. 그 동안 배운 지식과 경험을 바탕으로 순간의 생각으로 자녀들에게 지시와 충고, 그리고 답을 주면서 그대로 하라고 한다. 본인이 자녀가 무엇을 생각하는지, 좋아하는 친구가 누군지, 왜 그런지, 무엇을 좋아하는지 모르는 경우가 많고 본인은 추가로 학업을 하지 않고 본인 생각은 모두가 다 옳다고 생각한다. 그래서 엄마가 시키는 대로 해야 돼... 라고 말을 한다. 자녀의 말을 끝까지 경청을 하지 않는 경향이 많고 경청을 하여도 진심으로 하지 않은 경우도 많다.

자녀의 생각과 행동

자녀의 생각은 "나도 많이 컸어! 그리고 집에서 학교에서 열심히 하고 있어!

학업도 열심히 하는데 엄마가 생각하는 만큼 안 되는 것을 나보고 어떻게 하라구. 우리 부모는 나와 대화가 안돼. 나를 왜 그리도 모르는지... 엄마도 어릴 때 할머니가 원하는 만큼 모든 면에서 잘 했나?" 생각의 차이가 많이 나니까 자꾸 부모와 자녀 간에 간격이 멀어지게 된다.

충고와 답을 주지 마라.

충고와 답을 주면 지시를 하는 것이고 지시를 받는 사람은 자율성이 없어지고 피동적으로 움직이게 된다. 열정이 식어 삶의 의욕과 열정이 점점 사라진다. 답을 주면 더 이상 연구를 하지 않으려고 하기 때문에 창의력이 없어진다. 현실에 안주하게 된다. 리더자가 될 수 없다. 만일 꼭 충고와 답을 주어야 할 경우에는 "제가 도움이 된다면 한 말씀 드려도 되겠습니까?" 라고 허락을 받은 후에 정중하게 말을 해야 한다.

경청하라.

경청하는 습관을 길러야 한다. 삼성의 이병철회장이 아들인 이건희 회장에게 회장직을 건네면서 A4 종이 한 장에 '들을 **청(聽)**' 한 글자를 써서 주었다고 하는 일화가 있다. '들을 청(聽)'은 주변을 잘 살피고 들으라는 뜻이라고 하는데 귀는 잘 들으라고 말하는 사람을 향하여 부채 모양으로 모든 말을 흡수 할 수 있도록 되어있다.

그러면 경청하는데 듣기만 하면 될까? 경청에도 기술이 있다.

첫째, 하던 일을 멈추고 몸을 틀어 얼굴을 보아야 한다. 하던 일을 중단하고 말하는 사람을 바라보면서 집중하여야 한다. 학교에 다녀온 딸이 성적이 올라가서 자랑하고 싶어 집에 오자마자 설거지하던 엄마에게 "엄마! 나 성적이 많이 올랐어"라고 말을 했을 때 설거지를 계속하면서 "그래 잘 했구나" 하는 것과, 하던 일을 중단하고 마주 쳐다보면서 "그래 잘 했구나"라고 하면 자녀가 받아들이는 정도가 얼마나 차이가 날까?

둘째, 사랑스런 눈을 보아야 한다.

내가 말을 하는데 상대방이 마주 앉아 있으면서 딴 짓을 하면 어떤 느낌일까? 나를 무시하는 것인가? 아니면 싫어하는가? 실망이 클 것이다. 사랑스럽고 진심된 마음으로 눈을 보면서 경청을 하여야 할 것이다.

셋째, 고개를 끄덕이며 "아~" 하고 말을 하여야 한다.

내가 당신의 말을 적극적으로 듣고 있으며 잘 이해하고 있다는 표시를 하려면 경청을 하면서 고개를 끄덕이며 "아~" 또는 "그렇구나" "그렇지" "아하" 하고 말을 해 주면 된다.

넷째, 역추적하기(Back tracking)

상대방의 말을 단순 듣기만 하는 것이 아니고 잘 경청하여 핵심적인 말을 찾아내어 그대로 되풀이 해주는 방법이다. 예를 들어 "지금까지 하신 말씀은 000로 이해를 했는데 맞는가요?"라고 하면 상대방은 확실히 신뢰를 하게 될 것이다. 즉 핵심적인 단어를 찾아 따라서 하는 것이다.

다섯째, 손뼉과 무릎을 쳐주어야 한다.

상대방이 말을 하는 중에 상황에 맞도록 적절히 손뼉과 무릎을 쳐주면서 "그래" "그렇지"라고 분위기 전환과 상대방의 의견을 적극 지지한다는 의사표시가 될 것이다.

이상 5가지 방법을 다 구사하면 좋지만 그렇지 못할 경우에 상황에 맞도록 적절히 대처하고 생활에 항상 사용 가능하도록 습관화하는 것이 필요할 것이다.

상대방이 나의 말을 잘 들어주기를 대부분의 사람들은 생각하고 있다. 그러나 대부분 나의 말을 들어주기는커녕 자신의 말만 하고 있다. 내가 말을 하다가 잠깐 쉬면 그 사이에 끼어들 것 같아서 숨도 쉬지 않고 말을 하다가 죽었다는 말도 있다. 이와 같이 사람은 말하는 것을 좋아한다.

상대방이 나의 말을 잘 들어주게 하려면 어떻게 하여야 할까?
여러 가지 있겠지만 간단하고 쉽다. 내가 상대의 말을 끝까지 잘 들어주면 자연히 내 말을 들어주게 되어있다. 대부분의 사람들은 자신도 상대방의 말을 듣지 않으면서 자신의 말을 들어주지 않는 다고 원망한다. 내가 원하는 것이 있으면 내가 먼저 해 주면 어떨까?

경청의 예

(1) 화제의 선택

어느 자리에서 화제를 선택할 때 어떤 내용으로 하여야 할까? 자신이 좋아하는 것으로 하여야 할까? 아니면 상대방이 관심 있는 내용으로 선택하여야 할까? 를 생각하여야 한다. 상황에 맞고 내가 생각한 큰 목적을 달성할 수 있는 내용으로 선택하여야 할 것이다.

카네기는 그의 저서 '사람을 통솔하는 법'에서 제시한 예를 보기로 한다.

미국에서 소년운동을 하고 있는 사람이 열두 명의 소년을 데리고 유럽에서 열리는 세계대회에 참석시킬 비용 모금을 위해 어느 일류회사의 사장을 찾아갔다.

비서실에서 대기하고 있는 동안 최근 이 회사 사장이 100만 달러짜리 수표를 끊었다가 무슨 이유인지 취소하고 그 취소한 수표를 액자에 넣어 자기 방에 걸어 놓고 있다는 이야기를 신문에서 보았던 생각이 났다.

사장과 마주 앉은 그는 그 수표이야기를 자세히 들려달라고 말을 시작했다. 그 사장은 자기 일에 관심을 갖는 것이 기분이 좋아서 장황하게 늘어 놓았고 회사 경영방침까지 신나게 이야기를 하였다. 그 운동가는 사장의 말에 "그렇습니까" 등 맞장구를 치면서 열심히 경청을 하였다. 사장은 드디어 방문한 용건이 무엇이냐고 물었다. 방문객은 간단히 말을 하자 사장은 끝까지 듣지도 아니하고 그 자리에서 수표 한 장을 주고 12명의 비용과 5명을 추가하여 운동가 비용까지 18명의 여비를 선선히 기부를 하였던 것이다.

(각주 연세대학교 코칭아카데미 교재)

(2) 경청한 결과

직장에서 중견 간부로 근무하는 남편과 현모양처로 집에서 살림하고 자녀를 키우는 부부가 있었다. 부인은 오랜만에 친구를 만났는데 나의 남편이 '어느 예쁘고 지적인 여인과 함께 호텔에서 나오는 것을 보았다'는 것이다. 그 부인은 오직 자신과 자녀만 생각하는 남편인 줄 알고 살아왔는데 그 말을 듣는 순간 앞이 캄캄하고 그럴 수 있는가 생각하니 화도 나고 답답했다.

퇴근하는 남편에게 부인은 기다렸다는 듯이 "당신 요즈음 어느 미친년하고 바람을 피우고 있지요. 말을 하지 않아도 나는 다 알아요" 하면서 몰아 붙였다. 남편에게 말 할 시간도 주지 않았다. "당신이 출장 간다고 하면서 호텔과 멋진 레스토랑 등에서 그 미친년하고 바람 피운다는 것을 그 동안 나만 모르고 다 알고 있어요. 나만 바보가 되었어요"라고 했다. 남편의 생각은 '나는 오직 우리 가정만을 위해서 쉬지도 못하고 직장에서 열심히 근무하면서 살아온 죄 밖에 없다'라는 생각으로 말하고 싶은 마음을 꾹 참으면서 "아~ 그래요"라고 말하며 참고 참았다. 부인은 계속 남편을 몰아 붙였다. 도대체 바람을 피우는 이유가 무엇이냐고 소리소리 지르는 것이었다. 남편은 아내에게 "여보!

나는 이해가 되지 않아요. 당신이 알고 있는 모든 것을 소리 지르지 말고 천천히 말해 봐요" 라고 했다. 그러자 부인은 친구가 한 말을 천천히 했다. 그러자 남편은 부인의 말에 중간 중간에 고개를 끄덕이면서 "그래요~, 그래요"하면서 끝까지 경청하고 받아들이는 모습을 보이면서 듣고 또 들었다. "여보! 이제 더 이상 할 말이 없나요. 끝났어요" 라고 했다.

부인은 이제 끝났다고 했다. 남편이 말을 시작한다. "내가 잠시 자세히 말을 할 테니 들어 봐요. 지금까지 당신 친구가 한 말 중에 일부는 맞아요. 지난번 회사에서 출장 갔을 때 여직원이 포함되어 있었는데 그동안 연구한 내용 발표를 여직원 포함하여 그 호텔에서 있었어요. 우리 부서에서 출장 가서 연구산물을 멋지게 프리젠테이션을 했고 그 연구한 내용이 최고의 연구산물로 인정을 받아서 회사에서 곧 사업화 하도록 결정되었고 사업화 되면 기여한 공로로 우리팀원 전원이 승진 예정이고 나도 승진할 것 같아요" 라고 했다. 그것이 사실이었다.

그 이후 부인은 남편의 말을 끝까지 경청을 하게 되었고 자랑스런 남편을 우러러 보게 되었다. 결국 부인은 친구의 말 일부분만 듣고 갖은 상상만 하고 남편을 의심한 결과가 되었다.

만일 남편이 부인의 말을 중간 중간에 잘라서 말을 하면 잘 믿지도 않으려고 했을 것이고 싸움만 되었을 것이다. 하지만 부인의 말을 더 이상 할 말이 없다고 할 때까지 들었던 결과 부부는 새로운 행복이 시작되었다. *(각주 연세대학교 코칭아카데미 교재)*

3. 칭찬과 질문하기

칭찬하기

누구나 알고 있을 것 같고 평생 많이 들어 본 칭찬이란 무엇을 의미할까? 사전에 보면 '좋은 점이나 착하고 훌륭한 일을 높이 평가'하는 것이라고 정의 되어 있다. 칭찬은 빈정거리는 모습을 느끼게 하면 절대 안되고 진심에서 잘한 일을 찾아내어 사실에 입각하여 좋은 점, 착하고 훌륭한 일을 높이 평가를 해야 한다고 한다. 칭찬을 할 때에는 논리적이고 근거에 의거 수치가 나오면 더욱 좋을 것 같다. 칭찬의 반대는 무엇일까? 상대가 하는 일을 보고 나서 잘못을 지적하여 뒤통수를 치는 것이라고 할 수 있다.

'칭찬은 고래도 춤을 추게 한다'라는 책이 있다.
이 책에서는 자녀의 행동을 칭찬하는 것이 무엇보다도 중요하다는 것을 알면서도 왜 실천하지 못하는 지와 그리고 긍정적인 행동보다는 부정적인 행동을 하는지 깨닫게 해주는 책이라고 할 수 있다.

이 책의 줄거리는 주인공인 킹슬리가 살고 있는 미국 플로리다 주의 해상 동물원에서 사납기로 유명한 고래가 펼치는 쇼를 본 뒤 고래 조련사인 데이브 야들리를 만나면서부터 시작이 된다. 킹슬리는 조련사와의 대화에서 상호 신뢰를 바탕으로 한 긍정적 기대와 칭찬이 범고래가 놀라운 재능을 펼치게 만드는 원동력이라는 것을 알게 된다. 직장과 가정에서 심각한 어려움에 처해 있던 킹슬리는 이후 칭찬과 격려의 실천을 통해 놀라운 변화를 맞게 된다는 것이 이 책의 줄거리다.

이 책이 전달하는 가장 중요한 메시지는 교육심리학에서 말하고 있는 '피그말리온 효과'라고 할 수 있다. 피그말리온 효과는 그리스 로마 신화에서 피그말리온이란 조각가가 자신이 만든 아름다운 조각상을 열렬히 사랑했더니 그 조각상이 진짜 살아 움직이는 여자가 됐다는 이야기에서 나온 말이다. 주변 사람들이 긍정적 기대를 표시하면 내가 거기에 부응해 실현하는 것을 말한다. 자녀 교육에서도 부모가 보여 주는 긍정적 기대와 칭찬은 자녀들이 잠재 능력을 실현하는 데 중요한 심리적 원동력이 된다는 것이다.

그러면 긍정적 기대와 칭찬의 실천은 구체적으로 어떻게 해야 하는가. 이 책은 중요한 실천적 제안들을 제시하고 있다.

첫째, 긍정적인 행동을 중요시하고 많은 관심을 가져라.

아이들이 긍정적 행동을 할 때 많은 부모가 그것을 당연한 것으로 받아들이고 그냥 지나쳐 버리는 경우를 우리들은 일상생활에서 자주 볼 수 있다. 당연한 것은 이 세상에 아무것도 없다. 가족이나 직장에서 긍정적 행동을 할 때는 언제든지 구체적인 칭찬을 아끼지 말아야 한다.

둘째, 칭찬을 할 때에는 진실한 마음으로 칭찬하는 게 중요하다.

칭찬을 의미 없이 하면 거기에 식상해지는 역효과를 낳을 수 있다. 하지만 진실된 마음과 논리적이고 근거에 의거 즐거운 마음에서 나오는 칭찬은 아무리 자주 해도 과하지 않다고 생각한다.

셋째, 부정적 행동을 했을 때에는 야단을 치지 말고 이를 대체할 수 있는 대안 행동으로 긍정적 전환을 유도하라는 것이다. 예를 들어 자녀가 게임에만 열정을 갖고 놀고 있는 경우에는 꾸중보다는 아이에게 다가가 '책 읽는 모습이 너무 예쁜데, 아빠와 같이 지금 책 읽을까'라고 제안하는 것이다. 부정적 행동에 대해 처벌로만 아이를 대하는 것은 부모와 자녀 간에 부정적 관계만 형성할 뿐이다.

그러면 칭찬하는 방법 한가지를 소개하고자 한다.

아침에 일어나서 오른쪽 주머니에 동전 5개를 넣어두고 내가 자신에게 칭찬을 할 때마다 한 개씩 왼쪽 주머니로 옮기는 것이다. 그러면 자신이 소중해지고 열정이 생긴다. 그 다음에는 친구나 다른 사람에게 칭찬을 할 때마다 왼쪽 주머니에 있는 동전을 오른쪽 주머니로 옮기면 하루에 자신에게 5번, 상대방에게 5번씩 칭찬을 함으로써 인생이 바뀔 수 있다. 이 책은 부모뿐만 아니라 자녀들과 함께 온 가족이 함께 읽은 후에 칭찬에 대한 실습까지 할 수 있다.

그리고 온 가족이 모여서 '배느실'을 해보는 것이다.

즉 배운 점, 느낀 점, 실천할 사항을 발표함으로써 우리의 삶이 달라진다고 할 수 있다.

질문으로 인생을 바꾸라

따뜻한 말 한마디가 힘들어 하는 사람에게 새로운 삶의 희망을 준다. 따뜻한 말 한마디를 하려면 관심을 가져야 한다.

생각 없이 한말은 상대방 인생에 씻을 수 없는 상처를 줄 수가 있다. 그러면 어떻게 하여야 상대방 입장에서 원하는 따뜻한 한마디의 말을 할 수가 있을까? 바로 질문으로 시작하고 질문으로 끝을 내야 한다. 예를 들어 "지금 기분이 어떤가요"

"지금 제가 무엇을 도와 드리면 될까요"

"네! 그렇군요. 잘 알겠습니다" 등등

우리가 일상생활에서 대부분의 사람들은 무언가 가르치려고 한다. 그러다 보면 갈등이 생기고 폐쇄적인 생각과 관계로 발전을 하게 된다. 지시를 받거나 "가르치는 대로 해봐" 라고 해서 하는 일은 성과도 잘 나지 않을 뿐만 아니라 소극적으로 바뀐 경우가 많이 있다.

질문을 하게 되면 모르는 것을 서로 서로 배우게 되고 질문을 받는 사람은 좀 더 생각을 하게 되어 창의적이고 발전을 하게 된다. 질문에 답을 한 본인이 생각을 해서 일을 추진 할 경우에는 신바람이 나게 된다. 코칭의 철학을 보면 모든 사람에게는 '무한한 가능성이 있다'는 것이고 필요한 해답은 모두 그 사람 가슴속에 있다. 이러한 해답을 찾기 위해서는 질문을 잘 하는 파트너가 필요하다. 질문을 통하여 고객이나 자녀 등 상대방의 탁월함을 빛나게 한다면 나는 어떻게 변할까?

잘못된 질문

질문을 할 때 질책성 질문을 하면 안 된다.

예를 들어 "공부하러 온 학생이 예습도 안하고 교육 준비도 안하고 왔습니까"

이렇게 가르치려는 의도가 있는 질문은 안 된다. 아마도 이런 질문을 받았다면 다시는 상대방을 보고 싶지 않은 심정일 것이다.

어떻게 질문을 하여야 할까?

일상생활에서 쉽게 질문을 하면 된다.

예를 들어 오랜만에 친구를 만났을 때 "오늘 입은 의상은 계절과 날씨에 잘 어울리네요"

또는 "여기까지 오는데 ㅇ호선 전철 타고 오셨겠네요. 그 쪽이 살기 좋다고 하던데 맞지요. 왜 그런지 설명 좀 부탁 드려도 될까요?"

이와 같이 하는 것이 질문의 시작이라고 생각하면 된다.

좀 더 깊게 의미 있는 질문은 아래와 같이 하면 된다.

• 동료와 비교시 자신만의 차별화된 가치는 무엇입니까?

• 나의 삶에서 5년, 10년 단위로 예상되는 장애물은 무엇이 있고 그 장애물을 해결하려면 지금부터 무엇을 해야 할까요?

• 올해 나의 삶에 가치는 몇 점일까요?

10점을 더 올리려면 무엇이 필요할까요?

• 내 삶에 있어서 나를 도와줄 가장 큰 지지자는 누구이며 그 이유는? 나는 그를 위하여 무엇을 했으며 무엇을 배우려고 하고 있나요?

질문을 잘못하면 역효과가 나타날 수 있는데 폐쇄적이고 비난 중심으로 하고 상대방을 억누르는 느낌으로 하면 되지 않는다.

질문에 대한 학습을 하여 효과를 보려면 개방적이고 수용적이어야 하며 어떤 문제를 해결하려고 모색하여야 한다.

그러면 상황에 따라서 질문하는 예문을 보기로 한다.

지지하라에 대한 질문(예)

• 당신은 지금까지 큰일을 했어요. 어떻게 하면 전과확대가 될까요?

• 구상만 하신 것은 시작이 반이라고 하지요.

  이제는 저와 함께 구상한 내용을 구체적으로 종이에 써 볼까요?

• 지금 당신의 얼굴에서 할 수 있다는 의욕과 자신감이 나타나 있어요.

•네! 지금 한 말은 대단히 좋은 아이디어입니다. 또 무엇이 있을까요?

•당신은 예전에 00일로 인하여 더 큰 어려움을 극복했지요?
 이번 일도 잘 극복할 수 있으리라 믿습니다.

•당신이 힘들어 하는 문제점을 좀 더 자세히 말씀해 주실 수 있는지요?

•지금 당신을 위해 지지해 줄 수 있는 사람은 누가 있을까요?

•이 일을 위해 제가 도와드릴 것은 무엇이 있을까요?

•지금 당신은 무슨 생각을 하고 계신지요.

자녀와 대화시 질문(예)

•너의 꿈과 인생에 대한 목표는 무엇일까?
 너의 뛰는 가슴속에는 어떤 열정이 있을까?

•네가 공부할 때 학습역량은 무엇이고 흥미를 가장 많이 느끼는 과목
 과 제일 재미 없는 과목은 무엇이고 그 이유는 무엇일까?

•지금 부모는 너에 대하여 무슨 생각을 하고 있을까?

•네가 부모라면 너에게 무슨 조언을 할까?

•지금 너의 삶에 있어서 가장 중요한 것 10가지가 있다면 무엇일까?

•직장에서 상급자에 대한 불만이 있다면 무엇이 있을까?

 -네가 오늘 상급자의 위치에 승진을 했다면 우선적으로 할 일은?

 -이러한 상급자(CEO)가 되기 위해서는 지금 당장 해야 할 일은?

 -현 직장에서 나의 장점 10가지와 단점 10가지가 있다면 그것은?

 -최근에 읽은 책 5권의 소감과 향후 읽어야 할 책 5권이 있다면?

 -나를 변화하게 된 영화, 책, 친구의 말 한마디가 있다면 무엇일까?

 -네가 너의 팀장이라면 너에게 무슨 조언을 할까?

 -우리 팀의 꿈은 무엇일까?

자신에게 질문(예)

- 내가 지금 당장 원하는 것 5가지는 무엇일까?
  - 원하는 것 5가지를 택한 이유는 무엇일까?
  - 그 5가지를 위하여 지금까지 한 일과 하지 못한 것이 있다면?
  - 앞으로 해야 할 일을 위하여 최대 지지자 5명을 선정해 본다면?
  - 지지자에게 무엇을 요청하겠습니까?
- 지금 나의 꿈은 무엇이고 꿈 넘어 꿈은 무엇일까?
- 우리 가족 공동의 꿈은 무엇일까?
- 직장에서 우리 조직의 공동의 꿈은 무엇일까?

(각주 ICF인증 Fast Track Program(CMOE Korea 2008.4)

세상을 바꾸는 위대한 질문을 하라

EBS2에서 미래 강연 '세상을 바꾸는 위대한 질문을 하라'는 방송이 있었다. 궁금한 것이 있을 때 컴퓨터에게 질문하면 대부분 답이 나온다. 이와 같이 앞으로 답을 하는 것은 컴퓨터의 역할이 되고 사람은 질문하는 역할을 한다는 것이다.

4. Purpose-Driven Life Design(목적이 이끄는 라이프 디자인)

(각주) 목적이 이끄는 라이프 디자인 솔루션 워크북(CMOE Korea 2019.4)

0. 목적이 이끄는 라이프 디자인이란 무엇일까?

축구를 할 때 처음 시작부터 끝날 때까지 선수들은 구슬 같은 땀을 흘리면서 축구공과 상대방의 골대를 보면서 뛴다. 당연히 공을 상대방의 골대에 넣기 위해서 뛰는데 이것이 축구에 있어서 목적이라 할 수 있다.

또 한가지 예를 든다면 수도권에 용인과 서울을 오가는 용서고속도로가 있는데 편도 3차선에 출퇴근시 많이 막힌다. 수도권에 막히지 않는 도로는 없을 것 같다.

A라는 사람은 같은 3차선도로 중에 2차선을 기준으로 안전운전을 생각하면서 상황에 따라 조금씩 여유가 있거나 차량이 적은 1차선이나 3차선을 이용하고 창문을 열고 손을 내밀어 양보요구도 하고 때로는 미안하다는 깜박이 등을 이용하여 상대방에게 감사표시를 하면서 목적지를 향하여 가니까 지루하지 않을뿐더러 훨씬 빨리 간다.

반면 B라는 사람은 바쁜 출퇴근시간에 차가 막힌다고 불평한다. 도로정책을 잘 못하는 정부를 비판하고 대중교통을 이용하지 않고 차를 갖고 운전하는 사람을 원망하면서 꽉 막힌 도로에서 앞차만 보고 따라간다. 목적지에 도착 할 때까지 많은 시간을 보내면서 원망만 한다.

A라는 사람은 자신의 삶을 자신이 주도적으로 변화하고 계획하고 설계하는 등 스스로 삶의 주인공이 되는 것이다. 즉 자신의 존재 목적, 사명, 소명 등을 결정하고 실현하는 과정을 스스로 디자인하여 자신이 원하는 삶을 자신이 선택하고 결과에 자신이 책임을 지며 인생에서 진정한 주인공이 되어 멋진 삶을 주도적으로 **Purpose-Driven Life Design** 하는 삶을 살아가게 된다.

B라는 사람은 디폴트(Default)한 사람으로서 자신의 의도나 생각이 변화 없이 태만스럽게 주위 환경에 따라 삶을 살아가는 사람을 말한다. 자신의 삶에 대하여 존재 목적, 사명, 소명 등을 인식하지 못하고 자신이 진정으로 원하는 삶이 아니고 다른 사람들이 주로 하는 일을 따라 살아가니까 어쩔 수 없는 삶을 살아가는 것이다. 이러한 삶에는 행복이 있을 수 없다. 즉 자신의 삶을 자신이 주도하지 못하고 다른 사람이 디자인해 놓은 것에 의해 타인의 인생을 살아가고 있다고 할 수 있다. 우리는 어떤 삶을 살기를 원하는가. 자신이 진정으로 원하는 삶을 스스로 디자인 할 수 있어야 행복한 인생이 창조되는 것이다. 즉 Life Design을 하면서 살아야 한다.

0. 나는 무슨 생각을 하면서 살아가야 할까

> Life design을 통하여 고객의 가슴속에 있는 잠재력이 더욱 빛나도록 새로운 인생의 목적(꿈)을 이끌어 성장하는 사고와 주도적인 행동으로 멋진 인생을 design하여 목적에 도달할 수 있도록 하는 삶을 살고 싶다.

자신의 삶에 대하여 어떤 관점을 가지고 있는가에 따라 인생이 달라진다. Life Design에서 삶에 대한 관점의 차이를 생각해 보면 어떨까

변혁적인 관점으로 살아가는 사람은 내가 변하면 세상도 변하고 삶의 목적을 성취하고 자신의 가치관에 따라 살아가며 미래지향적이고 내 삶의 주인공이 되어 행복한 삶을 살 수가 있다. 반면에 거래적 관점으로 살아가는 사람은 나보다는 세상이 변해야 하고 삶의 목적보다는 일의 목표를 달성하려고 노력하고 눈에 보이는 이익을 중요시하고 현실 중심적이며 나의 삶이 환경에 의해 좌우되니까 행복한 삶이 되기가 어렵다.

내적 동기로 살아가는 사람은 삶의 의미, 재미, 행복, 보람 등과 같이 내면에서의 보상으로 동기를 느끼며 살아가는데 외적 동기로 살아가는 사람은 명예, 돈, 권력, 인정, 칭찬 등과 같이 외부의 보상으로 동기를 느끼면서 살아가는 것이다.

Life Design에서 중요한 것은 내적 동기이다. 내적 동기로 살아가는 삶은 견고하고 안정적이며 목적을 기반으로 자신의 Life Design를 하면서 행복한 삶을 살아가는데 외적 동기의 삶은 가변적이기 때문에 실망, 절망, 낙심, 상처 같은 경험을 반복하면서 행복한 삶을 살아가기가 어렵다. 그래서 우리는 고정사고에서 Mindset Shift(마인드셋 전환)를 통하여 성장사고로 바뀌어야 하고 성장사고로 바뀌면 진정으로 원하는 삶 즉 Purpose Dream이 가능한 것이다.

. 옛 성인들은 어떤 지혜로 살았을까?
지금으로부터 2,500년 전 그리스 철학자 소크라테스는 맨발로 다니면서 인생을 새롭게 깨달으면서 살았다고 한다. 그의 부친은 석공이자

조각가였는데 아들인 소크라테스에게 조각가 되기를 원했다.

하지만 소크라테스의 귀에는 신의 목소리가 들리는데 "아버지 조각가 유업을 받지 말고 엄마가 하는 산파가 되라"고 들렸다. 그 후 델파이 신전에 무희를 찾아갔는데 그 때 신은 "영적인 산파(영혼 불멸)가 되라"는 계시를 받았는데 그 때부터 사람들에게 새로 태어나도록 '존재 목적'을 찾아 주기 위하여 교육을 시키면서 살았다. 만일 소크라테스가 아버지 유업인 조각가가 되었다면 어떻게 되었을까 생각해 본다.

소크라테스 삶의 지혜를 보면서 현재 살고 있는 우리들은 어떤 관점을 가지고 살아가야 지혜로운 삶일까?

변혁적(變革的) 관점으로 살아가는 사람은 내가 변하면 세상도 변하고, 삶의 목적을 성취하고 자신의 가치관에 따라 살아가게 되며 미래 지향적이고 불가능한 것을 실현하려면 내가 변화해야 한다고 생각하고 내 삶의 주인은 자신이라고 생각한다.

거래적(去來的) 관점으로 살아가는 사람은 나보다는 세상이 변해야 한다고 생각하고 일의 목표를 달성하려 하고 눈에 보이는 이익을 중요시 하고 다른 사람들이 결정하고 책임을 져주는 것이 편하고 불가능한 것을 실현하려면 여건이 갖추어져야 한다고 생각하고 나의 삶은 환경에 좌우된다고 생각한다. 우리는 어떤 삶을 살아야 할까. 변혁적인 관점을 갖고 살아가려고 노력을 하여야 불가능한 꿈, 불가능한 미래 속에 멋진 삶을 살 수 있다고 생각한다.

거래적 관점을 살아가는 사람은 고정적인 사고에 의해 진정으로 원하는 목적이나 꿈을 이루기가 어렵다. 현상유지하기도 쉽지 않을 것이다. 반면에 변혁적 관점을 살아가는 사람은 고정적인 사고에서 마인드셋(Mindset) 으로 전환(Shift)을 하게 되고 그러면 성장 사고 (Growth Mindset)에 의거 진정으로 원하는 "불가능한 꿈"이나 "불가능한 미래"를 달성할 수가 있다.

옥수수 1알을 심으면 1자루의 옥수수를 수확하게 되는데 1자루에는 몇 개의 옥수수 알이 있을까 세어보면 300~500개 정도의 알을 수확하게 되는데 이와 같이 생물의 번식은 기하급수적이다.

옛 성인들 중에 중학교 때 배운 피타고라스는 $A2+B2=C2$ 이라는 생활 방식을 우리의 삶 즉 토목, 건축, 예술 등에 적용하므로써 기하급수적 인 성장을 하였던 것이다. 예를 들어 이집트의 피라밋을 건축할 때 이를 적용한 것이다.

0. 목적이 이끄는 Life Design Thinking로 살아가자

거래적 관점을 살아가는 사람은 고정적인 사고에 의해 진정으로 원하는 목적이나 꿈을 이루기가 어렵다. 현상유지하기도 쉽지 않을 것이다. 반면에 변혁적 관점을 살아가는 사람은 고정적인 사고에서 Life Design 사고의 삶을 살펴보자.

목적(Purpose), 잠재력(Potential), 프로토타입(Prototype), 프로젝트(Project) 즉 4P라고 할 수 있다.

첫째, 목적은 강력한 잠재력에 기반한 존재 목적을 생각하고 느끼면서 잠재력과 미래에 대한 명료한 삶의 방향을 결정할 수 있다.

예를 들어 성당 재건축현장에서 석공으로 일을 하고 있지만 "나는 성당 재건축에 참가하여 신에게 영광을 돌리고 싶다" 나는 택배기사로 일을 하고 있지만 "나는 사람들에게 행복과 기쁨을 배달한다"와 같이 나의 일에 대하여 Reframe를 하는 것이다. 예를 든다면 페이스 북의 마크 저커버그는 '**사람들에게 지역사회를 구축할 수 있는 능력을 제공하고 세계가 더 가까워 지도록 한다**' 라고 했고 롯데의 신동빈 회장은 '**고객의 전 생애주기에 걸쳐 최고의 가치를 선사한다**'고 했다. BTS는 '**사람들이 자신을 사랑하고 즐길 수 있도록 음악을 제공한다**'고 하였고 CMOE의 최치영박사는 '**사람들이 행복한 삶을 살도록 돕는 시스템을 창조하는 것**'이라고 목적 선언문을 작성하였다.

둘째, 잠재력은 자신의 내적 현실과 내적 동기 그리고 역량을 깊이 생각하여 자신의 숨은 잠재력을 개발하면서 자신의 한계를 뛰어 넘는 삶을 살게 된다.

자신의 전문분야, 업무성과, 스킬, 문제해결, 의사결정 등에 얼마나 잠재력이 있는지를 진단하는 것이다. 자신의 잠재력은 무한한데 개발할수록 강력해지기 때문에 불가능한 미래, 불가능한 꿈, 위대한 목적 등을 실현 가능하게 한다. 잠재력은 모든 인간에게 주어진 기적과도 같은 신이 준 선물이다. 감사하는 마음으로 개발하고 Life Design에 활용하여야 한다.

셋째, 프로토타입(Prototype)은 목적선언이 이루어 지면 잠재력을 바탕으로 예를 들어 5년의 자신에 대한 라이프 목적과 프로세스를 바탕으로 이미지, 언어, 상징, 도형, 그림 등 시제품을 만들어 보는 것이다. 처음부터 완벽하지 않기 때문에 수정할 수 있다. 프로토타입은 일, 놀이, 관계, 개발에 대한 조화 있고 균형된 삶을 의미한다.

일은 좋아하고 잘하는 일은 무엇인가,

놀이는 하고 싶은 놀이는 무엇이고 Life Design목적과 연관되는 놀이는 무엇인가,

관계는 가장 소중한 관계는 누구이며 대인관계 기술을 생각하면서 목적과 연관되는 관계는 어떤 것인가,

개발은 육체적 정신적 건강은 어떻게 개발하여야 하고 자아실현, 목적과 연관되는 개발은 어떻게 하여야 하는가 가 핵심이다.

이러한 일, 놀이, 관계, 개발에 영역을

첫째, 어떤 사고방식을 가질 것인가?

둘째, 어떤 주도적 행동방식을 가질 것인가?

셋째, 어떤 기하급수적 성장방식을 가질 것인가?

즉 일, 놀이, 관계, 개발의 4가지영역을 사고방식, 행동방식, 성장방식3가지 영역 즉 Life Design 목적에 맞도록 12개의 빈칸에 작성을 하면 된다.

목적	많은 사람들이 행복한 삶을 살 수 있도록 돕는 사람이 되자			
영역 \ 생활방식	일	놀이	관계	개발
사고방식				
행동방식				
성장방식				

넷째, 프로젝트(Project)는 프로토타입을 완성하면 바로 실행할 계획을 세우고 행동을 하여야 성과가 창조될 수 있다. 예를 들어 1주일, 30일, 90일, 1년, 5년 등 단기와 중장기적으로 자신의 삶을 실행하여 성과를 달성하는 것이다.

Life Design의 목적을 쓰고 목적보다 작은 목표를 작성한 다음 1주일 할 일부터 한 달, 여섯 달, 1년, 5년, 10년 등 해야 할 일을 구체적으로 작성을 하는데 작성하는 순서는 장기계획→중기계획→단기계획 순으로 하면 효과적일 것이다. 이렇게 하다 보면 슬럼프에 빠지는 경우도 있고 장애물에 좌절 할 수도 있다. 이 때에는 목적 선언문과 연관되는 문장을 작성하여 명상도 하고 장애물을 극복할 수 있도록 가까운 배우자나 가족, 지인들로부터 지지와 격려, 그리고 Coaching전문가에게 도움을 요청할 수도 있다.

처음에는 **Purpose-Driven Life Design**에 의거한 생활을 한다는 것이 어렵다고 할 수 있지만 새로운 인생의 꿈에 도전한다는 생각으로 습관화하면 쉽다고 할 수 있다. 큰 비용이 들지 않고 자신이 주도적으로 성공적이고 행복한 삶을 살면서 가족이나 직장에서 존경 받고 이러한 경험을 많은 사람에게 전파한다면 매우 의미 있는 인생이 되리라 믿는다.

Purpose-Driven Life Design 삶을 위하여 다 함께 화이팅!!!

5. 행복한 우리 집의 출발점은 뭘까?

행복의 출발점은 무엇일까?

행복이란 무엇일까?

생각하는 사람마다 조금씩 차이는 있겠지만 행복을 위하여 실천을 하고 있을 것이다. 국어사전에 행복이란 '생활에서 충분한 만족과 기쁨을 느끼어 흐뭇함, 또는 그러한 상태'라고 되어 있다.

동물의 왕국을 자주 본다.

아프리카 밀림에 사는 호랑이와 사슴이 살고 있었다. 육식 동물인 호랑이가 배가 고파서 불행을 느끼고 있는데 사슴을 잡아먹고 싶었는데 호랑이는 사슴보다는 빨리 달릴 수는 있지만 장거리에 약하다.

채식 동물인 사슴은 호랑이 보다는 느리지만은 장거리에 강하다.

그래서 호랑이는 쉽게 배고픈 배를 채우기가 어려운 것이다.

이 때 호랑이가 도망가는 사슴을 최선을 다하여 쫓아가고 사슴은 생사가 걸린 이 순간에 전력 질주하여 도망을 간다. 이 순간 호랑이와 사슴은 자기가 추구하는 일에 몰입을 하게 되어 옆이 보이지 않고 무슨 소리도 들을 수가 없다. 호랑이의 추격을 따돌리고 호랑이의 위험으로부터 완전히 이탈했을 때 사슴은 최고의 행복을 느낄 것이다.

한편 호랑이는 사슴을 잡으면 이 때가 최고의 행복이라고 한다. 이 행복은 배를 든든하게 채운 호랑이는 행복하여 나무 그늘 아래서 휴식을 취한다. 하지만 시간이 지날수록 점점 배가 고파지고 호랑이의 행복지수는 점점 떨어지고 어느 순간에는 다시 불행하다는 생각을 하게 된다. 그래서 지속적으로 행복하려면 작은 것이라도 꿈을 설계하고 그 꿈을 향하고 몰입하여 목적을 이루면서 살아가야 된다는 것이다. 그래서 행복이 지속되려면 꿈 넘어 꿈이 있어야 한다.

행복지수가 높은 나라/도시는...

예상 밖으로 잘 살아서 돈이 많아서 행복한 것이 아니라고 한다.

잘 살려면 경쟁을 해야 되고 경쟁을 하다 보면 사람이 피곤해지고..

그러다 보면 지친 삶을 살게 된다.

자료에 보니까 행복지수가 높은 나라는 네팔, 부탄, 남미에 있는 작은 나라들, 그 중에 부탄은 1인당 GDP가 2,722$로서 세계130위인데 우리나라의 1/10정도 밖에 안 된다. 가족간에도 네가 잘 했나, 내가 잘 했다고 경쟁하듯 대화를 하게 되면 불행하게 된다고 생각한다. 가난한 국가 일수록 행복이 넘치고 기쁨이 넘친다고 한다.

-상대의 말을 끝까지 들어주는 경청-

오프라 윈프리는 9살 때부터 성폭행을 당했고 사생아이면서 미혼모이고 약물중독자였다. 그런 그녀를 입양한 부모가 계속 사랑과 지지를 해주었는데 그 때부터 삶에 자신감을 가졌고 그 이후에 어떻게 세계적으로 유명한 토크쇼 진행자로 성공을 했을까?

그녀는 매일같이 감사 일기를 쓰면서 전교 회장을 하고 라디오를 진행하고 뉴스 캐스터와 25년 동안 자신의 이름을 건 토크쇼를 진행했다. 1시간 동안 토크쇼에서 그녀가 말하는 시간은 기껏 10분, 나머지 50분은 상대방과 눈을 맞추고, 고개를 끄덕이며 이야기가 끊기지 않도록 질문을 던지는데 집중한다. 토크쇼가 진행되는 동안 그녀의 눈은 입을 대신하고 있다. 말을 하지 않는 대신 끊임없이 상대방을 관찰하고 교감하려 애쓴다.

상대방을 이해하려는 노력, 이것이 바로 열린 소통의 시작이다. 소통의 달인이 되고자 한다면 먼저 듣는 귀를 가져야 할 것이다. 지금까지 살면서 나는 경청이 무엇인지 모르고 살다 보니 가정에서 아내와 자녀로부터 관심을 못 얻었고 사회생활도 어려움을 겪었다.

상대방이 나의 말만 잘 들어주면 80%이상 이루어 진 것처럼 행복해 진다고 한다.

누구와 대화를 하면 라포(RAPPORT)가 잘 형성되어야 한다. 라포는 신뢰와 친밀감으로 이루어진 인간관계라고 할 수 있는데 라포만 잘 형성되면 분위기도 좋아지고 상대방으로부터 믿음을 갖게 될 것이다. 라포가 잘 형성되게 하기 위해서 사람들은 말을 많이 해서 나의 생각을 상대에게 주입하려고 하는데 이런 방법은 잘못된 것이다.
그러면 어떻게 해야 할까? 반대로 생각해야 한다.

경청기법을 사용하여 온몸으로 실행해야 한다. 시선을 마주치고, 고개를 끄덕이며, "아, 그러셨군요" "대단한 인내력을 가지셨군요" "직원들을 진정으로 위하고 계시는군요. 훌륭하십니다." 등등의 맞장구를 치면 상대방의 마음을 얻어낼 수 있다. 그때 나의 기분이 어땠을까? 드디어 라포가 성취되었다고 생각하면서 상대방에게 도취된다.

세상 사람들은 모두 자기 말에 귀 기울여 주기를 간절히 바라고 있다. 이런 연유로 경청은 상대방의 심리적 욕구를 채워주는 최고의 기술이라 할 수 있다. 에리히 프롬은 그의 저서 『사랑의 기술』에서, '사랑이 기술임을 인정한다면 다른 모든 기술을 습득할 때와 마찬가지로 최고의 관심과 아울러 훈련, 정신 집중, 인내가 그 전제 조건이 되어야 한다'고 했다.

경청도 마찬가지, 위와 같은 노력이 필수적이다.
특히 가장 가까운 아내가 말을 할 때에는 음성에 의한 전달은 7%이고 나머지 93%는 상대의 눈을 쳐다 보면서 상대의 음성에 대한 톤, 빠르기, 액센트, 그리고 신체적 반응을 보면서 손뼉과 무릎을 치면서 경청을 해야 한다.

그렇게 하면 집안에서 큰 소리가 있을 수 없고 서로 서로의 의견을 존중할 줄 알게 된다.

최근 아내는 말 한다. 그 전에는 본인 말을 전혀 들어주지를 않아서 병도 생기도 불행했고 자녀들과의 관계도 문제가 많았는데 경청에 대한 공부를 하고부터는 내가 많이 변했다고 한다. 나의 남편은 점수를 주자고 하면 100점을 줄 수 있다고 한다. 이 말에 나는 행복하고 오늘도 경청에 대한 책 한 페이지를 읽고 경청 관련 무엇을 실천할까 생각해 보게 된다.

많은 사람들이 자녀들을 잘 키우기 위해서 많은 것을 가르쳐 주려고 한다. 하지만 자녀하고는 약 30년 정도의 시대 차이가 나고 손주와는 60년 전후의 시대 차이가 있는 가운데 내가 생각한 말이 아무리 좋아도 본전 찾기도 어려울 것이다. 그래서 말을 많이 하기 보다는 경청하고 지지해주고 근거에 입각한 칭찬이 중요할 것으로 생각된다.
다른 면에서 아무리 잘 해주어도 상대의 말에 경청을 하지 않으면 그 효과는 급감할 것이다. 자녀에게도 미리 답을 주면 싫어한다.

답을 주기보다는 경청하고 질문을 해서 자녀의 생각을 읽을 줄 알아야 할 것 같다.

-가정일 함께하기-
퇴직 후 어떻게 하면 좀 더 행복할 수 있을까?
언제인가 큰 아들이 군에 가고 작은 아들도 군에 갔다. 우리 부부는 작은 아들을 춘천에 있는 102보충대에 입대시키고 왔는데 저녁에 아내의 눈에서 눈물이 뚝뚝 떨어진다. 왜 그러냐고 하니까 남편에 이어 두 명의 아들까지 군에 보내니까 이런 저런 생각에 눈물이 난다고 하여 내가 말했다. "오늘부터 우리 부부는 끝이다" 아내의 눈빛이 이상

했다. 이혼하자는 것인가 라고 생각한 것 같다. 그래서 부부는 아이 낳고 도시락 싸서 학교 보내면서 살아가는 것이다. 이제는 다 키워서 군에까지 보냈으니 이제 우리는 부부가 아니고 친구로 살아가자고 했다.

그래서 그 때부터 나는 아내를 여친이라고 부르고 있다. 친구 사이로 살아가려면 어떻게 해야 할까? 취미도 같고 함께 놀 수 있어야 할 것 같았다. 다음날 우리는 실내 골프연습장에 등록을 하면서 골프도 배우면서 친구같이 살아가고 있다.

이제는 친구 사이니까 모든 면에서 일방적인 것은 없다고 생각한다. 모든 생활은 함께 하는 것이다. 그렇게 하지 않으면 내 친구는 떠나갈 것이다. 그래서 아침에 일어나면 "좋은 아침"이라고 서로 서로 인사하고 식사준비를 할 때에도 내가 할 수 있는 것은 항상 같이 밥상을 차리고 식사 후에도 끝까지 함께 치우고 정리하고 하루의 일정표에 대해서 토의하고 저녁식사 후에는 하루 있었던 일과 서로 궁금한 일에 대하여 대화를 하다 보면 1~2시간은 금방 지난다.

내가 제주에 있고 여친이 육지에 있을 때 전화로 30분~1시간 이상 통화를 해야 하루가 정리되었다.
통화내용은 배느실이다.
즉 하루 있었던 일을 상기해보고 그 일을 통해서 우리가 함께 배운 점, 느낀 점, 그리고 내일부터 우리가 실천할 사항 등에 대해서 대화를 한다. 이럴 때 배우자가 무슨 생각을 하는지 내가 칭찬하고 지지할 것 등을 느끼게 된다.

TV가 고장이 나서 수리요청을 했는데 기사가 점검 결과 우리 집 TV 시청률은 일반 가정 평균에 비해서 10% 정도 본다고 한다. 우리는 그만큼 가족간에 대화를 하고 책을 보고 일기를 쓰면서 살아간다.

본인은 어릴 때 썼던 일기장과 금전출납부를 지금도 가지고 있다. 1970년도에 우표 값이 20원, 칫솔35원, 공중전화5원이라고 적혀 있다. 그리고 지금도 매일 같이 하루도 빠짐없이 일기를 쓰고 있고 1년에 약 400쪽 이상 되는 일기장이 매년 1권씩 나오는데 일기장에는 일기를 쓰면서 중요한 서류, 건강검진결과, 카드 내역 등등을 붙인다. 한번은 세무서에서 2년 전 세금을 미납했다고 연락이 와서 일기장을 보니까 납부한 내역이 자세히 적혀 있어 확인을 한 적이 있다.

우리 부부는 중요한 이슈가 있거나 관심이 있을 때에는 책을 사서 같이 읽고 나서 토의를 함으로써 생각의 일치를 이루고 있다.

-장점만 생각하기-
나는 매일 기도 제목 중에 하나가 **"상대방의 장점만 내 눈에 보이고, 장점만 생각하고, 그 장점을 가슴속에 담고 그 사람의 장점만 바라보면서 말하게 해달라"**고 기도를 한다.

그리고 일기에 쓰려고 노력을 한다.

그러면 장점이란 무엇일까? 사전에는 '어떤 대상에게 있어서, 긍정적이거나 좋은 점'이라고 되어 있다.

인간은 장점만 있는 사람은 아무도 없다. 그렇다고 단점만 있는 사람도 없다. 사람은 누구에게나 장점과 단점을 갖고 있는데 단점을 점진적으로 장점으로 변화시키고 장점을 키워나간다면 성공에 크게 기여하리라 생각한다.

그래서 함께 살아가면서 상대방이 무엇을 할 때 단점이 보이면 왜 그렇게 했을까? 단점 속에 장점이 무엇이 있을까? 생각해 본다.

그리고 나를 향해서 어떤 말을 하면은 무의식적인 답변보다는 다만 몇 초간이라도 생각을 해본다.

도저히 공감이 가지 않을 때에는 "그래~ ~ 당신은 그렇게 생각하는구나. 나는 조금 더 생각을 해볼게요"

그 이후 시간이 지나면 50% 이상은 본인이 생각을 바꾸는 경우가 많이 있고 나에 성향을 많이 생각해 주는 것을 느꼈다. 잘못한 말 한마디에 의거 몇 년 동안 공든 탑이 와르르 무너진다. 인간관계에서 무너진 탑을 다시 복원하려면 참으로 힘이 든다. .

살다 보면 부부가 싸울 수도 있다. 싸우면서 정이 든다는 말도 있고 부부싸움은 칼로 물 베기라는 말도 있지만 말 한마디에 의거 자주 싸우다 보면 각방을 쓰게 되고 이혼까지 갈 수도 있다.

예전에는 이혼하려면 바람을 피웠다든가 하는 분명한 사유가 있어야 했지만 요즘에는 성격 차이로 이혼하는 경우가 제일 많다고 한다.

결혼 할 때에는 ①얼굴 등 외모를 보고 ②능력 즉 어느 직장에 다니고 연봉은 얼마인지 부모님은 무엇을 하시고 어떻게 살아가시는지를 보고 결정을 한다고 한다. 이렇게 결혼을 했을 때 결혼생활이 얼마나 행복할까?

외모는 결혼 후 시간이 조금 지나면 느낌도 없다고 한다. 그리고 능력은 살다 보면 능력에 맞도록 집도 차량도 장만하면서 살아간다는 것이다.

결혼 후에 정말 중요한 것은 ①성격과 ②생활습관 때문에 행복과 불행이 바뀐다는 것이다. **옳고 그름을 따지다 보면 이혼까지 하게 되는 것이다.**
성격은 '각 개인이 지닌 특유한 성질이나 품성'으로써 어릴 때부터 형성되어 잘 바뀌지 않는다. 하지만 조금씩 노력하면 바뀔 수 있다.
바꾸려면 친구가 누구냐, 어떤 책을 보느냐, 어느 곳에 여행을 했느냐 등에 따라서 변화할 수가 있다. 그리고 생활습관은 가정에 들어오면 아내가 말하는 대로 따라가면 그것이 정석이고 맞다고 생각된다. 큰 것도 아닌 것 때문에 소탐대실(小貪大失)할 수는 없는 것이다. 작은 것 때문에 배우자에게 큰 상처를 주어서는 곤란하기 때문이다.

부부의 꿈이 크다면 작은 장애물도 쉽게 넘을 수가 있는데 꿈이 작으면 작은 것을 가지고 싸우게 되고 그로 인해서 이혼까지 할 수도 있다.

예를 들어 나의 배우자와 죽을 때까지 함께 사는 것은 물론이고 뼈까지 함께 땅속에 묻힐 것이라고 생각을 하면 집을 살 때 누구의 이름으로 등기를 하드라도 아무런 관계가 없는 것이다.
작은 일로 인하여 배우자에게 상처를 준다면 얼마나 슬픈 일일까?

6. 나는 성공한 인생일까?

성공이란 무엇일까?

영어로는 <u>success</u>라고 하지만 사전적 의미는 목적을 이루는 것, 훌륭한 뜻을 이루는 것이라고 되어있다. 성공이란 최종 목적지가 아니라 여행 과정으로서 행복을 추구하는 것이라고 말 하는 사람도 있다.

대통령, 노벨상 수상, 장군, 큰 회사의 회장, 돈 많은 재벌.... 이 되어야 성공한 것일까? 벌써 60세가 된 나는 과연 성공한 인생일까? 아니면 실패한 인생일까? 나 자신 스스로 판단 할 수도 있을 것이고 아니면 가까운 지인들에게 물어볼 수도 있을 것이다. 나는 나와 가장 가까운 사람에게 물어보기로 했다.

구 분	성공 여부	이유는?
아내		
큰아들		
작은아들		
자신 평가		

아들의 고등학교 생활기록부에 가장 존경하는 사람은?

언제인가 아내가 고등학교 다니는 아들의 학교에 진학 관련 갔는데 선생님이 생활기록부를 갖고 오면서 '이 세상에 가장 존경하는 사람은?' 이라는 칸이 있는데 계속 '아빠'라고 적혀있었다고 한다. 정말일까? 왜 이렇게 적어놓았을까? 궁금했다.

아내는 말한다.

"여보! 그래도 당신이 힘들게 우리 가정을 위해 열심히 하는 모습을 애들도 잘 알고 있는 것 같아요. 나도 그렇게 생각해요"라고 한다 내가 그런 사람일까? 지금까지 애들의 나이 30세가 넘도록 커가면서 내가 생각하기엔 한번도 나에게 반항 또는 반대하는 것을 보지 못했다. 물론 아빠의 말이나 행동이 모두 마음에 들지는 않았던 경우가 얼마나 많았겠는가. 하지만 나에 눈에는 "안 되요" 하는 말을 듣지를 못했으니까?

그래서 그런지 큰 아들은 아버지의 뒤를 이어 직업 군인인 장교가 되었다.

대대장을 무사히 끝내고 휴가를 온 아들에게 물었다.

"내가 그렇게도 반대한 군 생활을 왜 하느냐"

"네! 제가 어릴 때부터 보고 배우고 느낀 것이 아빠의 군 생활하시는 것만 보았으니까요" 라고 말한다.

이런 아들을 어떻게 사랑하지 않을 수가 있겠는가 생각해 본다.

나 자신도 이 세상에서 가장 존경하는 사람이 누구냐고 물어보면 과거에도 지금도 "우리 아버지"라고 바로 답이 나온다.

미국인의 성공관 조사를 하여 발표한 내용을 보았다.

Wall Street Journal이 American Dream 에 대하여
1,654명을 대상으로 설문조사를 하였다.

1. 좋은 부모, 존경 받는 부모가 되는 것(95%)
2. 행복한 결혼(90%)
3. 행복한 인간관계(86%)
4. 자신을 존경하는 친구를 갖는 것(83%)
5. 자기 분야에서 정상에 서는 것(80%)
-
-
-

권력 또는 영향력을 갖는 것(16%)
부자가 되는 것(12%)
명성을 얻는 것(8%)

설문 조사 내용대로 한다면 누구나 노력하면
성공과 행복을 누릴 수 있다는 의식을 가져야 한다.
(각주 성공하는 사람들의 7가지 습관)

나는 100점짜리 인생일까?
미국 어떤 학자의 100점짜리 연구내용을 인용해 본다.

영어 알파벳을 나열하고 A는 1점, B는 2점 --- Z는 26점을 부여한다.

구분	A	B	C	D	E	F	G	H	I	J	K	L	M
점수	1	2	3	4	5	6	7	8	9	10	11	12	13

구분	N	O	P	Q	R	S	T	U	V	W	X	Y	Z
점수	14	15	16	17	18	19	20	21	22	23	24	25	26

Luck(12+21+3+11=47점), Love(56점), Money(72점),
Leadership(89점), Knowledge(96점), Attitude(100점)

100점인 태도가 왜 그토록 중요할까?

어떤 중견회사의 팀장이 있다. 그 팀장은 직장에서 매우 힘들어 하고 있고 아내와 이혼까지 생각하고 있는 중이었다. 회사에서 팀원들은 꿈이 없고 상호 협조가 잘 안되고 기획실에서는 구조조정을 계획하고 있는데 성과가 없는 팀은 해체 위기가 되었다.

어느 날 계기가 되어 태도에 대하여 공부하고는 '적극적인 근무자세'로 태도를 바꾸었고, 집에서는 아내와 아이들과는 서로 대화가 안되고 불신이 쌓여 있는 상태에서 '경청과 관심'으로 태도를 바꾼 후 회사에서는 6개월의 시간을 얻어 노력한 결과 팀원간의 신뢰와 성과가 최상 상태로 올라갔고, 가정에서는 부인과 서로 대화가 되고 신뢰를 하다 보니 아이들도 부모의 말에 귀를 기울이게 되어 모든 것이 해결되었다

그럼 나는 어떤 태도로 살아가야 할까? 세정(世井)으로 살아가자

군에 입대 할 때부터 "나를 따르라"라고 배웠고 배운 내용을 바탕으로 34년간 살았다. 주도적인 성격으로 변한 나는 자신도 모르게 아내와 자녀, 그리고 동료 및 부하들에게 얼마나 보이지 않는 불편을 주었을까? 하지만 전역한 이후에 30개 과정이 넘는 교육을 받았고 특히 코칭에 입문하여 공부한 것은 퇴직 이후에 나와 주변에 있는 사람들에게 행복 지수를 높이게 하였다. 언제부터인지는 모르지만 TV(예:사랑과 전쟁)를 보면 저와 같이 복잡한 상황을 해결하려면 어떻게 해야 할까? 라고 생각하게 되었고 아내와 토의를 하면서 우리의 삶에 있어서 긍정적이고 진취적인 태도로 바뀌었다. 또한 태도 변화를 위한 책 등을 아내와 함께 보고 며칠 몇 시간씩 토의를 함으로써 60세 나이에 과거보다는 좀 더 행복한 생활을 하고 있다.

 30년 넘게 함께 근무하면서 친구처럼 가깝게 지낸 지인이 이제는 나이가 있으니까 이름보다는 "호"를 부르자고 하면서 "호"가 있느냐고 한다. 없다고 하니까 나에게 세정(世井)이 어떠냐고 한다. 세정의 의미는 "살아가는 모습을 보니까 끊임없이 샘을 파서 목마른 사람들에게 목을 축여 주시는 분" 이라고 한다. 과연 내가 이렇게 살아왔을까 생각해본다. 하지만 세정이라는 호를 지어준 분에게는 그렇게 보였을까 생각하면서 "앞으로 세정처럼 살아가라고 지어준 것 같아서 나의 삶을 새로운 Attitude(태도)로 살아가야겠다고 다짐을 해본다.

7. 코칭으로 행복했을 때

코칭의 기본은 상대방의 말을 잘 들을 수 있는 경청과 지지를 하는 것이다. 어떤 문제가 있을 때 그 문제가 해결이 되지 않아도 내 말만 끝까지 잘 들어주면 80% 이상 해결된 듯 가슴이 시원한 경우가 많이 있다. 예를 들어서 내가 채권자라서 상대방에게 꾸어준 돈을 받으러 갔는데 그날도 돈이 없다면서 못 받았다.
이럴 경우 2가지를 생각해 볼 수 있다.
첫째는 돈이 없다면서 돈이 생기면 언젠가는 줄 것인데 또 왔느냐면서 큰 소리를 듣는 경우
둘째는 채권자의 말을 끝까지 고개를 끄떡이면서 경청하고 지지하면서 다음 언제 꼭 갚겠노라고 신뢰와 믿음을 주는 경우를 생각해 볼 수 있다. 옛말에 말 한마디에 천냥 빚을 갚는다는 말이 있다. 내가 살아가면서 경험했던 내용을 적어본다.

주차위반 과태료대상자 통보에 경청과 지지로 해결

1. 상황
어느 날(2008.11.25일) 서울 00구에 일이 있어 일을 보다가 골목에 있는 작은 식당에 들어가서 식사를 하게 되었다. 식당주인에게 차량 주차 위치를 문의한 후에 주인이 알려준 도로변에 주차를 하고 식사를 하는데 느낌이 이상해서 차에 가서 보니까 주차 위반 과태료 부과대상자 표지가 부착되어 있었다. 주인은 미안하다면서 밥값을 안 받겠다고 하는데 밥값을 지불하고 집으로 오면서 이런 저런 생각을 했다.

난생 처음 본 과태료 용지는 이렇게 생겼다.

귀하의 차량은 주·정차위반으로 도로교통법 제160조 제3항, 제161조 제1항의 규정에 의하여 과태료가 부과되며, 이동조치 하지 않아 교통안전과 소통의 지장을 초래할 경우 견인될 수 있음을 알려드립니다. 질서위반행위 규제법 제16조의 규정에 따라 '과태료 부과 사전통지서'를 보내드릴 예정이오며 이의가 있을 때에는 사전통지에 안내된 의견진술 기간 내에 00구청 교통관리과로 직접 방문하시거나 서면(FAX, 우편, 인터넷)으로 의견을 진술하실 수 있으며 의견진술기간 내 자진납부 시에는 20% 감경을 받으실 수 있습니다.

※자세한 내용은 뒷면 안내문을 참고하시기 바랍니다.
※문의처 :
※인터넷주소 :
(단속일로부터 2~3일 후 단속 및 의견진술 조회 가능)
※운전자가 차를 떠나면 즉시 단속대상이 되며, 사전예고제는 실시하지 않습니다.
›단속사항 : 차량번호, 위반일자, 위반장소, 단속자 성명 등
›위반내용 :
›단속부서 : 00구청 교통관리과
›단속문의 : ☎ 000-0000

00구청장

- 이런 것 처음 보셨나요? 아니면 종종 보셨나요?
  친절하고 자세히도 적어놓았지요

나는 태어나서 이런 과태료 부과 대상자로 선발되기는 처음이다. '내 인생에도 이런 것이 적용이 되는구나' 하는 생각과 식당 아줌마가 원망스러웠다. 배가 고플 때는 주차 안내까지 해 주면서 맛진 해장국을 주는 여주인이 고마웠는데....

배가 부르고 과태료 부과 대상자가 되고 보니 서서히 생각이 바뀌었다. 주차하라고 안내한 여주인이 미워지고 단속반원과 한 통속 아닌가? 하는 생각도 들어가고 단속요원은 주차 차량 앞에 있는 식당에 1차 경고를 했으면 했는데... 왜 안 했을까? 저 단속요원도 한민족일 것이고 미풍양속을 따지는 자손이 아닌가? 아마도 도깨비 자손인가 봐 하는 생각이 들어갔다.

하지만 그것은 순간의 생각이고 냉정을 찾았다. 아내도 매우 기분이 나쁜가 보다. 이런 때 내가 지혜로움을 발휘한다면 어떻게 해야 할까? 나를 낳아 키워주신 부모님은 어떻게 행동하셨을까? 하늘나라에서 보시면서 뭐라고 하실 텐데 나의 귀에는 안 들린다. 나의 부하나 자식이 이런 일을 당하고 "어떻게 조치하면 좋을까요"라고 질문을 한다면 뭐라고 답변을 해야 할까 하는 생각이 들어갔다. 집에까지 차를 운전하면서 여러 가지 생각이 들어갔다.

아이참! 머리 아프다. 그냥 얼마 안 되는 과태료라고 스스로 위안을 하면서 당신이 아파서 병원에 갔던 일로 생긴 것이니까 당신이 과태료 납부하라고 말할까? 하는 생각도 했다.

2. 조치

집에 오니까 오후 5시경이 되어 과태료 부과 안내 용지에 있는 전화번호로 전화를 하니까 과태료 부과한 담당자가 근무시간이 지나서 퇴근을 했는데 연락처를 남겨주면 내일 전화를 하도록 하겠다고 한다. 다음날 아침에 00구청 교통과 담담자로부터 전화가 왔다.

• 운전자 : 제가 주차위반 했어요. 그리고 저 같은 사람 때문에 최근 날씨도 나쁜데 교통정리 하신다고 고생이 많으시죠.(약 30초 동안 말을 했는데 내 말을 끊고 훈계조로 말을 시작한다)
• 담당자 : 그곳에 주차하면 어떻게 하나요. 다 아실 텐데요. 그곳은 좁고 소방차가 다녀야 하는데 ---(3분 이상 훈계조로) -

• 운전자 : 네! 네! 그렇죠. 식당주인이 주차하라고 해서 주차를 했는데 말씀을 듣고 보니 소방차도 다닐 수 없는 등 문제가 되겠네요.
(담당자의 말을 경청과 지지를 했다)
• 담당자 : 앞으로는 그곳에 주차하면 안돼요
• 운전자 : 앞으로 그곳에 주차하면 안 된다고 하셨는데 무슨 깊은 의미가 있나요.
• 담당자 : 이번 일은 취소해 드릴 테니 앞으로는 조심하세요.

이렇게 주차 위반 했을 때 상대방의 말에 대하여 끝까지 경청하고 그가 한 일에 대하여 지지를 하니까 취소를 해준 것 같다.
담당자가 말한다. "지금까지 주차 위반자와 전화를 통할 때 한번도 이의 제기를 하지 않고 주차위반을 인정하면서 끝까지 경청하고 우리가 하는 일에 대하여 긍정적으로 지지를 하는 사람은 처음 봅니다"라고 말을 한다. 이를 지켜본 아내는 가슴이 뿌듯해 한다.

경찰이 중앙선을 침범했다고 차를 세우자 운전자는 차를 정차하면서 먼저 운전 면허증을 제시하면서 "제가 교통위반 했어요"라고 말을 하면 어떻게 될까? 아마도 대부분의 경찰은 최저 범칙금 청구서를 발급하든지 아니면 현장에서 훈계성으로 끝날 수 있을 것 같은 생각이 들어간다.

가족(팀)의 중요성(주:액션러닝 코치 입문 송철범 지음)

팀이 최대의 성과를 내려면 Rule이 필요하다. 이러한 Rule을 Ground Rule이라고 한다. Ground Rule은 회의시, 분임토의시, 팀 미팅 등 각 팀원들이 반드시 지켜야 할 기본규칙을 말하는데 한 가정에서 가족을 팀이라고 한다면 Ground Rule이 있어야 하고 이 규칙을 정하여 반드시 구성원은 필수적으로 준수하여야 한다.

- Ground Rule은 회의시, 분임토의시, 팀 미팅 등 팀원들이 지켜야 할 기본규칙
- 팀의 역할이 활성화되고 생산성을 높이려면 기본규칙제정은 필수적인 것
- 가정이나 조직 또는 개인이더라도 Ground Rule을 제정하여 지킨다면 매우 효과적인 팀이 될 것이다.
- 선진국이나 앞서가는 기업, 가정, 개인은 공식적, 비공식적 간담회 등에서도 Ground Rule은 일반화 되어 있다.
- Ground Rule 제정은 팀 조직 후에 바로 팀원들이 모여서 제정한다.

여기서는 가정을 변화시키는 것을 전제로 하여 가족에 해당되는 것 위주로 생각해 보기로 한다.

Ground Rule(예문)

- 가족원에 대하여 비판이나 비교 절대금지
- 기본질서 지키기 (예) 집에서 흡연
- 적극적으로 경청하고 경청방법 공부하기
- 가족의 대하여 상호 존중하기
- 본인의 임무에 충실하기

구분	집에서	밖에서
아빠		
엄마		
아들		
딸		

- 정해진 귀가시간이 늦으면 반드시 통보하기
- 본인의 위치나 하고 있는 일에 대하여 궁금하지 않게 하기
- 말을 할 때는 3분 이내로 하고 비판하지 않기
- 창의성과 의견에 대하여 존중하기
- 상대방 입장에서 생각하기
- 가문과 가족의 명예 살리기
- 가족회의시나 식사시에 휴대폰은 진동에 위치 하기
- Ground Rule 못 지킬 경우 벌칙 부여 :
- 주기적인 일에 참석하기(예문)

구분	매일	주1회	월1회	년1회	비고
아빠	.힐링문자 보내기				
엄마	봉사하기 -치솔,신발, 옷,청소	.외식하기 .종교행사	.가족과 함께 등산/걷기 .독후감 발표	.새해 꿈 설계 발표 하기	
아들					
딸	.칭찬하기				

이와 같은 Ground Rule은 너무 많으면 지키기가 어려우니까 5개 정도를 선정하는데 전원이 동의 하에 결정하고 시간이 지나면 변경하여도 된다. 그리고 가족의 팀 명칭과 구호 정하여 사용하면 활력소가 생길 것이다. 예를 들어 가족의 팀 명칭이 "피아노"라고 하고 구호는 "다 함께" 라고 정했다면 힘이 들거나 좋은 일이 있는 등 기회 있을 때마다 팀 명칭과 구호를 외친다.

"피아노" (짝!짝!짝!)	다함께!(짝!) 다함께!(짝!) 피아노!(짝!)... 와~와(함성) 화이팅!!!	• 시작과 끝날 때 • 사랑스런 눈으로 마주 보며 경청 • 100% 참석하기 • 격려와 지지는 박수와 함성으로 • 구호를 통하여 에너지 극대화

Ground Rule을 만들려면 전 가족이 참여한 가운데 문방구에 가서 '포스트잇'을 구입하여 각자 생각나는 대로 예를 들어 10개씩 적어낸다. 여기서 많은 아이디어를 위하여 브레인 스토밍(brain storming)

기법을 사용하면 효과적일 것이다. 가족이 4명일 경우 모두 40개의 Ground Rule이 모아지면 벽에 분야별로 놓고 보면 동일하거나 유사한 것은 합치고 실현 불가능한 것은 합의 하에 제거하고 불확실한 것은 유보시키면, 10개 정도가 남으면 그것이 우리 가족의 Ground Rule이 된다.

브레인 스토밍(brain storming)

아이디어 창출방법의 하나로서 한가지 문제를 집단적으로 토의해 <u>제각기</u> 자유롭게 의견을 말하는 가운데 정상적인 사고방식으로는 도저히 생각할 수 없는 독창적인 아이디어가 튀어나온다는 것으로 브레인 스토밍을 성공시키기 위해서는 다음과 같은 사항을 염두에 두어야 한다.

① **평가 금지 및 보류** : 자신의 의견이나 타인의 의견에 대하여 일체의 판단이나 비판을 의도적으로 금지한다. 아이디어를 내는 동안에는 어떠한 경우에도 평가를 해서는 안 되며 아이디어가 다 나올 때까지 평가는 보류하여야 한다. ② **자유분방한 사고** : 어떤 생각이든 자유롭게 표현해야 하고 또 어떤 생각이든 받아들여야 한다. ③ **양산** : 질보다는 양에 관심을 가지고 무조건 많이 내려고 노력한다. ④ **결합과 개선** : 자기가 남들이 내놓은 아이디어를 결합시키거나 개선하여 제3의 아이디어를 내보도록 노력한다.

=========출처 : 네이버 용어사전==========

● 힘들 때 새로운 활력소 찾기

-상황-

퇴직 후 집에서 생활하면서 가정을 생각해 보니까 머리가 복잡하다. 이제 퇴직을 했는데 무엇을 해야 할는지 막막하다. 이순(耳順)이라고 할 수 있는 60세가 될 때까지 오직 직장에서 한가지 일 밖에 한 것이 없으니 다른 분야는 아는 것이 없다. 오직 성실과 끈질긴 노력이 무기라고 생각하고 살아온 것이 벌써 60세가 되었다. 그리고 늦게 둔 하나 밖에 없는 아들은 나를 쳐다 보지 않고 말도 하지 않는다. 왜 일까? 내가 인생을 잘 못 살아온 것일까? 나는 평생 직장생활 열심히 하여 가정에 헌신한 것 밖에 없다고 생각하고 있다. 이 때 60세가 되는 내가 어떻게 사는 것이 현명한 방법인지 알 수가 없다. 아내는 내심 향후 생활에 대하여 불안하고 걱정스런 눈치이다.

-친구와 함께 독서모임에 갔다.

어느 날 친구와 함께 저녁식사를 하는데 식사 후 독서모임이 있어 일찍 가봐야 한다는 것이다. 그래서 그 친구의 권유도 있고, 호기심도 있어 따라가 보았다. 독서 모임에는 40~60대까지 10명 정도 모여서 독후감 발표를 하는데 다양한 의견과 함께 매우 진지한 분위기이다. 2주전에 책을 선정하고 모두 그 책을 읽은 후 분야별 또는 관심분야에 대한 주제를 토의 하는 방식인데 저녁 7시에 시작된 독서토론은 밤 10시가 넘어서 끝이 났다. 그 이후에 독서토론에 참가하여 많은 것을 배우고 느꼈다.

직장생활이 바쁘다고 지금까지 거의 책을 보지 않고 살아왔다. -

지난날을 생각하면 학교 공부도 힘들었는데 또 책을 보기가 싫었고 볼 만한 책이 없다고 생각한 것이었다. 처음으로 인터넷에서 보고 싶거나 궁금한 분야 책을 검색도 해 보았고, 지역에 있는 공공 도서관에 가서 등록도 하고 대출을 받았다.

집에서 책을 보려니까 쑥스럽기도 했지만 책을 보는 남편, 책을 보는 아빠를 보는 눈이 옛날과 다르다. 책을 보면서 많은 것을 깨달았다. 60세의 나이에 궁금한 것이나 문제해결방법은 책에 있다는 것을 알게 되었다. 그래서 나부터 서서히 변화하기 시작했다.

-고등학교에 다니는 아들과 함께 00강가에서 시작하여 000까지 160km를 함께 걷기로 했다.

처음에 1주일간의 일정으로 걷자고 했을 때 아들은 들은 척도 하지 않았다. 하지만 어느 날 00강 가를 출발 했는데 첫날은 20~50m정도 거리를 두고 걸었고 거의 말도 없었다. 출발을 할 때에는 날씨가 좋았는데 갈수록 비가 세차게 내리기 시작했다. 가는 길에는 가끔 차량만 지나갈 뿐 비가 와서 그런지 사람은 보이지 않는다. 각자 거리를 두고 걸으면서 많은 것을 생각하게 했다. 지나가는 사람이 우리를 보고 어떻게 생각을 했을까? 아버지는 아들과 손잡고 이야기를 하면서 걸어가고 싶었고 아들은 왠지 아빠가 아주 싫은 것도 아닌데 가까이 하기도, 그리고 말을 주고 받는 다는 것이 어딘가 어색하였다. 지금까지 주도적인 아빠가 싫었고 그래서 이렇게 살아왔다.

고등학교에 들어갈 때부터 아빠와 거리를 두고 살아서 그런가 보다. 그러다가 비는 더 오는데 마침 비를 피 할 수 있는 곳이 있어서 둘이 함께 있었다.

아빠는 "비가 계속 오는데 어떻게 할까?"라고 아들에게 말을 했는데
아들은 무슨 말인가 해야 하는데 아무 말도 못했다.
아버지의 말에 대하여 아무 말도 하지 않는 아들을 바라보면서
아버지는 끝없이 기다렸다.
얼마 후 비가 그치자 아들은 말 대신 아빠의 얼굴을 처다 보면서
아빠의 배낭을 아빠 어깨에 들어드리고 먼저 일어나 아무 말 없이
출발을 하자 아빠도 따라 나선다.

간단한 말을 주고 받은 후 또 걸어가고 있는데 언제부터인가 둘이
나란히 걷고 있었다. 이렇게 부자간에 가까이 하기가 어려운 것인가
보다. 둘은 비도 맞고 피곤했다. 아빠가 아들에게 비를 맞아서 추운데
따끈한 저녁식사를 하자고 했다.

저녁을 먹으면서 너도 많이 컸으니까 아빠와 간단히 술을 한잔씩
한다는 것이 너무 많이 취했다. 술이 취하니 서로 가슴속 깊은 대화가
오고 갔고 다음날 늦게 일어났지만 행복했고 비가 온 후에 쾌청하고
맑은 하늘과 깨끗한 강변이 우리에게 큰 박수를 보내는 것 같았다.

집에 오니까 제일 반기는 사람은 아내였다. 전화 통화로 남편과
아들의 소식을 들은 아내의 얼굴에는 행복이라는 글씨가 쓰여져
있었고 남편과 아들을 위하여 맛진 밥상을 준비했다. 집에 와서
부터는 집안 분위기가 바뀌기 시작했다.

아빠와 아들이 한말 중에서

아빠는 "비가 계속 오는데 어떻게 할까?"라고 아들에게 말을 했는데 아무 말도 하지 않는 아들을 바라보면서 아버지는 끝없이 기다렸다는 것이 아들에게 많은 것을 생각하게 한 것 같다.

만약 아빠가 "비가 계속 오는데 어떻게 할까?"라고 물었는데 아무 말도 하지 않은 아들에게 "귀먹었냐?" 또는 "못 들었어?" 등등의 질책성 말을 했다면 배낭을 들어주지도 않았을 것 같고 술 한잔씩 하면서 깊은 대화도 없었을 것 같다.

이와 같이 때로는 상황에 따라 상대방이 말을 할 때까지 끝없이 기다리는 것도 매우 좋은 경청의 하나이고 좋은 결과가 될 수 있다.

이후에 집에는 새로운 규칙이 생겼다. 아침이 되면 서로 "좋은 아침"이라고 인사하면서 아침밥 준비하는 아내와 엄마를 위하여 함께 준비하고 식사하면서 대화가 오가는 등 새로운 문화가 생기기 시작했다.

PART - III

가족이 행복해야 나도 행복

행복한 우리 가족 / 손자 정의진(대전 흥도초등1학년) 그림

III. 가족이 행복해야 나도 행복

1. 행복이란 무엇일까?

가. 행복한 삶

사람들이 많이 다니는 강남에 가서 지나가는 사람들에게 물어본다. "왜 이렇게 바쁘게 다니느냐?"고 물어 보면 대부분의 사람들은 "돈을 벌기 위해서 다닌다"고 한다. 왜 그럴까?

나의 생각에는 행복을 찾아서 다닌다고 하면 좋을 듯 싶다. 물론 당장 먹을 것이 없다든지 사람들의 상황에 따라서 돈이 있으면 행복해 질 수 있는 경우도 많이 있다.

대한민국은 어떤 나라인가? *(각주 네이버 웹사이트)*

어디서나 빠른 광 인터넷이 가능하고
골목마다 블랙박스가 달린 외제차와 중형차량 등이 가득하고
전국 방방곡곡 고층 아파트와 전원주택이 늘려있고
주차장은 물론 고속도로 톨게이트에 차량번호 자동인식이 가능하고
버스 도착 알림판과 거미줄 같은 지하철에 뛰어난 교통카드
세계 최고의 대중교통 서비스
수많은 TV채널,
신속한 택배와 대리운전 서비스
시간 제한 없이 먹고 즐길 수 있는 식당과 카페들
미국 사람도 부러워하는 세계 최고의 의료서비스와 휴대폰
해외 여행 인파로 공항은 초만원,
집집마다 TV와 냉장고가 몇 대씩~~~

이런 나라에 살면서도 힘들어! 못 살겠어! 심지어 죽을 것 같아! 라고 한다.세계 어느 나라보다도 단점보다는 장점이 많은 나라!

한국의 장점은 모두 잊어버리고 단점만 생각하면서 살아가는 것은 아닌지 생각해 본다.

사람이 살아가는 목적이 무엇일까? 돈을 많이 벌어서 죽을 때 좋은 일에 쓰려고 그러는 것일까? 아마도 끝없는 욕심 때문이 아닐까 생각해 본다. 그 욕심 때문에 인간관계도 나빠지고 살아서 진정한 행복을 느끼지 못하고 인생을 마감할 수도 있다.

인간이 살아가는데 필요한 만큼 적절히 돈을 모으고 더불어 함께 행복할 수 있는 방법을 찾아서 살아가면 어떨까 생각해 본다.

재물만을 모으려다 보니까 어려운 삶의 연속이 되는 것이 아닐까 생각해 본다. 이렇게 어려운 상황 속에서 과연 행복한 삶이 있을까?

행복이란 '가진 것에 만족할 줄 아는 사람이다' 등 많은 이야기가 있다. 일반적으로 돈이 많으면 행복할 것이고 또는 건강하여야 행복이라고 하는 사람도 있다. 하지만 행복과 불행을 대략 구분하여 보자

행복이란?	불행이란?
• 가진 것에 만족할 줄 아는 사람 • 장점/긍정적인 것만 보이는 사람	• 없는 것만 찾아 다니는 사람 • 단점/부정적인 것만 보이는 사람

▲최근 당신의 행복 점수는?

퇴직을 하고 나이가 들면 우리의 아이들은 결혼도 하고 손주도 낳고 직장도 멀리 있어 자주 보기가 어렵다. 항상 함께 할 수 있는 사람은 부부밖에 없다. 우리는 어디서 행복을 찾아야 할까?

행복을 찾는 방법을 한가지 알아본다. 한 달에 1~2번 정도 아내에게 물어본다. "최근 당신의 행복 점수는 몇 점인가요?" 아내는 대답한다. "100점입니다" "네? 그래요. 그렇게 생각해 주어서 감사합니다." 100점인 이유를 물어본다. 그 이유는

"당신이 잘 해주지, 애들이 걱정할 일이 없이 잘 살고 있고 잘 하지.

경제적으로도 이 정도면 만족하지.

우리가 살 수 있는 집이 있지.

불편한 것이 한 개도 없어요.

만약에 있다면 우리가 좀 더 건강하게 살았으면 좋을 것 같아요"

라고 말한다.

이 세상에 현 삶에 100% 만족하는 사람이 몇 명이나 될까?

현 삶에 만족하는 사람의 이유는 간단하다고 생각한다.

가진 것에 만족하고 모든 것을 볼 때 장점과 긍정적인 Mind가 있기 때문이다. 그리고 장점과 긍정적인 면을 보고 생각하는 것이 생활화되었기 때문이라고 생각 한다. 이렇게 살아가면 행복할 것이라고 생각한다. "가진 것보다 덜 원하면 부자이고, 가진 것보다 더 원하면 가난이다"라는 말이 생각난다.

· 상대방을 지지하라

이렇게 행복한 마음을 갖고 살아가는 원인은 부부간에 서로 서로 지지해준 것뿐이다. 과거에는 아내가 말을 하면 엇박자 놓고 들어주지도 않았다. 언젠가부터 아내의 말을 끝까지 들어주고 그 말에 대하여 마음과 정성을 다하여 지지를 해 주니까 부부가 변화하고 아이들까지 변화하는 것을 느낀다. 돈이 들어가는 것도 아니다. 항상 경청과 지지

하고 필요시 질문을 통하여 느끼게 해준다. 과거에는 아내의 눈은 남편의 눈을 보면 항상 경계와 의심의 눈이었고 불안과 초조했었다. 잠을 못 자서 낮에는 정상적인 생활을 못한다. 하지만 아내의 말을 끝까지 들어주고 지지해 주니까 아내의 표정은 밝고 눈망울은 초롱초롱하여 무언가 행복과 꿈이 있는 여인으로 변한다. 그러다 보니 아내는 가족을 위해서 검소하면서도 온 가족을 위해 무엇을 할 것인가 연구한다.

· 모든 사물과 대화하는 아내가 되었다.

삶에 재미가 없던 부부가 변화하기 시작한다.

남편은 출근하고 아이들은 학교에 가고 집에 혼자 있는 아내는 누군가와 애기를 하고 있다. TV를 보고 있는 것도 아니고, 전화하는 것도 아니다. 그러면 누구와 대화를 하는 걸까?

꽃을 보면서 "네가 활짝 예쁜 꽃을 피워주어서 너무도 행복하단다." "고마워 00꽃아. 내가 이렇게 물을 흠뻑 줄 테니 이 물을 먹고 잘 커라. 그리고 거름도 줄게. 부족한 것이 있으면 말해봐." 한참 무언가 중얼중얼 말한다. 옆에서 바라보면 너무도 행복해 보인다. 이렇게 멋진 집이 있어서 우리 가족 모두 행복하단다. '우리 집 보다 더 멋진 집은 없을 걸' 이라고 하면서 땀을 뻘뻘 흘리면서 청소하고 집을 꾸민다.

집이 작고 오래되고 불편해도 행복 하트가 가득한 우리 집이 최고야

나. 불행한 "베르나르 올리비에"의 지혜(각주 *나는 걷는다*)

> 63세에 30년 넘게 다닌 직장에서 은퇴한 프랑스 베르나르 올리비에는 절망적이었다. 은퇴 후 얼마 지나니 갈 곳도 없고 말할

사람도 없다. 아내는 건강 관련 저 세상 사람이 된지 오래되었고, 자녀는 결혼하여 내 품을 떠나 가끔 전화통화를 할 정도이며, 특히 자신의 건강이 좋지 않아 삶의 의욕이 없어졌다. 혼자 밥을 해서 먹는 것도 귀찮아 지고 있다. 어느 날 베르나르 올리비에는 자살을 시도했으나 다행히 목숨은 건졌다.

질문 : 이런 상황이라면 나라면 나는 어떻게 하겠는가?

당구를 칠 때 한 큐에 끝낸다고 한다. 우리도 동시에 많은 어려운 일에 닥쳤을 때 어떻게 해결해야 할까? 여기 프랑스 어느 은퇴자를 소개하고자 한다. 베르나르 올리비에 1938년 프랑스 어느 지방에서 가난한 광부의 아들로 태어났다. 열여섯 살에 가난 때문에 고등학교를 그만둔 뒤 외판원, 노동자, 토목공, 체육교사, 웨이터 등 힘들게 살았다. 1964년 독학으로 대학 입시 자격시험에 합격하고, 이어 CFJ(Centre de Formation des Journalist, 프랑스 기자협회의 공인을 받은 저널리즘 부문의 그랑제콜) 졸업 후 30여 년간 '파리 마치' 등 유수한 프랑스신문과 잡지사에서 정치부 기자로 활동했으며 사회/경제면 컬럼니스 트이기도 했다. 그는 은퇴 후 먼저 떠나 보낸 아내를 잊지 못했고, 지독한 우울증에 시달렸으며, 무기력함에 눌려 자살을 기도하기도 했다. 그러다 불현듯 파리를 떠나 세계에서 가장 오래된 길 중 하나인 산티아고 데 콤포스텔라를 걸었다. 절망적 상황에서 다시 길을 찾았을 때, 길은 그에게 살아야 할 이유를 선물했다. 산티아고 데 콤포스텔라의 끝에서 걷다가 허기를 느낀 베르나르 올리비에는 역사책을 통하여 실크로드를 떠올렸다. 익히 알려졌듯 실크로드는 세계화의 발상지이고 수천 년 전부터 수많은 문물이 이 길을 통해 전해졌다. 얼마 후 그는 이 길을 처음부터 끝까지 걸은 사람이 거의 없다는 사실을 알게 되었다. 그리고 바로 결심했다. 그에게 실크로드를 63세~66세까지 4년 동안 14,000km를 걷는 동안 고통의 시간이었을까 하고 질문을 하니 그는 놀랍게도 걸을 때보다 걷기를 멈추었을 때가 가장 힘들었노라고 대답한다. 언어가 안 통하는 낯선 땅을 혼자 걷는 동안 그는 수도 없이 길을 잃었고, 도둑과 짐승의 위협, 또는 병마에 시달리기도 했다. 그러나 자신을 독대하며 걸은 그 길이 외롭거나 고통스럽지만은 않았다. 삶의 의지를 되찾기 위해 떠난 여정에서 그는 도저히 잊을 수 없는 추억과 많은 친구들을 사귀었던 것이다.

그는 1999년 은퇴한 후 프랑스 남부 2,300km를 걸은 후 그는 14,000km의 실크로드에 자신을 던졌다. 이스탄불에서 중국 서안까지 실크로드를 걸어서 여행하기로 결심한 그는 4년에 걸쳐 자신의 꿈을 실현해 나갔다.

그는 서두르지 않고 느리게 말도 잘 통하지 않는 사람들과 우정을 나누며 자신을 비우는 법을 배워간다. 은퇴 이후 사회적 소수자가 되어버린 자신의 삶을 재활한 것이다. 그는 또한 비행청소년에게 도보여행을 통해 재활의 기회를 주는 쇠이유(Seuil) 협회를 설립했다. 4년간의 실크로드 여행을 책으로 출판했는데 『나는 걷는다』의 인세는 이 협회의 운영비로 쓰고 있다. 나는 500쪽 내외가 되는 3권의 이 책을 며칠 만에 읽었다. 그리고 가슴에 열정이 생겼고 새로운 꿈이 그려지기 시작했다. 여러 가지 꿈이 있는 나는 그 누구도 부럽지가 않았다. 베르나르 올리비에는 자신의 심한 우울증 등 많은 문제를 실크로드를 걸음으로써 모두 해결하였을 뿐만 아니라 건강을 찾았고 비행청소년에게 재활의 기회를 주었으며 세계의 많은 사람들에게 희망과 꿈을 갖게 하였다. 그는 행복해 보였고 행복한 생활을 하고 있었다. 14,000km를 걸으면서 쓴 '나는 걷는다' 책은 약500쪽 3권을 읽으면 대부분의 사람들은 새로운 열정과 꿈이 솟아 나리라 생각한다.

2012년 가을, 베르나르 올리비에가 한국의 제주도 서귀포에 있는 컨벤션 센터와 올레길을 찾아 많은 사람에게 용기와 희망을 주었다. 그리고 그는 제주도의 올레길을 우리와 함께 걸었다.

60세에 은퇴한 B씨는 오래 전 다친 다리가 불편하여 제대로 걸을 수 없는 장애인이다. 친구들은 골프장과 산, 바다, 올레길 등 야외로 다니면서 제2의 삶을 살아가는 모습이 멋있어 보였고 자신을 생각하면 삶의 의미가 점점 사라졌다. 어느 날 사랑하는 딸로부터 스마트 폰을 선물 받아 사용법을 열심히 익히면서 삶의 의욕이 커졌다. 요즈음은 공공기관에서 주관하는 시니어들에게 스마트폰 사용법 교육을 하고 있으며, 독서를 통하여 좋은 글을 정리하면서 온라인으로 독서에 대한 공부를 한 결과 최근에는 청소년 독서교실에서 독서 지도를 하니까 주머니에 용돈도 두둑해졌다. 또한 좋은 글을 카톡, 카카오스토리 등을 이용하여 친구 등 많은 사람들에게 제공하면서 스마트폰을 이용하여 대화를 하고 친구들이 다녀온 골프장, 산과 바다, 올레길 등을 보면서 살아가고 있는 보람도 있다.

> 질문 : 그렇다면 현재 나의 여건 고려시 나의 모든 문제를 해결하고 멋진 미래를 위하여 해야 할 그 한가지는 무엇일까?

2. 우리 집의 건강지킴이

-첫째는 스트레스 없는 가정이다.

스트레스는 왜 생길까? 불합리한 생활, 불합리한 대우, 비 인격적인
대우, 자존감 상실로 오는 삶의 상실감, 내 마음을 진실로 경청해주거
나 알아주는 사람이 없으면 더욱 스트레스를 받게 된다.

스트레스를 받게 되면 아침에 일어나기도 싫어지고 상황에 따라서 가
족의 얼굴도 보기 싫어지고, 직장에 들어가는 것은 물론 업무처리도
쉽지가 않아진다. 그렇다면 어떻게 하면 스트레스를 줄이거나 없어지
게 할 수 있을까?

여보! 오늘 당신 얼굴이 힘들어 보이는데 내가 도와 줄 것이 있을까?
무엇이든지 말해 봐요. 일단은 내가 들어보고 조금이나마 힘이 되어
줄게요?
진심으로 감정소통이 되는 대화를 한다.
그래서 우리는 대화법에 대한 책도 많이 보고 있다.

-둘째는 경청과 지지이다.

가정에 건강을 위하여 경청과 지지는 필수라고 생각된다. 경청과 지
지에 대해서는 제2장 코칭을 통한 행복 찾기에서 자세히 소개하였다.

-셋째 부부의 침실에서 온다.

부부가 잠을 잘 때는 얼마나 행복할까? 잠을 잘 때 하루의 피로로부터
쉬고 다음 날의 일과를 위한 충전의 시간일 것이다. 부부의 잠자리에
대하여 이런 말이 있다.

20대에는 마주보고 잠을 잔다.
30대에는 천장을 보고 잠을 잔다.
40대에는 등을 맞대고 잠을 잔다.
50대에는 각자의 방에서 잠을 잔다.
60대에는 어디서 잠을 자는지 모른다.
얼마나 진실일지 아니면 웃고 넘어가야 할는지 알 수는 없다.

얼마 전 TV에서 방송을 하는데 나이가 80세인 부부가 있었다.
이 부부는 아침에 잠에서 깨어보면 항상 같은 방에서 같은 이불 속에서 손을 꼭 잡고 자고 있거나, 아니면 팔을 베어 주든지... 몸과 몸이서로 닿아 있다. 아침에 깨어나면 잘 잤어요. 좋은 아침!!! "좋은 꿈을 꾸었어요"라고 묻는다. 그러면 기분 좋게 아침을 함께 해서 먹고 기분좋고 활기찬 하루를 시작하게 된다. 부부가 침대에서 함께 자면 체온도 올라가고 체온이 올라가면 면역력이 좋아진다고 한다.
이러한 분위기는 어디서 나올까?

저녁을 거의 함께 먹는다. 식사 준비를 할 때는 항상 함께 준비한다.
아내는 통상 반찬을 준비하고 남편은 밥을 하고 반찬을 냉장고에서꺼내 식탁에 놓고 수저를 놓는 등 끝까지 함께 준비한다.
밥을 먹으면서 항상 상호 칭찬을 한다. 칭찬은 형식적이 아니라 실제적인 내용을 찾아서 칭찬 받는 사람이 공감할 수 있도록 한다.

식사 후에는 통상적으로 아내는 설거지를 하고 남편은 반찬을 냉장고에 옮기고 식탁 닦기 등을 한 후에는 칫솔에 치약을 짜서 갖다 주고 나도 양치를 한다.

그리고 아내의 머리도 염색을 해주는데 미장원에서 하는 것처럼 프로급 수준이다. 어떻게 그렇게도 잘 하느냐고 물어보니까 80세 된 할아버지가 "벌써 몇 십 년을 했는데 이 정도는 해야지"라고 한다

이후에 베란다에 있는 탁자에서 차를 마시면서 베란다에 있는 꽃을 보고 행복한 대화를 나눈다. 아내가 길을 걷다가 너무도 아름다워서 꼭 키우고 싶다고 했던 '아마 릴리스' 꽃을 구할 수가 없었는데 80세의 남편이 구해다 주었다. 얼마나 좋아하는지 며칠 동안 행복해 한다. 아마릴리스 꽃이 있는 곳을 보았는데 밭에 심어져 있어 그냥 뽑아 올 수는 없고 며칠 동안 운동 겸 걸었다. 어느 날인가 70세 다 되어 보이는 아주머니가 왔다. 인사를 드린 후에 밭이 깨끗하고 밭 농사도 잘 지었다고 말씀 드린 후에 알 수 없는 채소에 대하여 질문을 하니까 그 아주머니는 신이 나서 자세히 알려준다. 한참 대화를 한 이후에 아내가 아마릴리스 꽃을 너무도 좋아한다고 하면서 몇 뿌리를 팔 수 있느냐고 하니까 시간 있을 때 삽을 가지고 와서 그냥 파가라고 한다. 그 날 몇 뿌리를 캐와서 노부부는 집 화분에 심고 일부는 꽃밭에 심으니 노부부는 더 이상의 행복은 없는 것 같아 보였다. 너무도 좋아하고 예뻐한다.

오늘도 많은 이야기를 나눈 후에 둘이 손을 잡고 잠자리에 든다.

-넷째 과거는 아름다운 추억으로 간직하고 새로운 인생 출발!!!
전역 후에 나는 아내를 포함하여 온 가족에게 "내가 대령으로 전역을 했는데 내 능력을 고려했을 때 진급을 많이 했다고 생각한다. 그래서 군 생활은 아름다운 추억으로 간직하고 군 생활에서 해 보지 못했던

새로운 인생을 살아가겠다" 고 했다.

그래서 내 나이는 전역 후 한 살로 시작하여 새로 나이를 세고 있다. 그렇게 생각을 하니까 모든 것을 배워야 한다. 아내로부터 배우고 아들로부터 배우고 지나가는 어린 학생들 한데도 배운다.

그러다 보니 배울 것이 너무 많아서 전역 후 약3년간 아침에 집을 나가면 늦은 밤까지 공부를 한다고 다녔다. 그랬더니 어린 손녀가 우리 할아버지는 학자 할아버지라는 별명을 지어주었다.

나는 전역 후에 군 생활은 아름다운 추억으로 간직하고 새로운 멋진 인생을 살고 싶고 그렇게 하기 위해서 많은 노력을 했다.

철원소년소녀합창단 해외공연(뒷줄 가운데 두 손 든 남학생 / 손자 정현진)

3. 부부싸움의 매력

부부싸움을 하지 않고 평생 살아가는 부부가 있을까?

"너 자신을 알라."이 말은 소크라테스의 말로 알려져 있는데, 소크라테스의 아내 크산티페는 악처의 대명사 같은 여자였다.

그녀는 말 많은 심술꾸러기였다. 소크라테스 같은 사람이 왜 그런 여자를 아내로 삼았는지 의심이 간다. 또 어떤 사람이 소크라테스에게 "부인의 잔소리를 참 잘 참아 넘기십니다." 하고 동정하면서 말했더니 "물레방아 돌아가는 소리도 자꾸 들으면 시끄럽지가 않지." 라고 말했다고 한다.

그의 아내가 악담 끝에 소크라테스의 머리 위에다가 물을 뒤집어 씌운 일은 잘 알려져 있는데, 그는 조금도 화를 내지 않고, "벼락 뒤에는 비가 내리기 마련이지." 라고 말한 것은 악처(惡妻)의 악행(惡行)을 자기 수양(修養)의 기틀로 삼았다는 것을 알 수가 있다.

-부부간에 가르치거나 훈계를 하지 않으려고 노력해야 한다.

오래된 친구를 만나서 술을 한잔하는데 A는 2×9=18이라고 말하는데 B는 2×9=17이라고 너무도 우겨서 A가 B에게 논리적으로 가르쳐 주어도 B는 2×9=17이 맞다고 한다. 그래서 고을 원님에게 가서 판결을 해 달라고 했는데 원님이 B에게 아무리 말을 해도 2×9=17이 맞다고 한다. 두 사람의 말을 한참 듣고 B와 대화를 한 원님이 B는 집에 보내고 A에게 정신을 차리라고 곤장 30대를 때렸다.

A가 너무 억울해서 2×9=18이 맞는데 왜 저에게 곤장을 칩니까 라고 말을 하니까 원님이 말하기를 원님인 나도 B의 2×9=17이라고 하는 것을 바로 잡을 수 없을 정도로 머릿속에 인식이 확실한데 똑똑한 네

가 포기를 하고 살아야 하지 않느냐고 했다고 한다.

이처럼 부부가 살면서 비록 배우자가 잘 못 생각한 것이 있어도 큰 문제가 아니라면 알면서도 모르는 척 고개를 끄덕이면서 살아야 한다고 한다. 어찌 보면 내가 생각한 것도 잘 못 될 수도 있는 것이다. 항상 내 생각은 맞고 배우자의 생각은 틀렸다고 할 수가 있을까?

-부부싸움 이후에 장점만 생각해 보자

부부싸움을 하면 배우자의 단점만 머릿속에 맴돈다. 당연한 것이다. 그렇다고 언제까지나 단점만 생각하면서 살 것인가? 누구에게나 단점도 있고 장점도 있는 것이다. 자신은 장점만 갖고 살고 있다고 생각하는 사람은 아무도 없을 것이다.

심지어 삼신 할머니도 어느 집은 딸만 주고 어느 집은 아들만 준다. 심지어 어느 집에는 아들, 딸을 1명도 주지 않아서 자식 없이 살아가는 부부도 많이 있다. 이렇게 삼신 할머니도 잘못하는 것이 있는데 인간이 어떻게 장점만 갖고 살아갈 수 있을까?

그래서 항상 마음속에 기도를 한다. "타인의 단점만 보이는 저에게 상대방의 장점만 볼 수 있도록 해주시고 그 장점만 가슴속에 간직하고 그 장점만 말을 하게 해 주세요"라고 ....

부부 싸움을 했을 때에는 별 생각이 다 들어간다. 하지만 시간이 좀 지나고 나면 배우자의 장점을 생각하면서 전화를 한다.(직접 보면 또 상대방의 단점만 보일 수 있다) "지금 당신 속이 많이 상했지요? 미안합니다. 내가 생각해보니 나는 어떤 면에서 생각을 잘 못한 것 같은데 당신이 한 말 중에 이것은 당신의 말이 맞고 나 때문이라는 것을 알았다"고 하면 곧 풀린다.

말 한마디를 잘 못하면 평생 쌓아 놓은 공든 탑이 무너지기도 하고 말 한마디를 잘 하면 평생 잘 못한 것도 녹아 내리게 할 수 있다고 생각한다.

어느 노부부의 삶이다. 아내는 남편과 평생 살면서 젊었을 때 술 먹고 늦게 들어오고 바람 피우고 놀음 하고 등등 잘 못한 것만 생각하면서 바가지를 긁는다. 지나간 나빴던 일을 이제 와서 말을 한다고 되돌릴 수 있을까? 현명한 아내라면 남은 노후를 위하여 남편의 장점을 생각하면서 살아야 한다고 생각한다. 남편이 있어서 아이도 낳고 남편이 벌어온 월급을 갖고 살림을 하고 지금도 그 돈으로 살아가고 있을 것이다.

● **부부간 의견이 대립될 때 대화방법**

A씨 부부는 행복한 삶을 살아가고 있다.
하지만 가끔 의견이 대립될 때는 이혼이라도 해야 할 만큼 각자의 주장이 강하다. 어느 날 남편이 퇴근하여 집에 들어왔는데 아내는 저녁 밥상도 준비하기 전에 수도권 ○○지역에 아파트가 공매로 나왔는데 50% 세일하고 있다면서 지금 사는 집을 팔아서 이것을 사면은 재테크도 되고 노후에 전원 같은 새집에서 살아서 좋다고 한다.
남편은 속마음은 적극 반대이다. 며칠째 서로의 의견이 충돌하고 있다.

이럴 때는 어떻게 해야 서로 깊은 상처를 주지 않으면서 해결할 수 있을까? 잘 못하다가는 이것이 화근이 되어서 되돌릴 수 없는 큰 상처가 될 수도 있다. 국가 및 지역경제, 또는 주택시장의 상황에 따라 큰 재테크가 될 수도 있고 생각지도 않은 변수가 생겨서 되돌릴 수 없는 일이 될 수도 있다.

누구든지 100년 인생을 살아가면서 많은 사람을 만나면서 살아야 하고 부부는 가장 오랜 시간 자주 보고 대화를 하면서 살아가야 한다. 그렇다면 부부간에 문제를 어떻게 대화를 하면서 풀어가야 할까?

첫째 아내의 말을 끝까지 들어 준다.

상대의 말만 열심히 들어주어도 80%이상은 그 문제가 해결된 것처럼 느낀다고 한다. 물론 경청도 요령이 있고 원칙이 있다. 듣다가 힘이 들면 어느 정도 듣고 난 다음에 "여보! 대략은 알았는데 이런 정보를 수집하고 연구한다고 고생했어요. 밥을 먹고 차 한잔 같이 하면서 계속하면 어떨까?"라고 한다. 그러면 밥을 먹으면서 아내는 어떤 생각을 했을까?

둘째 급하게 결론을 내지 마라.

식사 후 충분히 대화를 한 후에 "이번 일은 우리 부부에게 중요한 일이니까 좀 더 생각해서 며칠 후 다시 논하면 어떨까?"라고 한다. 돌다리도 두드려 보라는 말이 있다.

셋째 관련 자료를 찾아 사전 지식을 충분히 모은다.

며칠의 시간 동안 부동산관련 자료를 모은다. 요즈음에는 인터넷에 정보가 넘쳐 난다. 검색하는 방법만 몇 번 해 보면 많은 자료를 볼 수 있다.

그리고 지역 부동산 중개소에 직접 방문하거나 여건이 어려울 경우에는 몇 군데 전화를 해보면 대략 부동산의 현상과 향후 전망을 알 수가 있다. 그리고 그 지역 주변에 지인이 있다면 지인에게 자문을 구할 수도 있을 것이다.

넷째 아내에게 질문을 하여 스스로 결론을 내도록 한다.
그 자료를 분석한 결과 아내의 의견이 긍정일 수도 있고 부정일 수도 있다. 긍정이든 부정이든 내가 아는 지식을 갖고 충고와 답을 내서 말을 하는 것은 절대 금물 이다. 아무리 내가 생각한 것이 맞더라도 몇 십 년 인생을 살아온 경험이 있으므로 생각이 나와 같을 수만은 없을 것이다.

그러므로 며칠 후 아내와 대화시 "여보! 지난번 그 아파트 관련하여 어떻게 생각을 해 보았어요"라고 한다. 그리고 의견을 먼저 들어보고 나도 생각해 보았는데 장단점은 다 있어요. 내가 자료를 찾아보니 이런 것이 있는데 어떻게 생각해? 마침 그 지역의 부동산에 알아보니 지금은 당신 말과 같은데 향후 전망에 대해서는 OOO다고 하던데 어떻게 하면 좋을까? 본인이 생각한 것과 비교하여 비록 정반대의 의견일지라도 배우자로부터의 의견을 듣고 난 다음 장점과 내가 배운 점에 대해서 말을 하고 "OOO이유로 좀더 생각해 보면 어떨까? 나도 생각을 해 볼 테니까?" 그러면 배우자는 100% 동의를 할 것이다. 그 이유는 아내의 말을 100% 들어주었고 그 말 중에 장점과 배운 점을 말하면서 지지를 해 주었으니까

4. 욕심 버리기와 노후생활

가. 욕심 버리기

인간의 욕심은 어디까지일까? 스스로 자각하여 제어를 하지 않는다면 끝이 없을 것 같다.

60대 이후의 행복은
① 가진 것에 만족할 줄 알아야 하고
② 배우자가 행복하여야 내가 행복하다는 말이 있다.

하지만 인간은 기본욕구인 생리적 욕구로부터 끝없이 욕구가 생긴다. 이 욕구를 채우려다 보니까 범죄가 발생하고 죽을 때까지 고생만 하다가 죽는 것 같다.
어느 정도 되면 휴식을 하면서 평생 함께 했던 가족과 행복을 느끼면서 살아야 할 것 같다.

그러면 어떻게 해야 행복한 인생을, 그리고 행복한 노후를 지낼 수 있을까? 미국의 심리학자 매슬로우(1908~1970년)의 욕구5단계에 대해서 알아보자.

매슬로우의 욕구5단계는 밑에서부터 하위 욕구가 충족되었을 때 상위욕구가 충족될 수 있다는 이론이다. 1단계 생리적 욕구와 2단계 안전의 욕구는 기본 욕구라고 하고,
3단계 사회적 욕구와 4단계 존경의 욕구, 5단계 자아 실현의 욕구까지 3~5단계를 상위 욕구라고 한다.

1단계 생리적 욕구는 의식주 욕구라고 하며,

2단계 안전의 욕구는 신체적 감정적 안전을 추구하는 욕구이며

3단계 사회적 욕구는 집단에 소속되어 인정받고 싶은 욕구,

4단계 존경의 욕구는 내적(자기만족) 및 외적(타인 인정과 존경) 성취감의 욕구로서 집단 내에서 뛰어나고자 하는 욕구라고 할 수 있다.

5단계인 자아실현 욕구는 지속적인 자기 계발을 통한 자기발전, 자아완성의 욕구라고 할 수 있다.

표. 매슬로우 욕구 *(주 : Fast Track Program CMOE Korea)*

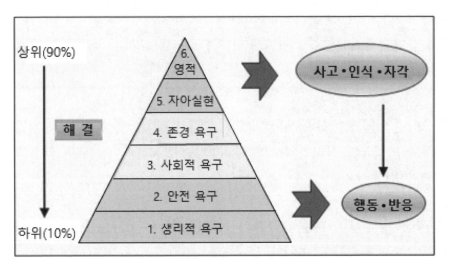

매슬로우 욕구는 동기부여(Motivation Theory)를 해 주고 있다. 인간은 만족할 수 없는 욕구를 갖고 있다. 인간의 행동은 만족하지 못한 욕구를 채우는 것을 목표로 한다.

인간의 욕구는 기본적인 욕구(생리적 욕구, 안전욕구)가 채워지면 상위욕구(소속과 애정의 욕구, 존경욕구, 자아실현욕구)를 채우려고 한다. 따라서 상위욕구는 하위욕구가 충족될 때 동기요인으로서 작용한다. 과거 원시시대에는 의식주를 해결하고자 살아갔다. 하지만 의식주가 해결된 지금은 많은 사람들이 자아실현까지 하려고 많은 노력을 하고 있다.

5단계인 자아실현욕구는 지속적인 자기계발을 통한 자기발전, 자아완성의 욕구라고 했는데 우리나라에는 자아실현이 되었다고 대부분의 사람들이 생각하는 많은 사람들이 자살이라는 극단적인 행동을 하고 있으며, 존경과 우상의 대상인 사람들이 삶의 의욕을 잃고 살아가는 사람들이 있다.

반면에 '어떻게 저런 집에서, 저런 모습으로 살아갈까' 라고 생각하는 사람들이 폐지를 모으고 산골에서 농사를 지으면서 행복의 웃음소리와 기부를 하면서 살아가는 사람이 너무도 많다. 왜 그럴까?

질문4. 폐지를 모으고 산골에서 농사를 짓는 사람은 기부와 봉사를 통하여 자아실현이 되었다고 생각하면서 살아가고, 자아를 실현했다고 할 수 있는 저명한 인사들은 왜 자살을 하는 것일까?

5단계인 자아실현욕구는 지속적인 자기계발을 통한 자기발전, 자아완성의 욕구라고 하였다. 그러면 이성보다는 감성이, 물질보다는 정신적인 면이 사고, 인식, 자각을 통하여 사람의 행동을 조정 통제하고 반응을 하게 한다고 볼 수 있다. 그러면 그 사람의 행동/반응을 조정 통제하는 것은 상위개념인 5단계라고 할 수 있는데 열심히 자기계발을 통한 자기발전과 자아를 완성한 사람들이 자살이라고 하는 극단적인 행동을 하고 있으며 많은 사람들이 자신은 불행하다고 생각하고 있다. 그래서 이를 극복할 수 있는 것이 5단계보다 상위의 개념인 영적인 단계에 도달하여야 한다는 것이다.

영적인 단계는 종교적인 것과 관계가 없다고 볼 수 없겠지만 "영(靈)이 죽은 자는 살아있어도 죽은 자이고, 영이 있는 자가 사실은 살아있는 자다"라고 말하는 사람도 있다. 명상(meditation)을 즐기는 사람들이 많다. 내가 아는 지인은 명상 관련 몇 년째 연구하고 생활에 접목하여 행복한 삶을 사는 사람도 있다.

우리는 잠잘 때 빼고는 항상 이것저것 잡생각, 또는 고민, 걱정, 기쁨 등을 느끼며 살아가고 있는데, 이를 완전히 제거하고 나면 무엇이 남을까? 자신의 끊임없는 훈련으로 시공을 초월한 상태로의 몰입이 가능하고 명상의 세계를 추구하는 사람들은 정신적 육체적으로 건강하고, 잡다한 잡병에 걸리지도 않는다. 이런 사람들을 나는 영적인 삶을 사는 사람들로서 힘들고 앞이 캄캄해도 쉽게 극복해 나갈 수 있다.

이러한 삶을 산다는 것은 이해하기도 어렵고 실천한다는 것도 쉽지가 않을 것이다. 쉽게 영적인 삶을 살든지 아니면 영적인 삶과 비슷한 행복하고 영적인 자아실현을 하려면 어떻게 하여야 할까? 이는 누구나 할 수 있는 것이 있다.
바로 꿈 찾기라고 할 수 있다. 꿈이 없으면 의욕이 없고 극단적인 행동과 그 반응이 나타난다고 할 수 있다. 반면에 꿈이 있으면 배가 고파도 힘이 난다. 그 꿈은 혼자만의 꿈도 있고 부부 공동의 꿈, 그리고 조직에서 공동의 꿈과 꿈 넘어 꿈을 그려서 살아간다면 매슬로우가 말하는 자아를 실현하고 영적인 단계에 점점 다가가는 것이라고 할 수 있다.

나. 노후에 어떻게 살아야 행복할까?

노후에 행복하려면 어떻게 살아야 할까? 생각해 본다.

> 돈만 많으면 행복할까?
> 건강만 하면 행복할까?
> 자식이 잘되면 행복할까?
> 좋은 친구가 많으면 행복할까?

당연히 위의 4가지 또는 추가로 더 있으면 행복할 수가 있다. 하지만 위의 4가지를 갖고 불행하게 살아가는 사람이 많이 있다. 모든 행복 조건을 다 갖추고 살기가 쉽지 않으니까?

첫째는 부부 금실이 좋아야 한다.

부부금실은 태어날 때부터 또는 결혼할 때부터 결정된다고 생각할 수 있다. 하지만 부부금실은 살아가면서 부부가 만들어 가는 것이라고 생각한다. 부부간에 금실이 좋으려면 서로 서로 장점만 보고 장점을 이야기하면서 단점은 덮어 주어야 한다. 배우자의 단점을 꼭 말을 할 때에는 먼저 배우자의 장점을 1~2가지 말을 하고 양해를 구한 후에 단점을 말하면 상처가 작을 수 있다. 당연히 위의 4가지 또는 추가로 더 있으면 행복할 수가 있다. 하지만 위의 4가지를 갖고 불행하게 살아가는 사람이 많이 있다.

모든 행복 조건을 다 갖추고 살기가 쉽지 않으니까?

몇 십 년을 살면서도 변하지 않는 배우자에게 본인 스타일에 맞도록 변하기를 바라는 것은 어려운 일이다. 배우자가 변하기를 바라지 말고 자신이 배우자 스타일에 맞도록 변하면 된다.

유연하여야 한다. 유연하지 못하면 다투게 된다. 그리고 유연하지 못한 사람이 더 스트레스를 받게 된다. 항상 배우자를 애틋한 마음으로 살아간다면 더욱 유연해지고 부부 사이가 좋아지리라 생각한다.

그리고 노후에는 남자 할 일과 여자 할 일이 따로 있는 것이 아니고 오랜만에 만난 친구처럼 하여야 한다. 특히 밥하고 집안 청소하고 빨래하는 일은 항상 같이 도우면서 하여야 한다. 여자가 남자보다 8년 정도 수명이 길다고 하는데 그 이유는 여성은 집안에서 항상 움직이면서 활동하고 남자는 시체놀이를 하기 때문이라고 한다. 건강하게 부부가 함께 오래 살려면 집안의 일을 함께 하여야 한다.

항상 배우자의 말을 끝까지 들어주고 지지할 줄 알아야 하고 특히 배우자가 싫어하는 것은 하지 말아야 한다. 상대방이 하는 일을 서로 존중하고 존중 받을 수 있는 일을 하면 된다. 그렇게 하면 배우자와 함께 행복지수가 팡팡 올라간다. 자식이나 손자 손녀에게 가정교육을 한다는 것은 매우 어렵다. 자식에게는 가급적이면 간섭을 하지 말아야 한다. 가정교육을 해도 경청하지도 않는다.

가정교육을 할 것이 있다면 결혼하기 전 약20~30년 동안 했으면 그것으로 만족하여야 한다.

가정교육을 쉽게 하는 방법은 내가 하고 싶은 말을 내가 배우자와 행복하게 살아가면서 평생 책을 보면서 공부하는 모습을 보이면 된다.

둘째 가진 것에 만족하고 배우자가 행복해야 나도 행복하다.

노후에 갑자기 노후자금을 많이 준비할 수도 없고 건강이 젊었을 때처럼 좋아지게 할 수도 없다. 내가 갖은 재산을 갖고 어떻게 하면 노후에 행복하게 살 것인가 전문가의 의견도 들어보고 관련 책도 보고 그리고 부부가 많은 대화를 통하여 검소한 생활을 하고 가슴속에 풍요로움을 만들면 된다. 가슴속에 풍요로움을 느끼면 재산이 적어도 행복해 진다.

그리고 배우자가 행복해야 나도 행복해 질 수가 있다. 배우자가 불행하면 결국은 그 불행이 나에게 되돌아 온다는 것을 알아야 한다.

셋째는 취미가 같아야 한다.

따로 국밥이라는 말이 있다. 부부가 따로 국밥이 되면 어떨까?

부부는 무엇을 하든지 함께 할 수 있는 것이 있어야 한다. 평생 살면서 함께 할 수 있는 것이 없었는데 노후에 찾는다는 것은 쉽지가 않다. 하지만 찾아야 한다.

동일한 취미를 찾으려면 책을 보고 전문가의 의견도 들어보고 상대방이 좋아하는 취미를 내가 한가지 배운다면 부부는 동일한 취미가 2가지가 된다. 취미의 종류는 많다. 운동, 여행, 봉사활동, 책 읽기와 책 쓰기, 오토캠핑 등 수없이 많고 그래도 찾을 수 없을 때에는 브레인 스토밍이라는 기법을 이용하면 얼마든지 동일한 취미를 찾아서 행복할 수가 있다.

넷째 자식에게 멋진 유산을 남기자

내가 살면서 평생 고생을 했으니까 우리 자식은 고생하면 안 된다고 죽을 때까지 돈을 절약하고 모아서 유산으로 남겨주려는 부모의 마음이 누구에게나 있다. 하지만 조금 더 유산을 남긴다고 정말 자식들이 행복할까? 절대 그렇지 않다고 생각한다. 우리나라 또는 세계적으로 많은 유산을 받고 얼마 가지 않아서 불행하게 되는 경우가 얼마든지 있다. 서양에서는 공부도 많이 하고 돈도 많은 사람들이 죽기 전 대부분 본인의 재산을 사회에 기부하고 있다. 왜 그럴까? 우리는 깊이 생각해 보아야 한다.

자식에게 남길 최고의 유산은 '**부모의 행복한 삶과 평생 공부하는 모습**'을 보이는 것이라고 생각한다. 그러면 자식도 부모가 살아가신 모습을 생각하면서 평생 공부를 통하여 행복하게 살아가는 방법도 배우고 그렇게 살 것이다.

다. 행복한 주말과 불행한 주말

남편은 아침을 먹으면서 내가 이번 주말에 모든 일정을 변경하고 우리 가족 모두 행복을 위하여 가족과 함께 멋진 곳으로 여행을 가자고 했다. 그 장소는 너무도 멋진 곳이라 그 날 가서 보면 알 것이라고 하니 모두 꿈에 부풀어 있었다. 엄마와 아들, 딸은 과연 어디가 그렇게 멋질까? 궁금했지만 주말까지 기다렸다.

주말이 오자 남편은 미리 자신의 차량에 낚시도구를 준비하고 가족과 함께 떠났다. 도착하고 보니 낚시터였다. 많은 남자들이 낚시를 하고 있었는데 남편과 아들은 좋았겠지만 엄마와 딸은 주변을 서성이면서 꽃을 보고 기다렸고 아들은 낚시 구경을 하였다. 남편은 종종 오는 낚시터라서 너무도 재미 있어 시간가는 줄 모르면서 가족에게 낚시를 해보라고 권했다. 하지만 엄마와 딸은 너무도 지루해 나중에는 화가 났다. 저녁까지 기다리다가 집에 오면서 외식을 했는데 모두가 모래 알 씹는 기분이었다. 과연 행복한 주말여행 이었을까?

문제 해결은 가족에게 질문을 통하여 스스로 답을 찾도록 해보면 어떨까?
모두 행복한 주말여행을 위하여 온 가족에게 제의를 한다.

'전 가족이 주말에 멋진 여행을 하고 싶은데 언제, 어디로 가야 하는지 생각해 보면 어떨까?'

모두 약속도 있고 가고 싶은 곳도 있을 테니까 며칠 후 토의하면 어떨까?

온 가족이 토의 후 결정된 장소로 간다고 하니까 모두 주말여행준비를 하고 꿈에 부풀어 여행을 하고 오니 모두가 행복해 한다.

결국 내가 결정하고 준비하고 신경 써서 힘들어 할 것이 아니고 질문만 잘 하면 내가 편해지고 온 가족이 행복해 한다.

직장에서도 그리고 각종 모임에서도 질문을 통하여 문제를 해결하고 계획하고 실행한다면 좀 더 편하고 행복한 시간이 될 것으로 생각한다.

가족간에 "yes"라고 말하는 방법도 있다.
스타벅스는 신입사원을 비롯한 모든 교육시 고객을 대할 때 무조건 "네! 라고 말하라(just say yes)"는 철저한 서비스 철학에 입각하여 소비자들의 욕구를 충족시키는 경영을 하고 있다고 한다. 고객 한 분 한 분에 대한 취향에 맞도록 주문하고 그 주문에 의거 서비스를 한다는 것이다. 전 세계의 고객을 대상으로 과연 이렇게 서비스가 가능할까? 하지만 그렇게 하고 있기 때문에 세계적인 서비스 기업으로 성장하지 않았을까?

많은 가정에서 가족간에, 직장에서 대화를 어떻게 하고 있는가? 생각해보면 어떨까 생각해 본다.

가족과 대화를 할 때에 상대방 말에 경청해주면 나에 말도 들어주고 서로 서로 신뢰가 높아진다

철원소년소녀합창단 부채춤 해외공연(앞줄 첫 번째 여학생 / 손녀 정혜령

5. 적성에 맞는 행복 이벤트를 개발하자

가. 우리 집의 10대 상품은?(주 : 다음의 인터넷)

한 해를 보내면서 올해 우리 집의 10대 상품은 무엇이었을까, 또는 올해 내가 잘한 일 10가지는 그리고 잘 못한 일 10가지는 무엇일까를 생각하고 내년에는 잘해야 할 일 10가지를 선정한다면 무엇일까를 생각한다면 나의 삶에 어떤 변화가 올까 생각해 본다.

북한의 10대 히트 상품은 무엇일까?

수동탈곡기가 있다고 한다. 70년대에는 전기 탈곡기가 많이 사용되었는데 전기가 부족하다 보니 수동탈곡기가 10대 상품에 포함되었고, 여행에 자유가 없는 북한에서 개인숙박업, 피임기구, 우리나라에서는 금기시 되는 퇴폐업종이 유행하고 있고 김정은의 부인인 이설주가 즐겨 입는 원피스, 성형수술이 선정되었는데 남한의 영향을 많이 받은 걸까? 그리고 전자카드, 해외여행과 핵무기 실험과 함께 장거리 로켓(은하3호)이 선정되었다고 한다.
북한의 10대 상품을 보고 무엇을 느낄 수 있을까?

2017년 서울에 10대 뉴스로 선정된 것을 보면은

서울공공자전거 따릉이, 꾸미고 꿈꾸는 학교화장실, 문화비축기지, 위안부영상 최초발굴, 미세먼지 10대 대책, 역세권 2030 청년주택, 경춘선숲길, 국공립 어린이집 확충, 서울 밤 도깨비 야시장, 서울시 청년일자리센터가 선정되었다고 한다.

지금까지 북한, 서울의 2017년 10대 뉴스 등을 살펴보았는데 이것을 보고 무엇을 느끼고 있을까? 사람에 따라서 느끼는 것은 다를 것이다. 세상이 많이 변화하고 있구나 하는 것, 그리고 이럴 수 있나, 또는 이런 것이 있었나 등등 많은 것을 느낄 수 있다.

그러면 이런 뉴스를 접했을 때 나의 삶과 비교해 보면 무엇을 느낄까? 그래서 나의 삶에 있어서 매년 10가지 중요한 일을 적어보고 새해에 있어서 새로운 삶을 살아간다면 보다 지금보다 더 행복해 질 수 있으리라 생각한다.

0000년도 10가지 중요한 일(예문)

구 분		1	2	3	4	5	6	7	8	9	10
나의 베스트	영화										
	책										
	여행지										
건강 독립											
경제 독립											
잘한 일											
아쉬웠던 일											
버려야 할 것											
우리 집의 히트상품											
우리가정(직장)에서 내가 기여한 것											
중요한 친구											
내년에 꼭 이룰 것											
나에 10대 상품											

나. 탭 댄스 추듯 하는 일이 곧 건강이고 행복이다

미국의 뛰어난 기업인이자 투자가이면서 기부활동으로 유명한 워렌 버핏(Warren Edward Buffett, 1930년 출생)은 1969년 39살에 **"나는 사회생활에 잘 적응을 못하고 완전한 인생 실패자 입니다. 이제 은퇴를 고려해야 할 때가 온 것 같습니다"**라고 했다.

그런 그가 2010년 80세 생일에 **"3년 전에 88세에 은퇴를 생각했으나 지금 생각하니 100살 이후까지 일 하기를 바란다"**고 했다. **"계속 일을 하기 위해서는 정해진 틀 밖에서 사고하는 능력을 더 키워야 한다"**고 했다.

버핏은 햄버거, 아이스크림, 콜라 등 나쁜 식습관에도 불구하고 매우 건강하고 건강한 이유는 일을 좋아하는 성격이 원인이라고 한다.

그의 가까운 친구가 하는 말을 들어보면 버핏 본인이 말하기를 일한 날은 하루도 없고 사무실에서 매일 휴가를 즐기는 것과 같이 생각한다고 했다. 그는 항상 출근길이 탭 댄스를 추는 듯한 경쾌한 발걸음이 젊음을 유지하는 비결이라고 한다.

우리들의 생각과 많이 다르다. 왜 그럴까? 모든 일은 '즐기자'라는 생각에서 시작하여 끝까지 '즐기자'라고 하면 더욱 건강한 삶을 살 수 있으리라고 생각한다.

다. 감사 일기

하루 하루를 살면서 우리는 무엇을 남기고 있는가? 오늘 삶이 내일에 어떤 영향을 미치고 얼마나 더욱 행복한 삶이 될까를 생각하게 된다. 그래서 감사 일기를 써 본다면 어떨까? 우리가 살아가면서 감사할 일은 상당히 많다고 생각한다. 항상 감사한 마음을 갖기는 쉽지가 않다.

감사한 마음을 가지면 나 자신을 멀리서 객관적으로 바라보게 되어 상황에 맞게 마음가짐을 바꿀 수가 있다. 감사한 마음을 가지면 나의 단점이 장점으로 바뀌게 된다.

그리고 상대방에 대해서도 단점보다는 장점을 보게 되어 내 마음이 바뀌고 삶의 방향이 변화 할 수 있다.

이렇게 감사한 마음으로 일기를 쓰면 어떻게 될까?

처음에는 잘 쓰기가 어렵다. 이런 저런 이유로 중단하게 된다. 하지만 며칠 일기가 밀리면 간단히 지난 일을 생각하면서 기록을 하고, 여행을 가거나 무슨 일로 인하여 일기장을 가지고 다니기 어려울 때는 휴대폰 달력에 그날에 있었던 일과 감사한 일을 간단히 적어놓고 집에 와서 일기장에 기록을 하면 된다. 이렇게 1년 이상 하면 습관화되어서 일기를 쓰지 않으면 잠이 오지 않는 일이 생긴다.

감사일기를 쓰는 방법은 간단하게 생각하면 된다.

단 몇 줄이라도 매일 쓰고 하루의 일과 중에 있었던 모든 일에 감사한 마음을 갖고 쓰면 되는데 이렇게 하면 조그만 일이 있을 때마다 "감사합니다"라고 말을 하는 습(習)이 생긴다. 일기를 쓰면서 "~~~덕분에 감사 합니다"라고 쓰면 된다. 예를 들어 식당에 가서 밥을 먹은 후에 맛진 음식 잘 먹었습니다 라고 하면 되고 주차장이 멀리 있다면 걸어서 운동할 수 있으니 감사합니다 라고 쓰면 된다.

.

6. 가족/직장에서 힘들어 할 때

가. 자녀가 힘들어 할 때

이 글은 큰아들이 소령 때 전방 등 야전에서 오래 근무하다가 육군본부로 발령이 되어 아들과 주고받은 메일 내용이다.

소령의 계급으로 육군본부에 가서 근무한다는 것은 발탁된 것은 물론 근무하기도 매우 어렵고, 잘 근무하면 앞으로 군 생활에 많은 도움이 되겠지만 잘못하면 향후 군 생활이 매우 어려울 가능성도 배제 할 수가 없다. 그래서 먼저 경험한 아버지로서 아들에게 가르치는 것 보다는 질문을 통하여 스스로 깨닫고 육군본부에 가서 근무할 방향을 설정하기를 바라는 마음으로 메일을 보냈다.

'아들에게 보낸 메일 내용'

> 자랑스런 아들에게...
>
> 육군본부 정책부서로 전입 가는 아들을 생각하면 자랑스럽구나. 이는 운이 좋은 것이 아니라 14년의 군생활에 대한 평가에 의거 발탁된 것이라고 생각되는구나.
>
> 1988년 12월에 소령으로 50사단 근무 중 나는 서울 용산에 있는 육군본부 작전참모부 00부서로 어느 날 갑자기 명령이 났단다. 서울에 군 아파트가 없어서 적금해약과 융자를 1,500만원 받아서 상계동에 전세집 얻어 이사를 갔는데 그 당시에는 관사도 없어서 우리 가족이 고생했던 생각이 난다.
>
> 그 곳에서 실무자 장교 10명중 중령 8명 소령 2명이 근무하면서 고생도 많았지만 덕분에 중령 진급을 할 수 있었지.

아무튼 너는 육군본부에서 근무하는 것이 당연히 고생도 되겠지만 좋은 기회라고 생각되는구나. 축하를 하면서 걱정도 된다.

사랑하는 아들 육군소령을 생각하면서 몇 가지 질문을 할 텐데 육본 전입 전에 꼭 답장이 있었으면 한다.

1. 포병병과에 많은 소령 중에 육군본부에 발탁된 이유는 무엇일까

2. 해당부서 장이나 선임장교가 너에게 바라는 것은 무엇일까?

   네가 부서장이라면 정재영 소령이 어떻게 근무하기를 원할까

3. 육군본부에 보직되어 예상되는 좋은 점과 어려운 점은 무엇일까

4. 육본에 보직된 너를 보고 있는 동기생이나 동료들이 어떻게 생각할까

5. 육본에 보직되어 꼭 지켜야 할 것과 해서는 안될 것은 무엇이 있을까

6. 육본에서 근무 중에 힘이 들고, 결정하기 힘들 때 어떻게 처리하는 것이 지혜로움일까?

7. 1년 후, 3년 후, 10년 후에 너에 모습은 어떻게 변할 것이며 육본에서 근무한 것이 어떤 밑거름이 될까?

8. 육군본부에서 근무하면서 다른 장교와 차별화된 너의 비장의 무기는 무엇일까?

9. 사랑하는 아내와 자녀들을 생각하면 생각나는 것은?

10. 육체적인 건강과 강인한 정신력을 위하여

    -반드시 지키고 해야 할 것

    -반드시 해서는 안 될 것은 무엇이 있을까?

11. 추가로 하고 싶은 이야기는?

얼마 후에 아들의 답장이 왔다.

1. 포병병과에 많은 소령 중에 육군본부에 발탁된 이유는 무엇일까?

☞ 첫 번째로는 다른 동기들과 다르게 전방지역에서 묵묵히 144개월을 근무해서 육군인력조정이 되었고, 두 번째로는 병과와 기수를 떠나서 여러 명의 후보가 있었으나, 그 동안의 군생활과 학교 성적 등을 잘 해온 결과가 아닌가 생각합니다. 세 번째로는 무엇을 하던 도와 주시고 격려해주신 부모님과 선영, 혜령, 현진이가 있어서라고 생각합니다.

2. 해당부서 장이나 선임장교가 너에게 바라는 것은 무엇일까/네가 부서장이라면 정재영소령이 어떻게 근무하기를 원할까

☞ 일단 빠른 시간 내에 해당 업무에 정통하고, 원만한 인간관계를 유지한 가운데 부서 내 여러 업무들을 서포트 해주는 것

☞ 주변 사람들로부터 '저 간부는 인간관계도 좋고 업무 능력도 뛰어나다'라는 말을 듣도록 근무

3. 육군본부에 보직되어 예상되는 좋은 점과 어려운 점은 무엇일까

☞ 좋은 점 : 전력분야에서의 근무경험을 쌓을 수 있는 것과 포병병과 외의 다양한 계급과 병과 선후배들과의 인간관계를 맺을 수 있다는 점, 육군에서의 최상위 부대에서 근무한다는 점

☞ 어려운 점 : 전력분야에 대해 전혀 모르는 상태라는 점, 내가 함께 근무할 동료들은 누구일까?, 어떠한 업무를 할까?, 잘할 수 있을까?라는 막연한 걱정!!!!

4. 육본에 보직된 너를 보고 있는 동기생이나 동료들이 어떻게 생각할까

☞ 한 편으로는 잘하라는 격려, 그러나 다른 면(다른 동기)에서는 경쟁자로서 육본에 근무한다라는 질투 어린 눈빛

5. 육본에 보직되어 꼭 지켜야 할 것과, 해서는 안될 것은 무엇이 있을까

　☞ 지켜야 할 것 : 내 업무는 항상 성실하고, 꼼꼼하게……., 바른 생활 (출근, 퇴근, 일과시간 준수), 꾸준한 운동

　☞ 해서는 안 될 것 : 최근 이슈가 되고 있는 성 군기 위반 / 음주운전, 뇌물, 청탁 등 업무와 관련된 부정/부패 행위

6. 육본에서 근무 중에 힘이 들고, 결정하기 힘들 때 어떻게 처리하는 것이 지혜로움일까?

　☞ 과 내에 상급자 또는 과장에게 사실대로 말하고 조언을 구하는 것이 최선이라고 생각합니다.

7. 1년 후, 3년 후, 10년 후에 너의 모습은 어떻게 변할 것이며 육본에서 근무한 것이 어떤 밑거름이 될까?

　☞ 1년 후 : 전력지원사업단에서의 내 업무를 완벽히 파악하여, 이 업무는 정재영 소령이 권위자야 라는 말을 듣는 것

　☞ 3년 후 : 진급 후에 경기도 일대의 포병대대에서 대대장으로써 임무를 성실히 수행할 것

　☞ 10년 후 : 연대장을 마치고, 전력분야에서 다시 한번 근무하는 것

8. 육군본부에서 근무하면서 다른 장교와 차별화된 너의 비장의 무기는 무엇일까?

　☞ 성실함과 언제나 긍정적인 생각

9. 사랑하는 아내와 혜령, 현진이를 생각하면 생각나는 것은?

☞ 나는 우리 집의 가장으로서 우리가정의 행복을 위해서 군생활과 가정생활에서 항상 최선을 다해야겠다라는 생각

혜령, 현진이는 또다시 이사를 가고 전학을 가야 하는 것에 대한 미안한 생각이 들고, 전학 가서 좀 더 적응 잘 하고,

공부와 운동에 대한 열정이 식지 않고, 새로운 친구들과 잘 지냈으면 합니다.

10. 육체적인 건강과 강인한 정신력을 위하여

-반드시 지키고 해야 할 것 : 하루 30분 이상 땀 흘리며 운동(런닝, 배드민턴 등), 하루를 돌아보고 내일을 준비 할 수 있도록 명상 30분

-반드시 해서는 안될 것 : 과도한 음주, 여자문제, 금전문제(뇌물 등)

11. 추가로 하고 싶은 이야기는?

☞ 항상 우리 모든 가족을 위해 걱정하시고, 도와 주시고, 나아갈 길을 열어주셔서 감사합니다. 저희도 언제나 감사 드리고, 저희한테는 최고의 아버지, 할아버지세요!!

이제 제주도의 생활도 접으시고 올라오시면 어디에 정착을 하시든 지금처럼 건강하시고, 항상 열정적으로 아버지의 꿈을 펼쳤으면 좋겠고,

제가 군대간 이후에 처음으로 우리 가족이 가장 가깝게 지낼 것 같은데, 항상 화목하고, 즐거운 일만 있었으면 합니다. 7월 초에 아버지 환갑이신데, 일정에 맞춰서 재민이와 준비 잘 하고 있고, 제가 아직 전입 초기여서 가능한 시간은 다음주 중으로 확인해서 재민이와 시간 맞춰서, 온 가족이 즐겁고 의미 있게 지낼 수 있도록 하겠습니다. 사랑합니다.

이후에 우연의 일치일까 아들은 어렵다는 소령에서 중령을 1차에 진급하였고 벌써 대대장을 잘 수행하고 00부대 참모로 군 생활을 하고 있다.

결혼 후 힘들어 할 둘째 아들에게 보내는 편지와 답장이다.

나는 너를 믿는다. 그리고 ㅇㅇ를 사랑하고 믿는다.

어떤 결정을 하든지 너에 결정에 따르고 지지를 한다.

그리고 장인 장모님께 깊이 감사를 드려라.

나는 다음과 같은 질문을 하고 싶다.

1. 너에 꿈과 인생 목표는?

2. 지금 너의 가슴속에는 무엇이 자리하고 있는지? 진정 재민이가 원하는 본심은 무엇일까

3. 너에 회사에서 CEO가 되었다면 어떤 느낌이고 정재민에게 무어라고 충고를 할까?

  . CEO가 되기 위해서 지금부터 무엇을 해야 할까

  . CEO로써 2009년도에 가장 큰 위기적인 면과 기회는 무엇일까?

4. 차량 교환시

  . 얻는 것과 잃는 것은

  . 너를 더욱 힘들게 하는 것과 편하게 하는 것은

  . 스스로 할 수 있는 것은

  . 내 생활과 직장에서 무엇이 변할까

5. 지금 너의 생활에서 가장 급한 것과 보람된 것은 무엇일까

6. 부모는 지금쯤 무엇을 생각하고 있을까

  . 어떻게 살아가야 부모가 행복해 할까

  . 부모가 바라는 것은 무엇일까

  . 어떤 모습으로 살아가야 신임을 받을까

  . 부모가 가장 힘들어 하는 것과 기뻐하는 것은 무엇일까

  . 부모의 모습에 나는 어떤 모습으로 보일까

  . 네가 나에게 바라는 것은

7. 직장에서 나에 존재가치는 몇 점일까

  . 부족한 점수를 채우려면 무엇을 해야 할까

8. 인생을 살아가는데 가장 중요한 것 10가지를 쓴다면?

그리고 나에 가치관은?

9. 최근에 읽은 책 3권을 쓰고 간단히 느낀 점은?

  . 읽고 싶은 책 5권을 무엇이고 언제까지 읽은 계획이며 나에 생활에

어떻게 활용할 것인지

오바마 같은 아들이 되기를 바라는 마음으로 질문을 던진다

2009. 1. 20일   아빠가

얼마가 지난 후에 답장이 왔다. 여러 가지로 바쁜 중에 이렇게 답장까지 할 줄은 몰랐다. 결혼한 지 얼마 되지 않았고 사회 직장생활 초년생으로서 매우 힘든 생활을 하고 있을 것 같았다.

일단 믿어주시고 지지해주시는 아빠께 감사 드려요..

아빠가 어제 저한테 보내주신 메일을 보고 한번 생각해봤어요...

1. 너의 꿈과 인생 목표는?

 - 저의 꿈은 행복한 우리 가정을 만드는 것입니다.

   그러기 위해서 건강과 우리가족들의 마음을 하나로 모아야겠고 사회 에서 인정받는 사람이 되는 것입니다.

   건강을 위해서 많이 먹던 술을 거의 안 먹고, 운동을 하고 있고 가족 간의 교류를 위해 아직은 생각만하지만 09년도에는 적극적으로 자리 를 만들어 보려구요 그리고 사회에서의 활동은 아래에서...^^

2. 지금 너의 가슴속에는 무엇이 자리하고 있는지? 진정 아들이 원하는 본심은 무엇일까?

- 가슴속에 제가 생각하고 계획하고 있는 것을 말씀하시는 것 같아요..

어떤 생각을 가지고 살고 있는지... 일단 가족계획을 세우고 있는 상태 입니다. 사회생활 하면서 여러 가지를 깨닫고 고민을 하게 되었구요.

상위 직책에서 직원들을 관리하려다 보니 마음 먹은 대로 안 되는 경우도 많고 잘 따라오질 못하는 경우도 많고 앞으로 더 나아가야 할 곳이

많은데~~~

저의 역량은 한정되어 있는 것 같고 그래서 아빠 말씀하신 대로 책을

읽어보고 있어요.

경영 쪽은 앞으로 어떤 일을 하던지 제가 머리가 되어 일을 하려면 공부를 꼭 해놔야 할 것 같아서 생각 중이고 사회복지 쪽은 부전공 쪽으로 보고 있고요. 사회복지 쪽에서 진로상담사나 사내 치료 상담사 같은 쪽을 공부해 보려구요 혹시 잘 되면 아빠랑 같이 다니면서 일을 할 수도 있을 것 같아요~^^

3. 너의 회사에서 CEO가 되었다면 어떤 느낌이고 너에게 무어라고 충고를 할까?

- 현재 직원 9명을 관리하고 조율해가는 것도 힘든데^^ 만약 CEO가 되었다면 엄청난 고민과 노력을 하고 있을 것 같아요. 하고 싶은 공부, 사랑하는 사람들에게 해줄 수 있는 말, 부모님들께 효도, 그게 뭐든 생 각을 했으면 실천을 하라고 해주고 싶어요. 저도 지금 못하고 있는 건데^^ 생각만 많아요 ~~

. CEO가 되기 위해서 지금부터 무엇을 해야 할까

- 말씀 드린 대로 책도 많이 읽고 공부도 더 하고 기회가 주어진다면 대학원에서 공부를 더 하고 싶어요

CEO로써 2009년도에 가장 큰 위기적인 면과 기회는 무엇일까?

- 현재 경제는 어려운 건 초등학생들도 다 아는 상황이구요...제 생각에는 현재 위기가 기회라고 생각을 합니다. 회사에서 경제가 어려워도 필수적인 건 사람들이 꼭 하고 살기에 휴대폰 역시 이제 사람들에게 필수품이라서 요즘엔 생활이 부유한 곳보다 어려운 쪽에서 공짜로 줄 수 있는 틈새가 중요하다고 생각을 해요. 남들이 어렵다 어렵다 할 때 파고들어서 수익을 창출하면 더 좋을 게 없겠죠~~^^

4. 차량 교환시 얻는 것과 잃는 것은?

- 1번은 안전입니다. 기술이 발전을 하고 기술자들이 많지만 현재 차로써는 불안해요

장거리 운행이 많고 2월부터 영업을 주로 해야 하는데 화물 적재공간도 필요하고 앞으로 아기가 태어나면 좀 더 안전할 것 같아요~~^^

잃는 것은 경제적인 것을 좀 잃을 것 같아요.

. 너를 더욱 힘들게 하는 것과 편하게 하는 것은?

- 더욱은 아니지만 힘들게 하는 것은 위에 말씀 드린 것처럼 경제적으로 처음 좀 힘들 것 같아요 하지만 유류비나 연비 쪽에서 지금 차보다는 절약이 되고 보험료나 세금에서는 더 많아질 것 같아요. 편하게 하는 것은 운전을 할 때 편하구요. 습기가 없어지지 않다든지 그러진 않을 것 같습니다. 그리고 일을 하면서 편할 것 같아요. 물건을 싣고 각종 장비를 가지고 다니기에 부모님 모시고 다닐 때도 좋을 것 같아요 감곡에 가기도 좋고 ^^

. 스스로 할 수 있는 것은

- 작년부터 09년부터는 세금과 보험료를 저희가 내기로 해서 이미 차량의 세금은 전액납부를 한 상태구요 10% 할인을 해주는 거라서^^ 보험료는 3월에 나오면 그것도 내려고요.

. 내 생활과 직장에서 무엇이 변할까

- 생활에서는 분당에 올라가던지 아니면 부모님들과 여행을 가던지 할 때 좀 더 편하게 다닐 수 있을 것 같고요. 직장에서는 업무효율이나 능률 실적

이 오를 것 같아요 지방으로 출장 다닐 때는 물건을 많이 못 실어서 판매를 다 못하고 오는 경우가 많은데 그걸 생각해보면 대략 30~40%이상의 매출을 더 늘릴 수가 있을 것 같아요. 조금 있으면 여기서 나가서 직영점을 하나 운영할 수 있을 것 같아요.

5. 지금 너의 생활에서 가장 급한 것과 보람된 것은 무엇일까

- 가장 급한 것은 다이어트?? ^^ 살을 좀 빼고 운동량도 부족한 것 같아서 운동을 좀 많이 해야 할 것 같아요. 매주 토요일 새벽에 축구를 하긴 하는데 그것으로는 좀 부족한 것 같아서 회사지하에 있는 헬스장에 서 운동을 같이 하고 있고요. 건강을 지키려고 노력 중이랍니다.

보람된 것은 일단 지금 회사에서 일을 하기 때문에 일을 하면서 생기는 성취감이나 한 단계 한 단계 올라가는 맛이랄까^^

6. 부모는 지금쯤 무엇을 생각하고 있을까?

. 어떻게 살아가야 부모가 행복해 할까?

- 무엇보다 건강하고 행복하고 성실하게 사는 것이 제일 큰 효도이고
자주 찾아 뵙고 같이 식사도 하고 여행을 간다면 더 좋을 것 같아요
그러기 위해선 제가 제 삶을 좀 더 윤택하게 만들어야겠죠..^^

. 부모가 바라는 것은 무엇일까

- 부모님이 바라시는 것은 저희 행복 아닐까 싶어요 누구보다 행복하고 성실하게 살아가는 것. 건강하게 즐겁게 사는 것.
집안에서 사회에서 인정받고 사는 것 그게 아닐까 싶어요

. 어떤 모습으로 살아가야 신임을 받을까

- 항상 투명하게 살아야죠. 그리고 열심히 살아야죠. 회사에서도 최선을 다하고 집안에서 회사에서 학교에서 항상 성실하게 열심히 해야겠습니다.

. 부모가 가장 힘들어 하는 것과 기뻐하는 것은 무엇일까

- 저희가 잘못 되는 것이 가장 힘들게 하는 것으로 생각됩니다.
그리고 무리한 부탁을 한다거나...

현재 많이 반성하고 있습니다...

부모의 모습에 나는 어떤 모습으로 보일까

- 솔직히 전에 아빠랑 얘기했을 때 많이 후회했습니다. 저를 정말 어리게 보시는구나 생각이 들었어요. 제힘으로 한 게 없이 모든 걸 부모님께 의지하면서 살았구나 하는 생각을 했고 후회를 많이 했어요. 젊었을 때 정말 정말 어리고 생각 없이 살았구나 하는 생각을 했습니다. 앞으로

변할게요 열심히 살아볼게요.. 그 정도 밖에 못한 아들로써 정말 죄송해요...

. 네가 나에게 바라는 것은

- 믿고 바라봐주세요...저희들 얼마나 잘사는...한번씩 대전 오셔서 봐 주시고 같이 여행 가자고도 해주시고 저희도 말씀 드리겠지만^^ 항상 저희 버팀목이 되어주세요...

7. 직장에서 나에 존재가치는 몇 점일까 대략 90점 정도여^^

. 부족한 점수를 채우려면 무엇을 해야 할까

- 학벌을 무시 못 하겠더라고요. 더욱 공부를 열심히 해서 회사일 소홀히 하지 않고 열심히 하여 남들보다 한발 앞서가고 남들보다 더 노력해서 연말에 상도 받고(올해는 아쉽게 놓쳤어요^^) 현재자리에서 일을 하던 직영점에 점장으로 나가면 열심히 일을 해야 할 것 같아요. 영업목표 달성은 기본이구요~~

8. 인생을 살아가는데 가장 중요한 것 10가지를 쓴다면?

그리고 나의 가치관은?

- 우선 우리가족이 가장 중요하구요. 살아가는 것에 중요한 것은 건강, 희망, 노력, 사랑, 성실, 근면, 누구 못지않은 자신감이 필요하다고 생각해요.

가치관은 제가 할 수 있는 한 선은 벗어나지 않는 선에 최선을 다 하자는 것과 "거울은 먼저 웃지 않는다."는 좌우명을 가지고 있어요. 내가 웃기 전에 거울이 웃지 않듯이 어떤 사람을 만나던 먼저 웃고 먼저 인 사하자는 뜻에서 항상 생각하고 실천하려고 노력하고 있어요.

9. 최근에 읽은 책 3권을 쓰고 간단히 느낀 점은?

- 최근에 지금 읽은 책은 블루 오션 마케팅100을 읽었고요 느낀 점은 카페에 올릴게요~~^^ 독후감을 써야 상금도 받죠^^

. 읽고 싶은 책 5권은 무엇이고 언제까지 읽을 계획이며 나에 생활에 어떻게 활용할 것인지

- "아웃라이어"라고 그 동안 우리가 알고 있던 성공의 법칙은 모두 틀렸다며, 각 분야별 다양한 아웃라이어들의 성공 비결을 소개한 책이 있는 데 남들과 좀 다른 생각을 하고 좀 더 앞서나가기 위해 한번쯤 읽어봤으면 해서 지금 회사 도서관에 신청을 해놓은 상태구요

"동사형 인간" 게으르고 이기적인 명사형인간이 되지 않고 항상 능동적으로 효율적으로 움직이도록 도움을 주는 책이 있다고 소개를 받아서 저에게 꼭 필요한 책인 것 같아서 읽어보려고 역시 도서관에 신청을 해놓은 상태예요.

집에 역시 책이 몇 권 있는데 틈틈이 시간 나는 대로 회사에서 집에서 읽고 있어요.

못해도 일주일에 한 권 정도는 읽어야 하지 않겠나 하는 생각이 들어서 실천 중이예요~~읽는 대로 바로 바로 카페에 올리도록 할게요

이번 주 내로 블루 오션 마케팅에 대해서 올릴게요 사진두 올리구요~~

오바마 같은 아들이 되기를 바라시는 아빠에게^^

부족하지만 한번 생각해 봤어요~~~

2009. 1. 21 막내 재민...

이런 숙제를 내주셔서 많은 생각을 하게 되었습니다.

이후에도 어떤 계기가 되었을 때 부자간에 메일을 통하여 마음을 주고 받으면서 더욱 성숙해 지는 것 같다.

어려운 가운데 깊이 생각을 하여 이렇게 답장을 하는 아들이 항상 자랑스럽다. 결혼을 한지 10년이 넘었는데 항상 온 가족이 함께 다니면서 누가 보아도 행복한 가정생활을 하고 있고,

어렵고 어렵다는 청년 창업으로 큰 성과를 내고 있고 누가 보아도 열심히 생활하는 것을 보면 대견스럽다.

나. 바라는 것이 있다면 내가 먼저 실천을...

> **상황** : 아내는 당뇨와 고지혈증, 그리고 고혈압 질병에 시달리고, 고등학생인 아들은 75kg이상의 비만과 성적하락으로 인하여 걱정이다. 직장에 가면 부서 직원들이 한결 같이 사기가 떨어져 업무 능률이 오르지 않고 있다. 자신은 질병도 없고 직장에서 누고보다도 열심히 근무한다고 생각하고 있다. 왜 이럴까?

이럴 때는 어떻게 해야 할까? 당구에서 말 하듯이 한 큐에 해결할 방법은 없을까? 집에 오면 아내와 아들에게 매일 같이 똑 같은 말을 밥 먹듯이 "매일 같이 걷고 열심히 운동하고 음식도 야채위주로 먹고 의사선생님이 하라는 대로 해봐" 하고 있다. 아내와 아들은 듣기도 싫다. "누구는 하기 싫어서 하지 않은 줄 아나. 열심히 한다고 하지만 힘이 들고 지루하고 성과도 나지 않는데 어쩌라고..."

> **질문 : 이럴 때 당신은 어떻게 할 것인가?**

내가 뱌라는 것이 있다면 나 먼저 실천하면 어떨까? 나는 비만도 아니고, 당뇨도 없고, 고지혈증과 고혈압도 없는데 나는 할 것이 없다고 할 것이 아니고 나부터 가족을 위하여 노력하면 어떨까?

> **내가 누구에게 바라는 것이 있다면**
> **내가 그것을 먼저 실행한다면 어떨까?**

의사의 권고대로 아내와 아들 세 명이 식단을 함께 작성하고 같이 시장에 가서 식단 재료를 구입하여 함께 식사준비를 하는 것이다. 식사를 하면서 "흰 쌀밥만 먹을 때보다 현미를 먹으니 소화도 잘 되고 좋은데"하면서 가족에게 동참의지와 효과를 강조하면 어떨까? 그리고 스마트 폰을 이용하여 만보기 웹을 받아서 매일 10,000보를 걷고 아니면 5,000보를 걷고 가급적이면 자가용차량보다는 대중교통을 이용하는 것이다. 그러다가 아내와 아들의 휴대폰에 만보기 웹을 받아서 평일은 5,000보정도, 주말에는 10,000보 정도를 함께 걷고 산채비빔밥으로 외식을 한다면 어떨까? 걸으면서 아내와 아들의 생각을 많이 들어본다.

> **충고와 답을 주고 이래라 저래라 하면**
> **다음부터는**
> **다시는 함께 걸으려고 하지 않을 것이다.**

이때는 아빠와 남편으로서 말은 20%이내만 하고 80%는 말을 하도록 만들어야 한다. 처음에 아들이 말을 하지 않으면 본인도 하지 말고 기다려야 한다. 천년지기 부자간의 교육이 하루 아침에 목적을 달성하기가 쉽지 않을 것이다. 20% 말의 내용은 충고와 답을 알려주기보다는 자연의 모습 등을 화제거리로 시작해야 한다.

이순원 저자의 "아들과 함께 걷는 길"은 13세의 아들과 대관령 60리 길을 걸으면서 부자간의 정을 쌓아가는 모습이다.

아들의 성적하락과 관련하여 나부터 책을 본다. 집에 오면 TV만 보던 아빠가 책을 읽는 다면 아내와 아들이 어떻게 생각할까? 아들의 성적 원인이 무엇인지 파악하기 위하여 요즘 관심이 많은 "자기주도학습" 책을 사서 공부를 하고 그 원인을 파악하여 아들의 말에 경청하여 주고 지지하고 진심으로 칭찬한다면 효과가 있지 않을까? 아들이 영어가 부족하다면 스마트폰에서 영어 앱을 받아서 공부하고 역사 공부를 싫어한다면 역사관련 책을 먼저 본다면 어떨까? 그러면 사교육비도 절약하면서 아들의 성적은 향상될 것이며 매일 연속극만 보던 아내도 책을 보게 되고 그러면 집안 분위기도 변화할 것 같다. 요즈음은 어느 곳에 가든지 인근지역에 공공도서관이 잘 되어 있어서 책값도 절약할 수 있다.

직장에서 문제점을 파악하여 사기와 열정이 없다면 사기와 열정관련 책을 사서 나부터 공부하고 실천하여 모범을 보인다면 어떨까? 생각해 본다. 우선 직장인들의 분위기부터 바꾸어 보면 어떨까? 점심시간을 이용하여 족구 같은 간단한 운동을 할 수 있고 각종 운동 동아리를 만들어 시행할 수도 있다.

다. 가족이 좋아하는 것과 싫어하는 것

배우자간에 서로서로 좋아하는 것과 싫어하는 것을 얼마나 알 수 있을까? 좋아 하고 싫어하는 것을 알 수 있다면 좋아하는 것은 생일날 선물을 하고 우리의 삶은 대부분 자급자족보다는 물건을 구입해야 하므로 좋아하는 것 위주로 사면되지 않을까? 싫어하는 것은 멀리하고 대화시 화재에 올리지 말면 집안 분위기가 얼마나 좋아질까?

피부과 의사에 의하면 어떤 화장품을 내가 좋아하더라도 내 피부가 싫어 할 수 있다. 내가 좋아한다고 그 화장품을 계속 사용하면 어떻게 될까? 실력이 뛰어난 과외선생님이 있다고 할 때 그 과외선생님을 모든 학생이 다 좋아할까? 인간 유형에 따라 좋아할 수도 있고 싫어할 수도 있다. 학생에 따라 좋아하는 선생님의 유형이 있고 싫어하는 선생님의 유형이 있다. 그리고 현재 좋아하고 싫어하는 것을 안다고 해도 시간이 지나고 상황이 변화함에 따라 변화하게 된다. 그러면 좋아하는 것과 싫어하는 것을 알기 위하여 다음과 같이 온 가족이 잘 보이는 곳에 붙이고 수시로 적고 보완을 한다.

내 마음은?

201 년 월 일

구분	좋아하는 것	싫어하는 것
아빠		
엄마		
아들		
딸		

그리고 우리의 삶에 도움이 되고 가정과 사회에 긍정적이고 행복을 줄 수 있는 방향으로 좋아하고 가정과 사회에 부정적인 것은 싫어해야 할 것이다.

예를 들어 게임이나 카지노를 좋아한다고 모두 나쁜 것은 아니지만 도가 지나치면 좋을 것이 없다. 게임이나 카지노를 좋아한다고 지나치도록 지지를 하면 어떻게 될까? 따라서 아무리 좋아하는 것이라도 해서는 안 될 것이라면 좋아하지 않도록 하고 싫어하는 것이라도 필요시에는 좋아하도록 해야 할 것이다. 그렇다면 좋아하는 것을 싫어하도록 하고 싫어하는 것을 좋아하도록 어떻게 해야 할까? 무조건 강요를 하면 역효과가 날 것이다.

사람이 변화하고 좋아하는 것을 개발하고 찾으려면 원칙이 있다.

첫째 책을 통해서 변화한다.

둘째 여행을 통해서 변화한다.

셋째 사람(친구)을 통해서 변화한다.

넷째 취미, 영화, 좋아하는 TV프로그램 등.

하지만 책, 여행, 사람과 취미, 여행, TV도 어떤 것을 보고 누구를 만나느냐에 따라 변화방향이나 정도가 달라질 것이다. 맹모삼천지교(孟母三遷之敎)라는 말이 있다. 맹자의 어머니가 아들을 위해 공동묘지 근처에서 태어나 살았는데 놀 만한 친구가 없던 맹자는 늘 보던 것을 따라 곡(哭)을 하는 등 장사 지내는 놀이를 하며 놀았다. 이 광경을 목격한 맹자의 어머니는 안 되겠다 싶어 시장 근처로 이사를 했는데 이번에는 시장에서 물건을 사고파는 장사꾼 흉내를 내는 것이었다. 맹자의 어머니는 이곳도 아니라고 생각하고 글방(서당)

근처로 이사를 하였다. 그랬더니 맹자가 제사 때 쓰는 기구를 늘어놓고 절하는 법 등 예법에 관한 놀이를 하는 것이었다. 맹자 어머니는 이곳이야말로 아들과 함께 살 곳이라고 생각하고 그곳에 머물러 살았다. 이러한 어머니의 노력으로 맹자는 유가(儒家)의 뛰어난 학자가 되어 아성(亞聖)이라고 불리게 되었으며, 맹자 어머니는 고금에 현모양처(賢母養妻)의 으뜸으로 꼽히게 되었다는 내용이 열녀전(烈女傳)에 전해 내려오고 있다.

또한 KBS 의 '생로병사'의 프로그램을 시청하고는 식습관과 행동방식이 변화했고 싫어하던 운동을 하는가 하면 자가용을 적게 타고 대중교통을 많이 이용하게 되었고 가까운 곳은 걸어서 다니는 것이 습관화되어 당뇨와 비만이 많이 좋아졌다는 일화도 있다. 최근에는 MBN방송에서 하는 "나는 자연인이다" 등 자연과 관련된 TV프로그램을 보고 전원생활을 선호하여 귀농 귀촌하는 사람이 많이 늘었다고 한다.

● 가족이 좋아하는 것을 실현하라
A씨는 어느 듯 인생의 의미를 안다는 지천명(知天命)이라고 하는 50세가 넘었다. 하지만 나이는 50세가 넘었지만 인생이 무엇인지 더 모르겠다. 직장에서는 얼마 남지 않은 정년퇴직과 퇴직 이후에 살아갈 것을 생각하면 앞이 캄캄하고 잠이 오지를 않는다. 퇴직 이후에 아내가 힘을 합쳐도 살아가기가 힘들 것 같은데 최근 들어 더 심해진 아내의 갱년기 우울증으로 앞이 보이지 않는다. 병원에는 꾸준히 다니는 것 같다.

과연 배우자로서 할 일은 무엇일까?

배우자의 입장에서 생각을 해야 할 것이다. 과연 아내에게 현 상황에서 내가 할 일이 무엇이냐고 물어보면 정확히 말을 하기가 어려울 것이다. 따라서 내가 할 일을 찾아야 한다. 우선 아내의 말을 힘이 들고 답답해도 끝까지 경청하여야 한다.

그리고 갱년기 우울증에 대한 공부를 하여야 한다. 예를 든다면 병원에 함께 가서 의사의 말을 듣고 함께 대처하는 방법을 배우고, 갱년기와 우울증에 대한 책을 보고 이미 갱년기나 우울증 경험자의 이야기를 듣고 방향을 설정하여야 한다. 아내가 약을 포기하고 먹지 않을 때는 매우 심각하다는 생각을 하여야 한다. 이때는 자살을 생각하거나 인생을 포기하는 생각을 할 수도 있다. 따라서 약 먹는 시간에는 꼭 약과 물을 갖다가 주면서 약의 효능이라든지, 이 약을 먹고 좋아졌다는 사례를 말하면 힘이 솟을 것이다.

그리고 아내가 지금까지 살아온 지난 세월에 대하여 허무하지 않도록 인정과 우리 가정이 여기까지 온 것은 아내의 역할이 컸다는 것을 논리와 현실적인 이야기를 하고 이를 감사패나 상장을 만들어 생일날이나 의미 있는 날에 온 가족이 모여 수여 함으로써 큰 성과가 있으리라 생각한다.

이와 같은 양식에 '사랑의 감사장' 또는 '사랑하는 아내에게'를 남편이 아내에게 진정한 의미의 마음을 담아 전할 수 있다. 또는 자녀에게 '예쁘고 지혜로운 OO 에게'라고 할 수 있고 자녀가 부모님에게 '자랑스런 부모님상'을 생신이나 기념일에 드릴 수 있다. 평생 생업에 종사를 하다 보면 누구에게 이렇다 할 상장 하나 받지 못하고 살아가는 사람이 많이 있다. 직장이 있는 사람은 직장에서 각종 상장이나 표창장, 감사장 등을 받을 수 있지만 주부로서 남편과 자식을 위해 헌신한 사람들은 어떤 상이든지 받기가 쉽지 않다.

결혼식장에서 신랑과 신부가 양가 집 부모님에게 결혼을 맞아 그동안 키워주시고 사랑해주신 감사의 상장을 축하객 앞에서 드린다면 평생 자녀를 더 사랑하게 되고 양가 사돈간에 더 의미가 돈독해지리라 생각한다.

자녀에게 의미 있는 친구를 맺어주기 위한 "00와 00의 절친 우정상"을 주어 평생 의미 있는 친구가 되도록 해 줄 수도 있다. 또한 남녀관계에서 "사랑의 서약서"를 각자의 사랑스런 마음을 담아 주고 받는다면 어떨까? 상장을 주기 위한 상장용지, 상장케이스 등은 인터넷을 통하여 멋지고 아름다운 것을 얼마든지 쉽게 구입할 수 있다. 상장이나 표창장, 감사장에 관련된 문구는 인터넷에서 인용하여 활용하면 된다. 하지만 다른 사람이 써놓은 것을 인용하는 것보다는 자신의 마음에 있는 것을 생각날 때마다 키워드만 적어 놓았다가 문장으로 만들면 조금 어색하기는 해도 최고의 감동을 줄 수 있다는 생각이 들어간다.

나는 지금 이 순간이 행복하다.
평생 군 생활을 한 나는 대통령 표창과 훈장까지 받았지만 전역하는 날 "자랑스런 아버지 상"을 자녀로부터 받을 때는 이 세상 그 어느 것보다도 소중하고 자랑스럽고 자녀에게 더 잘 해주지 못한 것이 미안했다. 이 모습을 바라본 아내도 가슴이 뿌듯하고 자랑스런 모습이다.

나는 결혼 33주년을 맞이하여 결혼기념 선물을 무엇을 할까 하고 생각을 하다가 나의 진실된 마음을 전하기로 했다. 그래서 혼자 책상 앞에 앉아서 마음에서 우러나오는 것을 글로 담아 준비했다가 결혼기념일 선물로 주었는데 아내는 10년이 넘었는데 지금도 침대 앞에 걸어놓고 쳐다보면서 감사하고 수시로 이야기를 한다.

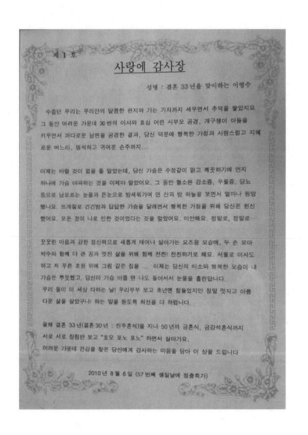

위 하단 내용 중 "호오 포노 포노"는 미국 하와이 원주민의 생활 양식 중에서 치유와 정화를 가져오는 말로써 "미안해요 용서해요 감사해요 사랑해요"를 나타내는 말로써 우리 부부가 평소 늘 실천하고 있다.

사랑에 감사장

성명:결혼33년을 맞이하는 이영수

수줍던 우리는 우리만의 달콤한 편지와 가는 기차까지 세우면서 추억을 쌓았지요. 그 동안 어려운 가운데 30번의 이사와 효심 어린 시부모 공경, 개구쟁이 아들을 키우면서 까다로운 남편을 공경한 결과, 당신 덕분에 행복한 가정과 사랑스럽고 지혜로운 며느리, 명석하고 귀여운 손주까지...

이제는 바랄 것이 없을 줄 알았는데 당신 가슴은 수정같이 맑고 깨끗하기에 먼지 하나에 가슴 아파하는 것을 이제야 알았어요. 그 동안 혈소판 감소증, 우울증, 당뇨 등으로 남모르는 눈물과 뜬 눈으로 밤새워가며 먼 산과 밤하늘을 보면서 얼마나 원망했나요. 뜨개질로 긴긴밤과 가슴을 달래면서 행복한 가정을 위해 당신은 헌신했어요. 모든 것이 나로 인한 것이었다는 것을 알았어요. 미안해요. 정말로, 정말로...

꿋꿋한 마음과 강한 정신력으로 새롭게 태어나 살아가는 모습에, 두 손 모아 박수와 함께 더 큰 꿈과 멋진 삶을 위해 함께 전진! 전진하기로 해요. 서울로 이사도 하고 저 푸른 초원 위에 그림 같은 집을... 이제는 당신의 미소와 행복한 모습이 내 가슴은 뿌듯했고 당신이 가슴 아플 땐 나도 돌아서서 눈물을 흘린답니다.

우리 둘이 이 세상 다하는 날! 우리부부 보고 초년엔 힘들었지만 정말 멋지고 아름다운 삶을 살았구나! 하는 말을 듣도록 최선을 다 하렵니다.

올해 결혼 33년(결혼 30년:진주혼식)을 지나 50년의 금혼식, 금강석혼식까지 서로 서로 장점만 보고 "호오 포노 포노" 하면서 살아가요.

어려운 가운데 건강을 찾은 당신에게 감사하는 마음을 담아 이 상을 드립니다.

2010년 8월6일(57번째 생일날에 정충희가)

나에게 이제는 2명의 아들과 2명의 며느리가 있고 그리고 4명의 손자와 손녀가 있다. 이제 어떻게 보면 나의 가족은 10명이 되었는데 나의 역할도 중요하지만 나를 바라보는 눈이 어떨까 생각해 본다. 내가 군 입대 후 임관 40주년을 맞이하여 자녀로부터 또 하나의 잊지 못할 편지와 함께 상을 받았다.

존경하고 사랑하는 아버지
아버지는 저의 어릴 적 꿈이요 미래입니다
1989년 여름, 아버지가 근무하시는 육군본부의 8각형 본청건물을 보며 크기와 시설에 놀라 감탄하고, 숫용추 계곡에서 아버지와 물장구치고 물고기를 잡고 좋아하던, 13살의 아이가 26년이 지난 지금은 아버지가 근무하시던 육군본부에서 대한민국 육군 장교로 근무하고 있습니다.
2000년 임관 후 첫 부대인 경기도 파주로 이동하는 버스에서 경의선 열차를 보며, 아버지에게 면회 왔다가 만나지 못하고 경의선 기차를 타고 내려가시던 어머니를 잡기 위해 달리던 기차를 세워 결혼까지 하게 되었다고 이야기해주시던 아버지의 기억과, 훈련을 위해 강원도 화천군 사창리 일대에서 낯익은 도로와 건물을 보며, 어릴 적 내가 다니던 초등학교, 우리가족이 살던 아파트, 손이 찢어졌는데 봉합수술이 무섭다고 연병장을 가로질러 도망가던 의무대, 아버지가 땀과 열정으로 지휘하시던 화학대에서 아버지와의 기억이 어제의 일처럼 생각납니다.
저의 짧은 15년 군 생활 동안 여러 지역과 부대를 다니며 떠 올랐던 아버지와 함께 했던 기억이 결국은 1975년 임관하시고 지금까지 걸어오신 아버지의 자랑스러운 발자취였고, 두 아들에게는 무엇보다도 큰 인생교육이었습니다.
항상 "건강해라! 화목해라! 근면해라! 성실해라!"라는 가르침으로 두 아들을 바르게 키우시고 솔선수범으로 보여주신 아버지, 전역하신 후에도 변함없는 열정으로 대학원을 다니시며 학구열을 불태우시고, 매달 10권 이상의 독서와 통기타, 오카리나 배워 공연도 나가시고, 군 생활

동안 짧은 머리스타일에서 머리를 기르시고 파마까지..... 전역 후 제2의 인생을 누구보다도 즐겁게 살아가시는 아버지의 모습은 정말 보기 좋습니다.

어릴 적 아버지의 멋있고 자랑스런 군인의 모습을 보며 저의 꿈을, 미래의 모습을 상상했고, 지금은 열정적인 제2의 인생을 사시는 아버지의 모습이 저의 모습이 될 것이라 상상하게 됩니다.

몇 년 전 "자랑스런 아버지"라는 제목으로 표창장을 드린 적이 있습니다. 임관 40주년을 맞는 올해 수많은 수식어가 있겠지만, 또 하나의 표창장을 드린다면, 군 생활에서도 최고, 가정에서도 최고, 제2의 인생설계도 최고, 아버지로서 최고, 할아버지로서 최고, 언제나 우리에게 최고라는 "최고의 아버지 상"입니다.

항상 존경하고, 사랑합니다. 아버지!

추가로 아들과 며느리로부터 받은 상장들!

그리고 아내로부터 일상생활에서 아내의 가슴속에서 나오는 상을 받을 때마다 나는 내 자신 삶을 돌아보고, 책을 보면서 인생 수양을 한다. 성경에 잠언 16:16 "지혜를 얻는 것이 금을 얻는 것보다 얼마나 나은고 명철을 얻는 것이 은을 얻는 것보다 더욱 나으니라" 생각난다.

● **가족을 갈등관계에서 행복하게 하려면?**

어느 가정이나 직장이든지 구성원 모두는 사랑하는 마음과 힘들어하는 갈등은 공존한다고 할 수 있다. 이 때 진심으로 사랑하는 가족과 직장인과의 관계는 무엇일까? 어느 책에서 보니 이런 글이 있다.

"웃음소리가 나는 집에는 행복이가 들여다보고 고함소리가 나는 집에는 불행이가 들여다본다.

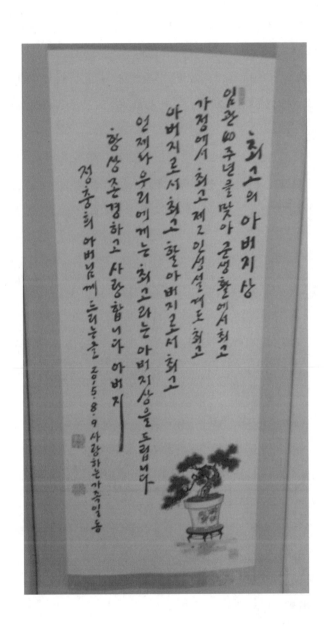

받는 기쁨은 짧고 주는 기쁨은 길다.

가난과 싸워 이기는 사람은 있으나 재물과 싸워 이기는 사람은 없다.

늘 기쁘게 사는 사람은 주는 사람이다.

넘어지지 않고 달리는 사람에게는 박수를 보내지 않지만 넘어졌을 때
다시 일어나 달리는 사람에게는 박수를 보낸다.

누구나 성인이 될 수 있다. 그러나 성인이 될 수 없는 것은 과욕과
아집 때문이다. 돈으로 결혼한 사람은 낮이 즐겁고 육체로 결혼한
사람은 밤이 즐겁고 사랑으로 결혼한 사람은 밤낮이 즐겁다고 하는
말이 있다.

남편의 사랑이 클수록 아내의 소망은 작아지고 아내의 사랑이 클수록
남편의 번뇌는 작아진다는 말도 있다.

부부는 쇠사슬에 묶인 죄인이다. 따라서 부부는 발을 맞춰서
걸어가야 한다. 외간여자는 눈을 즐겁게 하지만 마음을 무겁게 하고,
아내는 마음을 편하게 한다."

모두 좋은 글이고 인생을 살아가는데 지혜로움이라고 할 수 있다.
하지만 이를 얼마나 실천하느냐, 아니면 글을 읽는 것으로
끝나느냐에 따라서 행복한 가정이 될 수도 있고 불행한 가정이 될
수도 있다.

옛 말에 여자의 말을 잘 들으면 웃음소리가 절로 나온다는 말이 있다.
우리가 살아가면서 어떻게 하여야 할까? 방법은 수 없이 많이
있겠지만 한가지만 소개 하기로 한다.

가장인 남편으로서 아내에게 한 달에 한번씩 질문을 한다. "여보!!! 지금 당신의 삶에 있어 10점 만점으로 계산할 때 행복을 점수로 계산한다면 몇 점일까?" 이렇게 질문을 하면 대부분 처음에는 당혹스럽게 생각할 수도 있고 무슨 꿍꿍이 속이 있는 것 아닌가 라고 생각할 수도 있다. 하지만 매달 한번씩 질문을 한다.

행복 점수가 10점 만점에 6점이라고 답을 하면 "무조건 그렇군요. 좋은 점수가 나오지 않은 것은 대부분 나 때문인 것 같네요."라고 말을 한다.

"그러면 행복하다는 6점인 이유는 무엇일까?" 아내는 이런 저런 이유를 말을 할 것이다. "잘 알았어요. 그래도 우리의 어려운 삶 속에서 행복한 일이 몇 가지 있다는 것은 당신의 노력과 애들이 무럭무럭 자라고 있기 때문이라는 생각이 들어가네요"

아내는 말이 없다. ...

."그러면 10점에서 행복하다는 6점을 빼면 4점인데 그 4점은 아쉬움 또는 불행하다는 것으로 해석이 되요. 그 4점에 대해서 말을 해보세요" 아내는 불행하고 불편한 여러 가지 갈등요인을 줄줄이 이야기 한다. 처음에 할 때에는 끝없이 할 것이다. 그러면 지금까지 불편하게 했던 점을 사과하고 "지금까지 말했던 내용을 5가지로 요약을 해보세요."

아내는 부푼 가슴으로 5가지로 요약해서 말을 한다. "당신이 솔직히 말을 해줘서 고맙고 좋아요. 그러면 5가지 중에 2가지는 한 달 이내에 내가 고칠게요. 당신의 많은 지지가 필요할 것 같아요. 1가지는 당신과 함께 가족 회의를 통해서 방안을 만들면 어떨까요. 그리고 2가지는 1주일 정도 좀 더 생각해서 방안을 만들어 가면 하는데 당신 생각은 어때요?"

----------어느덧 1달이 지났다.------------

한달 후 아내 또는 전 가족이 좋아하는 분위기 있는 곳에서 다시 점검을 한다. 지난 한 달간 약속한 것이 지켜졌는지 아내가 채점을 하고 보완책을 만들고 다시 현시점에서 행복지수가 10점 만점에 몇 점인지, 아쉬움은 무엇인지 말을 하고 다시 실천계획을 작성하고 1달 후를 다시 계획한다.

우리 집의 행복점수는?

년   월   일

구 분		행 복	아 쉬 움
점수(10점 만점)			
이유		- - - -	- - - -
실천 사항	아빠		
	엄마		
	자녀1		
	자녀2		

이런 것이 너무 불편하다고 생각하면 간단히 하는 방법이 있다. 가끔 생각날 때마다 행복지수는 몇 점인가 질문하고 아쉬운 점수에 대한 이유를 파악한 뒤에 시정해 나가는 것이다. 그러면 언제부터는 아내로부터 또는 자녀로부터 나에 행복점수는 몇 점이고 아쉬운 점수는 무엇이고 어떻게 해야 남편이 또는 아빠가 행복해질 수 있는지 도움을 줄 것이다.

라. 나와 가족의 장점은 무엇일까?

나는 왜 이럴까?

내 이름은 왜 'ㅌ'자가 안 들어 갔을까? 외국의 옛 성인들의 이름에는 'ㅌ'가 들어간 이름이 많다. 너 자신을 알라고 했던 소크라테스, 그리스 철학자였던 플라톤과 아리스토텔레스, 과학자 아인슈타인 등이 있고, 내 이름 세자 속에 'ㅌ'자가 들어갔으면 어떻게 되었을까? 또 생각해보면 나는 왜 재벌 집에 태어나지 않았을까? 재벌 집에서 태어났으면 취직공부와 고민을 하지 않아도 될 것이다. 그리고 박지성이나 김연아, 박태환이 처럼 뛰어난 재능도 없고 나는 뭐야? 아이 답답해... 춘추 전국시대의 학자 '공자와 맹자, 노자' 등 물론 '자'는 선생님이라는 뜻도 있다고는 하지만 어쨌든 내 이름 세자에는 'ㅌ'자도 없고 '자'도 없어서 나는 이렇게 살고 있는 것일까? 그러면 공자, 맹자, 노자 보다 더 높은 이름은 뭘까? '놀자'가 아닐까? 그래 맞아... 공부도 잘 안되고 직장에서 인정도 받지 못하고, 하는 사업도 잘 안되고 하니 지금부터 실컷 "놀아보자"

그러면 어떻게 놀 것인가?

아무 것도 하지 않고 먹고 자고 TV 리모컨만 잡고 있으면 될까?

아마도 며칠만 아무것도 하지 않고 있으면 답답해서 살 수가 없을 것이다. 이 때 꼭 할 것이 있다.

하고 싶은 것과 놀고 싶은 것 등 뭔가 생각나는 것을 종이에 적어보는 것이다. A4지를 책상 위, 냉장고 문 등 내 눈에 항상 보이는 곳에 붙인다. 다른 사람이 보는 것을 싫어하면 잘 보이지 않는 곳에 붙이고 수첩에는 조그만 포스트 잇 종이를 붙여서 놀면서 하고 싶은 일이 생각날 때마다 적어놓는다. 약1달~2달 정도 적어보면 거의 적었다고 할 수 있다. 이 때 유명인, 내가 좋아하는 사람, 존경하는 사람 등이 무엇을 했는지, 어릴 때부터 어떻게 살아왔는지 책도 보고 영화도 보고 현장도 가보고 인물 박물관에도 가보면 A4지에 새로운 아이디어가 많이 떠오를 것이다. 그리고 내가 좋아하거나 내가 되고 싶은 사람에 대해서 많은 사람과 대화를 해보아도 좋을 것이다.

A4지에 적어놓은 아이디어를 정리하고 실천하자

그 동안 A4지에 적어 놓은 것을 보고 정리를 한다. 중복되는 것은 하나만 남기고 지운다. 대신 몇 회를 썼는가 적어놓고… 의미가 비슷한 것은 없애버리고, 이렇게 해서 몇 개의 문장과 핵심단어를 찾아낸다. 찾아낸 것을 보고 내가 생각한 "놀자"와 잘 맞는지 보고 실천하면 된다. 그런데 놀 때 어설프게 놀아서는 안 된다. 프로답게 최선을 다하는 것이다. 박지성 프로 축구선수처럼 축구를 위해 세부적으로 일기도 쓰고 나는 왜 프로처럼 잘 놀 수 없을까? 하고 미처 버릴 정도로 몰입하여야 한다.

실컷 놀다 보면 프로가 되고 일거리가 되고 돈이 되고 행복해진다.

사례1. 어느 고등학생은 공부는 하지 않고 매일 게임만 하다가 아버지가 인터넷 선을 자르자 자살을 했는데 다행이 깨어났다. 부모로써 막막했다. 이후 부모가 아들한테 컴퓨터에 대한 기본을 배운 후 게임까지 배우고 나니까 부모와 대화도 되고 아들은 삶의 의욕이 생겼다. 부모는 그 때부터 아들이 하는 일에 지지(支持)와 칭찬을 하고 아들이 말을 할 때 진심으로 경청을 했다. 어느덧 아들은 전문대학 컴퓨터 게임관련 학과를 졸업하고 관련회사에 다니면서 게임에 더욱 몰입을 한 결과 야간에 관련 학과 대학까지 졸업하고 지금은 30대 중반 나이에 컴퓨터 게임 프로그램 제작 회사 사장이 되었다.

사례2. 40대 나이에 회사에 다니는 B씨는 산을 너무 좋아했다. 퇴근만 하면 동네 뒷산에 올라가고 주말을 위해 등산장비를 준비하고 주말이 되면 전국 곳곳에 산에 등산을 다니는 것이다. 회사 출근이 직업인지, 아니면 등산이 직업인지 알 수가 없을 정도로 산을 좋아하고 등산에 미쳤다고 할 정도로 산을 좋아했다. 직장에서도 A씨가 산을 좋아한다는 것은 이미 다 알려져 있고 그래서 주말에는 특근 등 근무를 하지 않고 있다. 그러던 어느 날 회사의 정리 해고시 퇴직 통보를 받았다. 그는 잘 되었다 싶어 그 때부터 더욱 등산에만 몰두했다. 아내는 걱정이다. 애들은 커가는데 무엇을 먹고 저런 남편과 함께 살아갈 수 있을지 걱정이다.

어느 날 등산을 다녀온 남편이 등산을 함께 가자고 하여 갔는데 결국은 한적하고 조용한 시골학교 근처에 집과 땅을 마련하였다. 남편은 좋아하는 산과 함께 특용작물을 재배하고 있고, 아내는 학교 교직을 결혼 후 이런 저런 이유로 퇴직을 했는데 옆에 있는 학교에서 교사를 채용한다는 것을 알고 출근을 하게 되었고 아토피로 고생이 심했던 아이는 어느덧 흔적도 없이 치료가 되었다. 도심에서 남편 혼자 직장에 다닐 때보다 경제적으로 더 좋아졌고 아이의 아토피도 치료가 되고 집안 분위기도 항상 생동감이 있다. 더구나 생각보다 남편이 지역주민과 잘 어울리고 있고, 지역 농업기술센터로부터 밭 작물 재배에 대하여 지도를 받은 결과 수입이 좋고 농작물을 지인들에게 보내어 관계유지도 되고 있으며 도로망이 좋아 옛 친구들과 종종 만나는데 불편함이 없다.

마. 아내와의 생활

평생 군 생활하면서 비교적 편한 생활을 하던 나는 은퇴 후 부부간에 행복을 어떻게 기준을 삼아야 할까?

아내의 행동을 보고 나는 항상 그 행동을 장점으로 생각하고 그 장점을 "어떻게 크게 살릴 것인가?"를 많이 생각하던 나에게 아내의 많은 장점이 보인다. ①어느 날 식사 후 반드시 양치질을 하는 나에게 치약이 묻은 칫솔을 말 없이 계속 갖다 주었다. 나는 그 이후 항상 감사했고 나도 칫솔을 갖다 주는 등 내가 아내에게 할 것이 무엇이 있는가 생각하게 되었다.

②부부간에도 돈을 빌려가면 액수가 크든 작든지 관계없이 반드시 되돌려 주는 아내에게 많은 것을 느끼고 더욱 아내를 신뢰하게 되었다.

③아내의 본업(가정주부이면서 집안에 어른)에 대하여 조금도 흔들림 없이 최선을 다하는 아내의 모습에 감사할 따름이다. 아내는 집안 정리정돈과 깨끗한 관리는 "군에서 내무검사 준비 끝" 상태보다도 더 잘 한다. 집안에 각종 대소사, 자녀의 생일, 결혼기념일 등에 대하여 빈틈

없이 챙기는 모범적인 모습에 아이들이 배운다. 항상 깨끗한 집에서 살면서 청결한 음식을 먹는 나는 행복한 남자가 아닐까? 아내가 만들어준 음식은 세상 그 무엇보다도(식당의 음식, 마트에서 구입한 음식 등)깨끗하다는 확신이 있기 때문이다. 나는 지인들에게 가끔씩 말한다. 나의 아내는 40년 넘게 살면서 3가지를 했다고~~~

첫째는 가정주부로써 아들 낳아 기르면서 살림에 최선을 했고
둘째는 꽃을 기르면서 외롭고 힘들 때는 꽃과 대화를 하면서 살아왔고
셋째는 아이들 교육관련 10년 이상 떨어져 살고, 내가 늦게 퇴근하고, 훈련을 갔을 때는 긴긴밤을 뜨개질하여 옷을 짜서 입히고 작은 소품을 짜서 선물하고 특히 손주들 돌 때는 뜨개로 동전지갑과 수세미(미니스커트)를 손님들에게 주기 위해서 1달 이상 준비하는 것을 보았다.

④아내의 시부모에 대한 효심이다. 시부모님에 대한 모든 일은 항상 그 누구에게나 자랑을 한다. 올바른 가치관과 자녀에 대한 가정교육이 훌륭하셨고 결혼 후 어려울 때 쌀, 참기름 등 모든 것을 보내 주셨다고 늘 자랑이다. 시부모님에 관한 일을 아무리 생각을 해도 나쁜 기억이 없다고 한다. 무슨 일이 있을 때마다 시어머니께서는 빙그레 웃고는 아무 말씀이 없었다고 오늘도 이야기를 한다. 이외에도 하고 픈 말은 너무도 많은데 이만 줄인다.

행복한 부부가 불러주는 "부부"노래가 생각난다.

부 부

정하나로 살아온 세월 꿈같이 흘러간 지금
당신의 곱던 얼굴 고운 눈매엔

어느새 주름이 늘고 돌아보면 굽이 굽이 넘던 고갯길
당신이 내게 있어 등불이었고

기쁠 때나 슬플 때나 함께 하면서
이 못난 사람 위해 정성을 바친
여보 당신에게 하고픈 말은
사랑합니다 사랑합니다 그 한마디 뿐이라오

이 세상에 오직 한 사람   당신을 사랑하면서
살아온 지난날이 행복했어요

아무런 후회 없어요 당신 위해 자식 위해
가는 이 길이 여자의 숙명이요 운명인 것을

좋은 일도 궂은일도 함께 하면서
당신의 그림자로 행복합니다
여보 당신에게 하고픈 말은
사랑합니다 사랑합니다 당신만을 사랑합니다

*부부 노래는 나의 아내가 나에게 불러주는 18번 곡이다

7. 행복의 단어 '고수'란 무엇일까?

'고수'란 무엇일까? 약방에 감초라는 말이 있다.

고수가 무엇인지 알고 고수같이 살면 행복은 자연스럽게 찾아온다고 생각한다. *(각주 네이버 지식백과)*

'고수'는 판소리에서 명창 즉 소리꾼 옆에서 북이나 장구를 치면서 장단을 맞춰주는 사람을 고수라고 한다. '일 고수 이 명창'이란 말이 있는데 '판소리에 있어서 첫째는 고수요, 둘째는 명창이다'라고 한다. 그만큼 고수의 역할이 중요하다는 것이다.

부부가 살면서 나의 배우자를 명창으로 모시고 나는 고수가 된다면 어떨까?

고수는 소리꾼 즉 내 배우자가 소리를 할 때 소리를 따라가는 것이 아니라 반대로 북 장단으로 소리의 박자, 속도, 강약 등을 이끌어 주는 중요한 역할을 하는 것이다. 그리고 추임새 즉 배우자가 하는 모습을 보고 춤을 추듯이 흥을 돋구기도 하고 때로는 배우자의 상대역이 되기도 하여야 한다.

또한 배우자의 삶이 힘들지 않도록 추임새를 넣어 분위기를 고조시키는 역할을 한다 예를 들어 "그렇지" "얼~쑤" "절~쑤"라고 하면 된다.

판소리는 소리를 광대가 혼자 부르는 것 같으나 고수와 잘 어우러져야 한다.

마찬가지로 부부가 살아가면서 한 사람은 소리꾼, 한 사람은 고수역할을 하면 어떨까?

또한 가급적 나의 배우자에게 소리꾼 즉 명창이 되도록 하고 내 자신은 고수로써 역할을 할 때 행복한 가정의 기수 역할을 한다고 할 수 있다.

명창이 소리를 하고 고수가 분위기를 고조시킬 때 관중들은 고수보다는 명창을 보고 큰 박수를 친다. 그 때 고수는 자신의 역할을 내 세우지 말고 명창을 향하여 관중처럼 박수를 친다.

우리의 삶에서 관중은 우리 부부가 살아가는 모습을 바라보면서 응원하는 양가 집의 부모님과 가족, 친구들과 같다고 할 수 있다. 고수는 명창이 노래할 때 명창의 호흡속도와 소리 크기에 맞추어서 인생을 살아간다면 어떨까?
만일 집에서 내가 명창 노릇을 하면서 살아간다면 그 때부터는 집안분위기가 나빠진다.

나는 고수처럼 살아가려고 노력은 하지만 잘 되지가 않는다. 하지만 노력을 하니까 과거보다는 점점 좋아지는 것 같다.
큰 아들이 귀엽고 예쁜 여자 친구와 함께 와서 결혼을 하겠다고 한다. 대위계급장을 달고 군 생활을 하고 있는 아들을 생각하면서 여러 가지 조건부 승낙을 했다. 얼마 후에 아들은 육군 포병학교 고등군사반 교육을 받으러 가야 하는데 교육받는 동안에는 집에도 오지 말고 반드시 교육성적이 "상"을 받아야 하고 예비 며느리에게 면회도 가지 말라고 했다. 그래야 결혼을 시켜 주겠다고 했다. 장기적으로 군 생활하는 군인에게는 고등군사반 교육 성적이 나쁘면 소령진급도 되지 않는다는 것을 잘 알고 있기 때문에 나로서는 꼭 필요한 요구였던 것이다. 결국 교육을 받는 동안 약속을 지키면서 교육 성적이 아주 우수한 성적으로 졸업한 성적표를 들고 왔다. 내가 불필요한 걱정을 너무 많이 한 것 같아 미안한 생각도 들고 한편으로는 잘 한 것 같기도 하다.

그 후에 큰 아들은 결혼을 하였고 첫 손녀 혜령이가 태어났다. 나에게도 손녀가 있다는 것만 생각해도 행복했고 아들만 2명을 키운 나에게는 손녀가 있다는 것만 해도 집안 분위기가 새로웠다. 그리고 다음해에는 우리 집안의 대를 이어준다는 손자 현진이가 태어났다. 며느리가 "아버님!!! 손녀에 이어서 손자를 안아보세요"라고 했을 때 우리 집에 새로운 행복의 문이 열리고 있다는 생각이 들었다.

귀여움을 받으면서 자라는 손자, 손녀에게 내가 할 일은 무엇일까? 내가 할 일은 별로 없다. 요즈음 아이들에게 엄마는 여러 명이 있다는 말이 있다. 낳아준 엄마, 아빠가 엄마 역할을 잘 하고 이모와 외할머니가 엄마 역할을 하고 친할머니도 엄마 역할을 한다고 하니 그 사이에서 할아버지로써 할 일은 별로 없을 것 같았다. 그래서 나는 고수 역할만 하기로 했다. 아이들이 하려고 하는 것에 대하여 장단만 맞추어 주니까 아이들이 점점 성장하면서 할아버지만 좋아한다. 우리 집에 오면 엄마나 아빠에게 관심도 없이 두 손주가 나하고만 놀자고 한다. 초등학교 입학하기 전 언젠가는 손주 2명이 서로 자신하고만 놀자고 하여 돌아가면서 놀아주니까 "할아버지가 한 분 더 있었으면 좋겠어요"라고 2명이 말을 같이 한 적도 있다. 나는 손주가 커가면서 아이와 엄마 사이, 꿈에 관한 책 등을 보면서 아이들에 심리와 놀이에 대하여 연구도 했다.

제주에 살고 있을 때 제주에 와서 더운 여름 나의 생일을 맞이하여 혜령이가 할아버지 생일선물을 준비했다고 한다. 세면대야에 얼음을 넣어 시원한 물에 발을 담그라고 한 다음 고사리 같은 어린 손으로 발을 깨끗이 씻어준 다음 칫솔을 들고 와서 직접 양치질을 해주고 물까지 입에 넣어주면서 우물 우물 하라고 한다. 어디서 배웠는지 아니면 누가 시켰는지 물어보고 싶었다.

현진이는 할아버지가 너무도 좋다고 나의 얼굴을 혀로 키스하듯 해주고 집에만 오면 함께 목욕을 하자고 한다. 특히 월풀욕조에 가서 목욕을 할 때에는 문을 잠그고 거품 비누를 욕조에 가득 채우고 손자와 함께 좁은 욕조에서 오랜 시간 이런 저런 이야기를 하면서 목욕을 했다. 목욕 후에는 내가 하지 않아도 고사리 같은 어린 남자의 손으로 욕실을 모두 씻어내고 닦아내는 모습에 감탄을 하지 않을 수 없다. 누구한테 배웠나 아니면 누가 시켰냐고 하니까 그냥 하는 것이라고 한다. 목욕을 하고 나면 모두 할아버지와 손자 사이를 부러워한다. 이와 같은 추억은 영원히 잊을 수가 없고 손주가 있다는 것이 자랑스럽기도 하지만 나는 손주에게 해준 것도 없는데 나에게 이렇게 큰 행복을 준다.

작은 아들이 지혜롭고 예쁜 여자 친구와 결혼 했을 때 며느리가 신혼여행을 함께 가자고 몇 번씩 말을 했는데 나에 생각 잘 못으로 가지 않는 것이 항상 후회가 된다. 함께 가자고 했을 때 우리 부부는 여러 가지 생각을 했는데 신혼여행에 시부모가 함께 간다는 것은 고마운 일이지만 일생에 한번 신혼여행에 우리가 가면 분위기를 깰 것 같은 생각이 들어갔다. 하지만 세월이 지나고 보니 신혼여행을 우리와 함께 가자는 것이 효심 어린 마음이었다는 것을 알게 되니 미안하기도 하고 고맙고 후회가 되기도 한다.

큰 손자와 손녀가 어는 정도 커 가면서 유치원에 가고 초등학교에 가면서 우리와 점점 멀어지게 된다는 느낌이 들었다. 하지만 어쩔 수 없는 일이다. 인생 삶의 주기를 보았을 때 당연한 일로 받아 들이 면서도 때로는 섭섭할 때가 생긴다.

하지만 우리 부부에게는 정말 행복이 넘치는 사주가 있는 것 같다. 작은 아들이 기다리던 손자를 나의 품에 안겨주었다. 의진이를 나의 품에 안겨주는 며느리에게 고마웠고 따뜻하고 평화로우면서 의젓한 손자의 모습을 볼 때 행복했다. 의진이가 4살 정도 되었을 때 제주에서 대전 작은 아들 집으로 갔다. 저녁을 먹고 난 후에 의진이는 나의 손을 잡고 놀이방으로 가서 "할아버지 책 읽어 드릴께요"라고 한다. 책장에 많은 책이 나란히 정리되어 있는데 꽂혀 있는 책을 보면서 "코끼리 이야기 해 드릴께요"라고 하면서 책을 꺼내서 읽는 것처럼 이야기를 한다. 한글도 모르는 의진이가 유아원에서 듣고 하는 말인 줄 알았는데 얼마가 지난 후에 아들에게서 연락이 왔다. 아들 부부도 몰랐는데 의진이가 유치원에서 선생님도 모르는 사이에 한글을 다 배웠다는 것이다. 우리 모두 깜짝 놀랐고 천재(天才) 손자를 둔 기분에 어떻게 잘 키워야 할까 생각하고 또 생각해 본다.

그리고 우리 집에 왔을 때 의진이가 태권도 학원을 다니고 있는데 유급자 과정 태극과 팔괘만 배웠는데 형들이 하는 것을 보고 유단자 과정인 고려 1장을 해 보겠다고 한다. 하는 것을 보니 너무도 동작이 정확하고 힘이 있어 보인다. 얼마 후 대전에서 어린이 태권도 대회에 가서 은메달을 받았다고 한다.

태권도는 고대 국가의 제천 행사에서 신체 단련의 하나로 행하던 무예에서 기원하는 것으로 생각이 되는데 삼국 시대에 택견, 수박(手搏)으로 불리면서 발전되어 왔다.

말을 못했지만 작은 아들에게 의진이 한 명만 있는 것보다는 한 명의 손주가 더 있으면 좋겠다는 생각을 우리 부부는 많이 했고 기다렸다. 요즈음 자녀들이 결혼만 해도 행복해 하는 시대에 살고 있으면서 너무 과한 욕심이었을까?

그러던 어느 날 임신했다는 소식을 들었고 형진이가 태어났다. 달려가서 신생아실에 있는 형진이에 모습은 골격이 크고 남자다웠고 4명의 손주를 둔 나는 국가시책에 적극 동참한 것은 물론 나의 부모님과 조상님께 할 일을 다 한 것 같았다. 형진이가 커 가면서 지금까지 못 느꼈던 새로운 정감이 간다. 형진이는 상황에 너무도 잘 적응을 한다. 전화를 하면 "할아버지!!! 할아버지!!!"만 외쳐대고 집에 오면 어린 나이에도 나하고 있으면 엄마와 아빠를 찾지도 않을뿐더러 집에도 가지 않고 할아버지 집에서 살겠다고 한다. 요즈음에는 형진이와 의진이가 할아버지와 할머니 사이에서 잠을 잔다고 엄마 아빠 방에는 가지도 않는다. 잠을 자다가 손자를 꼭 껴안으면 의진이와 형진이도 잠결에 나를 꼭 껴안아 준다. 잠에서 깨어 난 후에도 우리는 손자와 이불 속에서 숨바꼭질을 한다. 이보다 더 따듯하고 더 행복이 있을까 생각해 본다.
이러한 손자를 누가 낳아 주었을까 생각해본다.
오늘도 나는 명창이 되는 것보다는 어떻게 하면 고수의 노릇을 잘 하면서 남은 인생을 살아 갈 수 있을까 생각해 본다.

할아버지가 책을 쓴다고 하니까 그림 2점을 초등학교 1학년 의진이가 그려서 보내왔다. 매우 의미가 있어서 책 표지와 책 속에 넣었다.

PART - IV
힐링으로 행복 찾기

1. 제주에서 "즐기자"

가. 새로운 꿈을 키우면서 즐기자

'제주'라는 단어를 생각하면 무엇이 떠오를까?

사람마다 차이는 있겠지만 무언가 설레고 가보고 싶고, 일정한 기간 동안 살아보고 싶은 곳이 아닐까 생각한다. 그 동안 여행으로 2번 가본적은 있지만 살아보지는 않았던 제주에 가서 살자고 결정했을 때부터 우리 부부는 가슴이 두근두근 했다.

지인이라고는 아무도 없는 곳에 가서 무엇을 준비하고 어떻게 살아야 할까?

제주에 가서 얼마 동안이나 살아야 할까? 등등 설레는 만큼 걱정도 되었다. 그래서 우리는 결정을 했다. 제주에 가서 "즐기자"라는 마음으로 가고 즐길 수 없을 때에는 언제든지 다시 육지로 오자고 했다.

그렇게 마음을 먹으니까 너무도 편했다.

나는 전역 후에 행동이 자유로웠고 아내는 이런 저런 질병으로 인하여 병원에서 퇴원 후 통원치료를 하던 시기였다. 병원에 가서 의사와 상담을 하니까 제주에도 대학병원을 비롯하여 큰 병원도 있고 필요시에는 육지에 바로 올 수 있는 곳이고 특히 바다가 가까이 있고 야자수가 있는 제주에서 살면 건강에 좋을 수 있다고 조언을 한다.

제주에 가서 사용할 이런 저런 물건도 준비하고 인터넷과 책을 사서 제주에 대하여 공부를 하는 순간순간 행복했다.

드디어 아침 일찍 승용차에 준비해온 짐을 가득 싣고 장흥까지 여행가는 기분으로 가서 예약된 배에 올랐다.

나의 인생 처음으로 1등석으로 표를 예매하여 찾아가니까 입구에 1등석 출입을 통제하는 사람이 있고 제일 높은 층에 바다 전망이 너무도 좋고 2인용 침대, 샤워실, tv, 커피세트 등이 깨끗이 진열되어 있다. 우리는 순간 더 이상의 행복은 없다고 생각했다.

일반실에 가니까 좁은 장소에 많은 사람들이 타고 있었는데 나도 지금까지 이렇게 일반실을 이용했고 앞으로도 일반실을 이용할 것이다.

건강이 좋지 않아서 얼마 전 20일 넘게 입원했던 아내는 이 순간은 전혀 아픔을 모르고 행복에 행복한 순간이었다.

1997년 제임스 카메룬의 타이타닉 영화가 생각난다. 영국의 상류층 집안이 몰락해가는 가문의 딸 로즈와 재벌 사업가 칼과 마음에 없는 약혼식 후에 타이타닉 여행을 하게 된다. 타이타닉 배에서 고아이면서 가난했던 잭 도슨과 만나서 새로운 사랑과 행복을 나누는 장면이 생각이 난다.

늦은 밤 서귀포 중문에 도착한 우리는 짐을 옮기고 정리한 후 제주 서귀포에서 첫날밤을 보냈다. 아침에 일어나서 창문을 바라보니 야자수 나무와 함께 시원한 서귀포 앞바다가 보이고 멀리 마라도와 가파도 섬이 보인다. 이와 같이 멋진 곳에서 살 것을 생각하니 마음이 설렌다. 우리부부는 제주에서 앞으로의 삶은 '새로운 꿈을 키우면서 즐기자'로 정하고 즐길 수 없을 때가 오면 그 때 바로 제주를 떠나 육지로 가자고 다짐을 했다.

나. 제주라는 땅은 어떤 곳일까?

● **서**귀포의 올레길을 걷다가 교장선생님까지 하고 퇴직한 60대 부부를 만나서 함께 걷다가 내가 질문을 했다.

질문 : 제주도를 한마디로 표현하면 무엇일까요?

답변(부인) : (한참을 생각하다가 말을 한다) 자유입니다.

질문 : 네!!! 사모님께서 '자유'라고 하셨는데 어떤 의미가 있습니까?

답변(부인) : 제주도에 오니까 날아다니는 새가 된 것 같아요.

결혼 후 40년을 모시던 부모님으로부터 해방되었고

시집식구들의 이런 저런 일들로부터 해방되었고

아들과 딸 손주 관련 모든 것에서 해방되었고

친구들과의 관계, 때론 애경사로부터 해방되었고

부엌과 집안일로부터 해방되었고~~~

또 있어요.

친정으로부터도 해방되었어요.

질문 : 지금은 어떤 마음이세요?

답변(부인) : 지금은 여고 졸업반 학생 같아요. 서귀포에 6개월 머물다가 가려고 와서 한 달이 지났는데 새처럼 날아다니면서 새로운 멋진 꿈을 설계하고 훨훨 날아다니는 인생을 살아가야겠어요.

그렇게 되기 위해서 옆에 계신 동반자(남편)에게 무엇을 요구하시겠습니까?

● 제주는 정말 아름다운 땅이라고 할 수도 있고 척박하여 사람이 살기도 매우 어려운 땅이라고 할 수도 있다.

과거에는 먹고 살기도 어려운 시기를 생각해보면 바람은 세차고 태풍이 올라올 때는 한반도의 최전방이다. 땅에는 흙이 조금 있고 대부분 돌로 되어있다. 제주도의 모든 돌을 빼낸다면 제주도는 바다에 가라앉을 것 같다. 땅을 파낸 후 나무를 심고 나면 옆자리에 흙이 쌓여있어야 하는데 오히려 흙이 부족하다. 왜 그럴까? 나무를 심기 위해서 땅을 파내다 보면 돌이 많아서 돌을 빼내고 나면 메울 흙이 없다. 그러니 돌에 묻은 흙을 털어서 사용하고 먼데 가서 흙을 옮겨와야 한다. 자원도 없고 바다 바람은 세차고...

제주도 조상은 어떻게 살았을까? 관광객도 없고 교통도 나쁘니 서귀포에서 제주시에 가는 것이 서울에서 부산가는 것보다 더 멀리 있는 것처럼 느꼈다고 한다. 차량도 없고 중간에 한라산이라는 큰 장애물이 있었으니까?

제주에는 특이한 것이 많다. 감귤 꽃이 필 때는 꽃 향기가 꿀 냄새와 비슷한데 매우 진하고 바람이 불면 집안까지 들어온다.

또한 여름에 먹는다는 하귤이 있는데 하귤은 3대가 같이 산다. 육지에 모든 과일은 겨울이 오면 모두 떨어지는데 하귤은 따지를 않으면 3대가 함께 달려있고 꽃이 피는 것을 보면 제주사람이 장수하면서 한 집안에서 오순도순 모여 사는 것과 같은 것 같다.

● 제주와 육지 차이는 무엇일까?

차이는 보는 각도에 따라서 다르겠지만 은퇴 후 제주에 온 나에게 보이는 차이점은

하귤이 달린 모습

첫째 자연경관이 다르다. 육지에서 볼 수 없는 야자수와 귤나무, 세계 7대 자연경관이라고 할 수 있는 아름다운 땅. 하늘이 내려준 정원이라고 할 수 있다. .

세계7대 자연경관은
1. 대한민국의 제주도
2. 브라질의 아마존
3. 베트남의 하롱베이
4. 아르헨티나의 이구아수 폭포
5. 인도네시아의 코모도 국립공원
6. 필리핀의 프에르토 피린세사 지하강
7. 남아프리카 공화국의 테이블 마운틴이라고 하는데
그 중 한곳에서 살아본다는 것은 매우 영광스러운 일이다.

둘째는 야외 취미생활이 가능하다. 서울에서는 좁은 공간에서 많은 학생들이 취미생활을 하고 어른들은 좁은 주민자치센터에서 생활을 하고 있지 않은가? 제주 이곳은 해변가 올레길을 걷고 넓은 곳에서 승마를 하고 국궁을 하고 바다에서 낚시를 하고....

셋째 생활 패턴이 다르다. 서울에서는 밤늦게 까지 누구를 만나야 하고 회의에 참석하고 학교나 학원에 갔던 자녀를 데리러 가거나 기다려야 한다. 하지만 서귀포에서는 저녁을 먹고 나면 할 일이 없다. 초저녁부터 매일 술과 함께하는 것도 못할 일이고 저녁을 먹고 TV만 볼 수도 없는 일이다.

아름다운 제주에서 지루한(?)밤을 멋지게 보내는 방법은 무엇일까?

① 중문관광단지에서 즐기는 것이다. 달빛걷기, 바다 바람과 함께 카오카오 등에서 밤마다 하는 생음악 즐기기, 하얏트 호텔과 신라/롯데 호텔에 있는 걷기 코스는 육지나 외국에서 즐기기 어려운 코스다. 이곳을 밤에 걸으면 누구든지 20대 연인 사이로 변한다.

② 한라산 중턱에 올라가는 것이다. 한라산 1,100고지 휴게소에서 차 한잔 하면서 대화를 하면 최고의 행복한 순간이 될 것이다. 도시에서는 불빛에 의거 별도 잘 보이지 않지만 한라산에서 중문방향으로 내려가다 보면 서귀포 천문과학관에서 별을 보면 초등학생이 된 기분이다.

③ 독서하는 것이다. 서귀포는 인구에 비하여 도서관이 많은 편이다. 그 동안 바쁜 직장일로 보지 못하고 관심은 있었으나 즐기지 못했던 분야에 대하여 부부가 책을 보면서 행복을 찾고 부부의 공동 꿈을 찾는 것이다.

④ 부부가 함께 취미생활을 하면 어떨까? 예를 들어 TV보기(연속극, 외국여행기, 건강프로그램 등), 건강 차에 대하여 취미와 음미하는 것

이다.

⑤인생을 돌아보면서 회고록도 쓰고 멀리서 친구에게 메일도 보내고, 자녀와 여유 있는 SNS하기

⑥기타 등등 참으로 할 일이 많다.

다. 취미생활로 새로운 행복한 삶을~~~

34년이라고 하는 긴 시간 동안 직장생활로 인하여 하고 싶은 것도 못했을 뿐더러 나의 가슴속에 무엇을 하고 싶은지 나 자신도 잘 모르고 살았다. 군 생활하는 동안 축구를 많이 한다. 나는 축구 하는 것이 정말 싫었다. 군에 와서 유격훈련과 기초 공수훈련을 받을 때 낙하훈련 중 접지를 잘 못하여 무릎에 이상이 왔는데 치료 받을 시기를 놓쳐서 더 이상 치료가 되지를 않는다. 그래서 축구를 하다 보면 무릎이 반 탈골이 되어 아무도 모르는 고통이 심했다. 제주에서는 육지에서 많이 했던 골프는 멀리하고 이제는 나의 건강과 정말 하고 싶은 취미를 하고 싶었다.

맨 처음 시작한 것이 국궁(國弓)이다.

국궁은 우리나라 고유의 활쏘기 운동으로 약 2000년의 역사를 가지고 있다. 활의 종류는 길이에 따라 장궁과 단궁으로 구별되며, 우리나라는 단궁을 사용하였다. 우리나라의 활은 그 정교하고 미려함이 다른 나라의 활에 비할 수 없을 만큼 우수했다. 국궁은 서 있는 자세에서 사대로부터 145m지점에 15° 경사로 세워진 과녁을 향해서 활로 화살을 날려 그 적중 수나 득점을 겨루는 경기다. 통상 5발(5시)을 날려서 득점을 겨룬다. 과녁은 본래는 곰이나 사슴의 가죽으로 만들었으나 요즈음에는 목판에 페인트로 과녁을 만들어 사용하고 있다. 국궁은 주로 노인층에서만 해 왔으나 양궁의 보급과 더불어 현재는 청소년들에게도 정서를 위한 레저 스포츠로 각광받고 있다.

과녁이 없이 그냥 허공에 화살을 날리면 목적이 없어진다. 하지만 과녁이 있으면 목적이 분명하고 꿈이 생기고 열정이 생긴다. 서귀포 산방산 옆에 있는 산방정에 갔는데 사두(국궁 모임의 회장)를 중심으로 회원으로 영입 여부를 결정한 후에 영입된 회원에게는 기본 회비만 받고 모든 것을 무료로 끝없이 가르쳐주고 안내를 해준다. 이렇게 한결과 접장(5중 5시)까지 하고 또 다른 취미를 위해 달려갔다.

다음은 올레길을 걷기 시작했다.

처음 시작한 것이 마을 길을 걷기 시작했다. 건강관련 거의 걷지를 못하던 아내와 함께 제주에 와서 야자수와 바닷물이 출렁이는 길을 걷는다는 것은 육지에서 상상도 못했던 일이었다. 제주에 온지 1년 가까이 되었을 때 유채꽃 걷기대회가 있어서 신청을 했다.

처음에 10km에 도전하여 성공하고 나중에는 유채꽃 20km 걷기에 도전하여 성공하고 인증서와 메달을 받아 든 아내는 완전히 건강을 되찾은 기분은 그 어느 것보다도 소중했다. 그 이후에 우리는 끝없이 걷기에 도전하여 올레길은 물론 마라도, 가파도, 추자도, 우도까지 걷고 368개 있다는 오름도 많이 올라가서 지금까지 살아온 인생을 돌아보며 행복했다. 그렇게 살다 보니 건강은 저절로 찾아왔다.

언제인가 제주에 친구들과 여행 왔다가 한라산을 아내가 빠진 가운데 올라간 것이 마음에 걸렸는데 올레길 등을 걷다 보니까 우리 부부는 한라산을 성판악 탐방로, 관음사 탐방로, 영실 탐방로와 어리목 탐방로까지 수없이 올라가다 보니 아내가 먹던 약이 언제부터인지 스테로이드 16알 이상 먹던 약의 개수가 당뇨약 2알로 줄어 들었다. 이렇게 제주를 즐기다 보니까 더 큰 행복이 있을까 생각해 본다.

제주는 바람이 통상적으로 육지 사람들이 생활하기 불편할 정도로 많이 분다. 매일같이 만보씩 걷는 나에게는 제주생활 6년 동안 하루도 빠짐없이 10,000보 이상을 걸었다. 오랜 기간 디스크로 고생하던 나는 병원에 입원을 하는 등 병원신세를 많이 지기도 했다. 제주에 간 이후 매일10,000씩 걸으면서 허리 디스크로 인해서 병원에 가 본적이 없다. 태풍이 올라올 때에는 시설물과 나뭇가지 등이 날아다니기 때문에 앞으로 한 발짝도 걸을 수가 없다. 이런 날에는 태풍이
약해진 시간에 걷든지 아니면 중문에 있는 컨벤션 센터가 6층으로 되어 있는데 내부가 얼마나 큰지 1~2바퀴만 걸으면 10,000보가 넘는다. 이렇게 걷다 보니 한 달이 지나서 확인을 해보면 1일 평균 13,000~15,000보씩 걸었고 최고 많이 걸은 날은 30,000보를 넘게 걸은 날도 많았다.
한라산을 성판악에서 출발하여 관음사로 내려오면 8시간 정도 걸린다. 1시간에 6,000보씩 걸으면 하루에 50,000보 가까이 된다.

제주에 온 지 1년쯤 되니까 동네 마을 주민과 향우회원 등 많이 알게 되었다. 특히 놀랄 일이 생겼다.

대대장시절에 2년 동안 나의 운전병이 있었는데 제주가 고향이었고 매우 성실하고 붙임성이 있고 잠재력이 많았었다. 보고 싶어서 당시에 썼던 일기장을 보니까 주소가 있다. 언제인가 보고 싶어 적어놓은 것 같다. 그 주소를 갖고 찾아가서 보니 제주시 외곽지역도 옛 모습은 개발로 인해서 찾을 수가 없었다. 개발지역 중 몇 가구가 있는데 가서 알아보니 내가 보고 싶은 운전병의 부모님이 살고 계셨고 매우 반갑

게 맞이하면서 운전병의 소식을 알려주고, 부모님이 춘천에 근무하고 있는 아들 면회를 갔을 때 대대장이 반갑게 맞이해주고 대대장실까지 가서 차까지 마셨다면서 감사해 하셨다.

그 운전병은 얼마나 지금까지 군인정신이 투철한지 20년이 지났는데 내가 타고 간 승용차를 보고 자신이 운전을 하겠다고 하여 감동!!! 나에게는 감동이었다. 그 이후에 나는 제주에 있는 동안 집에 초대 되어 갔는데 결혼하여 예쁘고 지혜로운 아내와 눈망울이 초롱초롱한 아들 2명을 두고 살면서 관광업에 종사하는 운전병이었던 전우 덕분에 행복지수가 팡팡 올라갔다. 너무나 동생 같고 잊을 수 없는 전우였다. 지금도 .보고 싶다.

그리고 젊었을 때부터 하고 싶었던 기타와 오카리나를 배워서 서귀포시 이중섭 거리와 평생학습관 대강당에서 연주회를 했던 추억은 나의 인생에서 잊을 수가 없는 추억이다. 내가 많은 관중 앞에서 악기를 연주하고 박수를 받고 특히 나에 인생을 평생 옆에서 지켜보던 아내는 큰 박수를 보내면서 무슨 생각을 했을까 생각해본다. 연주회가 끝난 후 동료들과 함께 짜장면을 먹으면서 행복해 했던 추억은 평생 잊을 수가 없다.

또한 바리스타, 일본어 등등 10가지가 넘는 취미생활을 통하여 평생 해보고 싶었던 나의 빈 가슴을 채웠다.

그리고 언제나 필요할 것 같아서 농업인으로서 교육을 받았다. 제주

농업기술원에서 하는 귀농귀촌 교육과정, 밭작물과정, 약초재배과정을 실습위주의 교육을 받았음은 의미가 있었고 농업용 굴삭기 과정을 수료하니까 농업기술원에 가면 굴삭기를 저렴하게 임대가 가능하다고 한다.

라. 고사리 채취와 바다낚시

제주에서 고사리에 관한 이야기는 참으로 많다. 우리도 처음에 지인(知人)를 따라서 시작한 고사리 채취가 잘 먹지도 않으면서 너무도 재미가 있고 있을 수 없는 추억이었으며 제주에 방문하는 친구들에게 선물하기 딱 좋았던 것 같다. 제주에서는 고사리를 채취하다가 길을 잃고 집을 못 찾아서 방송에도 종종 나온다. 고사리는 제사상에 꼭 올리는 우리의 문화가 있는데 그 이유는 고사리는 같은 장소에서 9번 채취를 한다고 한다. 고사리 같이 결혼을 하면 9명 이상의 자녀를 두어야 한다는 설(設)도 있다.

고사리가 얼마나 많은지 낫으로 베어도 된다고 할 정도로 많은 곳도 있다. 그래서 고사리를 채취하다 보면 허리를 들 시간이 없는 경우도 있고 특히 산소 있는 곳이 많다. 산소 둘레에는 돌로 경계가 되어 있는데 돌 속에 돌과 비슷한 색깔의 뱀이 웅크리고 있어 놀래서 기겁을 하는 여성도 종종 있다.

추자도가 있는데 조선말기까지는 전라남도 행정구역이었는데 일제시대에 행정구역이 제주도로 바뀌었다고 현지인이 알려준다. 추자도는 언어와 모든 풍속이 육지와 거의 같았다. 이렇게 행정구역이 어디냐에 따라서 이렇게 변하는 것을 보고 새삼 놀라지 않을 수 없다.
추자도에 가서 동료들과 낚시를 하는데 초보인 나는 몇 마리나 잡을 수가 있을까 걱정을 많이 했는데 낚시를 바다에 던지면 크지는 않지만 통상 2~3마리가 동시에 올라온다. 너무도 많이 잡아서 식당에 가서 우리가 먹을 만큼만 매운탕을 부탁하고 모두 식당주인에게 주었는데 일상생활이 바쁜 식당주인은 엄청 좋아한다.

2. 주말 농장에서 "자연과 함께"

가. 우리만 즐길 수 있는 행복한 휴식처

충청북도 음성군 감곡면에 있는 우리만 즐길 수 있는 행복한 휴식공간이 있다. 서울이나 수도권에서 대략 1시간 정도면 올 수 있고 중부내륙고속도로 감곡IC에서 3km라서 비교적 접근하기가 쉽고 깊은 산속도 아니면서 산속에 있는 우리만의 행복한 휴식처가 있다. 원통산(657m)과 오갑산(609m)이 우리를 항상 지켜주고 신선한 공기와 맑은 물을 제공해 준다. 우리는 이곳에 작은 컨테이너 안에 조그만 부엌에 싱크대, 샤워실, 그리고 냉장고와 TV까지 놓은 후 우리는 행복했다. 야외용 화장실도 설치하고, 과수밭에 소독을 하기 위하여 집수정을 파서 물이 나오는데 왜 그리도 행복한지 모르겠다. 아파트 생활위주로 살았던 사람들은 이해가 잘 안되겠지만 우리도 평생 아파트에서 주로 생활을 했는데 이렇게 행복할 수가 있을까?

마을 이장이 말한다. 이렇게 직장 생활하던 사람들이 시골에 와서 농사를 지으면 3년 정도 지나면 적응을 못하고 모두 돌아간다고 한다. 하지만 우리는 현재 13년이 흘렀고 여기가 우리 삶에 활력소를 넣은 장소이기도 하다.

나. 지역주민과 함께 행복을~~~

내가 있는 사곡리는 돌과 모래가 많은 곳이라고 하여 사곡리라고 하는데 00가구에 주민00명이 살고 있고 지역에서 건강하고 장수한 노인이 많기로 유명하다. 처음에 복숭아 밭을 사서 농사를 짓기 위해 마을에 갔는데 마을이 생긴 이래 소위도 한 명이 없었는데 고급장교가 왔다고 크게 환영하고 농막(컨테이너)과 농업용 집수정을 설치할 때 많은 마을 분들이 와서 힘을 합치고 오고 가면서 아무 것도 모르는 우리 부부에게 복숭아 농사짓는 방법을 가르쳐 주었다. 복숭아 농사를 지으면서 농업이 얼마나 어렵고 농업으로 현금 수입을 한다는 것이 이렇게 어려운 줄은 몰랐다.

지금도 배추나 무 등을 심고 과수 나무에 더운 날씨에 소독을 하고 풀을 뽑고 하는 일이 해보지 않은 사람은 모를 것 같다. 지금은 마을에 농사일이 바쁠 때에는 내가 할 수 있는 일에 대해서 봉사활동을 하고 있다. 그리고 제주에서 가져 온 자색돼지감자와 방풍 씨앗을 마을에 나누어 심도록 했고 마을에서 우리에게 예쁜 꽃과 각종 과일나무 쪽파 등을 주어서 심었다. 특히 5월경 복숭아 꽃이 필 때에는 무릉도원이 여기에 있다고 생각이 되고 마을 분들 덕분에 맛진 복숭아를 먹을 때에는 사곡리에 있다는 것이 너무도 행복하다.

다. 즐기면서 일하는 것이 행복

우리는 약속을 했다. 이곳에서는 "즐기자"라고 했다. 즐길 수 없이 불행하고 힘이 든다고 생각을 할 때에는 하지 말자고 했다.

그래서 우리는 1년에 한번씩 무언가 우리의 작품을 만들어 냈다. 처음에는 방부목을 사다가 6인용 야외 탁자를 연구하고 연구해서 만들었을 때는 너무도 좋아서 사진을 찍어서 자랑을 많이 했다. 다음에는 나무아래에 평상을 만들었고 힘이 들기는 했지만 봄에 잔디를 심고 가을까지 활착되어가는 과정을 보면서 행복했다. 작두를 사다가 잔디를 잘라서 심고 나니 우리 모두 몸살이 나서 며칠을 고생했다. 올해는 방부목을 사와서 조그마한 마루를 놓았는데 우리의 소원을 이룬 것 같았다. 그리고 캠핑가게에서 중고 화목난로를 사다가 설치하고 불을 피울 때에는 동심으로 돌아간 것처럼 행복했는데 이는 아내가 지지하고 앞장서서 열심히 했기 때문에 가능했다.

밭에 풀이 나고 일할 것이 많으면 우리는 서로 하지 못하게 한다. "풀은 눈이 오는 겨울에는 모두 죽을 거야"라고 하면서~~~

그리고 매일같이 나는 새벽과 저녁에 1~2시간 정도 밭을 정리하면 힘을 들이지 않고도 깨끗해 진다.

라. 1년 내내 과일과 자연음식을 먹는다.

우리 밭은 처음에 복숭아 밭이었다. 1년 복숭아 농사를 짓고 복숭아 농사를 포기하고 밭을 변경했다. 각종 정원수 나무와 과일나무를 심었다. 10년이 지난 지금 봄이 되면 ①앵두나무에서 열매를 따서 먹기 시작하여 ② 보리수 ③매실 ④자두 ⑤왕뽕나무의 오디가 있고 그리고 추석에 먹을 수 있는 ⑥머루와 ⑦대추를 따서 먹을 수 있고 가을이 되고 서리가 내리면 ⑧일반 감과 ⑨대봉을 따고 마지막으로 ⑩은행을 수확한다.

은행은 껍질 까기가 어렵다고 하는데 10년을 넘게 해보니까 오염되지 않은 과일을 쉽게 수확을 할 수가 있고 감은 12월까지 은행은 다음해 5월까지는 냉장고에 넣어 놓고 먹을 수가 있다. ⓫ 복숭아는 마을에서 맛보라고 주는 것이 푸짐하고 복숭아 품종 별로 맛진 복숭아 맛은 배가 불러서 많이 먹지 못하는 것이 한스러울 뿐이다.

그리고 밭에서 나는 달래, 민들레, 냉이, 돌미나리 등 수 없이 많은 싱싱한 자연 식품이 나온다. 여름이 되면 시장에 갈 일이 많이 줄어 생활비도 적게 들고 더욱 건강하고 행복하다.

3. 오토캠핑장에서 "젊음을 찾자"

퇴직 후에 캠핑을 한다는 것은 생각만해도 가슴이 설레고 젊어지는 느낌이 든다. 베이비 시대의 나이 20전후에는 먹고 살기도 어려운 시기여서 2~3인용 텐트를 어렵게 준비해서 배낭에 짊어지고 캠핑 다니던 생각이 난다. 친구 중에 코펠과 석유 버너를 사서 캠핑을 간다고 하면 신기해서 구경을 다니곤 했다. 하지만 지금은 시대가 바뀌고 생활수준이 변했다.

어느 날 지인을 통하여 오토캠핑에 대한 이야기를 들은 순간 우리 부부는 설레기 시작했다. 40여 년 전에 하고는 싶었는데 못한 캠핑을 이제는 제대로 캠핑을 즐기고 싶었다. 그의 말에 의하면 특별히 준비할 것이 별로 없다고 한다. 대부분 승용차가 있으니까 텐트 1개와 집에 있는 간단한 그릇과 아이스박스를 사용하고 등산 다닐 때 입던 옷을 입으면 된다고 한다. 그리고 전국에 오토캠핑장이 수없이 많이 있다고 한다. 우리는 바로 오토캠핑에 대한 책을 사서 읽어보기 시작하면서 오토캠핑에 대한 꿈을 키우기 시작했다.

가. 캠핑 준비부터 행복

캠핑에 관한 책을 사서 우리 부부는 읽기 시작했다. 책을 보니까 지역별 전국에 주요 캠핑장이 자세히 소개되어 있다. 캠핑장 별로 찾아가는 방법과 연락처와 예약하는 방법 등 모든 것이 자세히 안내되어 있어서 더욱 가슴을 설레게 한다. 준비해야 할 물건에 대하여 소개되어 있고 camping cooking에 대한 식사, 술안주, 스페셜 요리의 레시피까지 설명되어 있다. 이 책만 있으면 모든 것이 만사 OK이다.

그리고 텐트를 준비하고 몇 가지 부족한 것을 장만했지만 대부분 집에 있는 것으로 최대한 준비를 했는데 준비하는 과정에서 행복지수가 올라간다. 텐트를 사서 몇 십 년 만에 아파트 뒷산에 가서 텐트를 치고 누워보고 날짜를 잡고 함께 준비하면서 협동심도 늘어간다.

나. 전국에 2,000개 이상의 캠핑장이 나를 기다리고 있다.
2019년 6월 기준으로 인터넷에 찾아보니 2000개가 넘는 캠핑장이 나를 기다리고 있으니 얼마나 행복한 것일까? 매주 1곳에 캠핑을 다닌다고 생각하면 40년은 다녀야 할 정도로 많다. 그리고 자연휴양림도 있고 너무도 갈 곳이 많은 것이 현실이다. 캠핑장에 가고 오면서 시간을 고려하여 지역의 명소지역 관광을 할 수 있고 특산품 쇼핑과 온천도 즐길 수 있다. 지방으로 가면 도로 가에 계절에 따라 옥수수, 과일 등을 파는데 싱싱하고 값도 저렴하고 산지에서 직접 먹어보고 물건을 구입하여 캠핑장에서 그리고 집에 와서 먹는 맛은 캠핑의 또 하나의 행복이다. 그리고 캠핑장에 가면 대부분 주변환경이 자연과 잘 어울리는 경관, 아파트 수준의 화장실과 샤워장, 취사장과 지역환경, 마트와 운동장, 지역관광지, 그리고 캠핑장 별로 특성화된 프로그램이 있다. 예를 들어 낚시를 할 수도 있고 숲터널 지역을 산책도 할 수도 있다.

다. 캠핑장에서는 모두 모두 친구?

캠핑장에서는 모두가 친구이다.

부부도 캠핑장 올 때까지는 부부지만 캠핑장에서는 친구로 변한다. 왜 그럴까? 캠핑장에서는 자신의 나이가 20대로 느껴지고 무언가 하려고 하는 열정이 넘치는 등 생활의 태도(態度)가 변한다. 그러다 보니까 텐트도 함께 치고 망치로 스틱을 박고, 밥을 하고 설거지를 하는 일이 남자와 여자가 할 일이라고 구분되어 있지 아니하고 서로서로 하게 되고 특히 설거지 하는 곳에 가면 10명중 8명은 남자들이 한다. 자녀와도 친구처럼 함께 짐을 나르고 운동하고 산책도 하고 캠핑장에서는 대화도 별다른 소재가 아닌데도 흥미로운 시간으로 변화한다.

또한 옆에 캠핑 온 처음 보는 사람들과 빈대떡을 나누어 먹고 막걸리를 따라주고 먼저 온 사람이 늦게 온 사람의 텐트를 치는데 도와준다. 멀리 캠핑을 갈 때는 미리미리 그 지역에 사는 친구에게 연락을 해서 캠핑장에서 만나 새로운 추억을 쌓아간다.

2018년 여름은 유난히도 더웠다. 강원도 철원에 살고 있는 아들과 토의 결과 주말에 쉬리캠핑장에서 함께 2박3일 캠핑을 했다. 지역은 서울/수도권보다 3~5정도 온도가 낮은 느낌이 들 정도로 시원하다.

캠핑 후 근처에 있는 산정호수에 가서 호수 둘레길을 1시간 정도 걸으면서 여러 가지 이야기를 하고 사진도 찍고 맛진 음식을 먹었다. 오랜만에 아들과 며느리, 손주와 함께 했던 추억은 영원히 잊을 수가 없다. 이와 같이 캠핑장에서 만난 모든 사람은 친구가 되는 것은 물론이고 나 자신도 어느새 젊음으로 돌아갔다.

라. 캠핑장의 문화

과거의 캠핑장에서는 기타치고 노래하고 술 먹고 쓰레기가 널려있었던 기억이 있다. 요즈음에는 회사에서, 사업장에서, 가정에서 그 동안 쌓였던 피로를 풀어내고 새로운 활력소를 찾는 등 힐링을 위해서 캠핑을 오는 경우가 대부분인 것 같다. 어느 단체에서 많은 인원이 캠핑을 왔는데 옆에 있는 우리가 볼 때 사람이 있는지 모를 정도이다.

캠핑장에 와서 편안한 긴 의자에 앉아서 좋은 공기를 마시면서 명상에 잠기는 사람도 있고 책을 들고 와서 독서를 하는 사람들이 많다. 또한 자연휴양림 같은 산림이 많아서 산림 속을 산책을 하면서 집에서 하지 못한, 직장에서 하지 못한 대화를 하는 경우도 많이 있다.

캠핑장을 별장같이 해놓고 즐기는 사람도 있다. 위치 좋은 캠핑장에 1년 동안 저렴(00캠핑장 1달150,000원×12달=1,800,000원)하게 계약하고 반영구적으로 텐트를 방과 거실로 구분하여 텐트를 친 다음 주말 또는 시간 있을 때마다 와서 즐기는 사람도 있다. 그리고 텐트 대신 카라반을 이동해 놓고 TV를 설치하고 간단하게 고추, 상추를 심어 기르는 경우도 보았다. 얼마나 멋진 별장생활일까 생각해 본다. 많은 돈을 들여서 별도의 전원주택을 준비하지 않아도 될 것 같다.

캠핑이 끝나고 철수할 때에는 아주 조용한 가운데 철수를 하고 철수 후에 가서 보면 쓰레기 하나 찾아 볼 수가 없을 정도로 깨끗하다.

4. 파크 골프장에서 "건강을 유지하자"

일반골프를 시작한지 벌써 20년이 훌쩍 넘었다. 하지만 홀인원을 한번도 못했다. 70대 싱글은 골프를 시작하고 얼마 되지 않아 많이 했는데 지금은 보기 플레이 하기가 쉽지 않다. 이 정도 유지하거나 조금 잘 치려면 연습장을 끊임없이 다녀야 한다. 이것이 일반골프이다.

하지만 파크골프는 다르다. 파크골프를 시작한지 1년이 지났는데 홀인원을 20번 이상 했고 물론 싱글은 물론 버디는 자주하고 이글도 종종 한다.

그리고 지금까지 파크골프에서 베스트는 9홀에서 -8언더(기준33타/최고타수25타)을 했고 18홀에서는 -12언더(기준66타/최고타수54타)를 했다. "사는 날까지는 건강하게 살자"는 말을 많이 하고 있다. 그러면 말로만 할 것이 아니고 노후에 건강하게 살려면 어떻게 하여야 할까 생각해 본다.

일반적으로 생각하는 '골프'라는 단어를 생각하면 어떤 느낌일까?

● 긍정적인 이미지
　고급스포츠, 사교적, 친구(知人)와의 좋은 관계 유지,
　건강에 많은 도움,
　힐링에 적합, 삶에 활력소 유지
● 부정적인 이미지
　돈이 많이 드는 운동, 예약이 어려워서 원하는 시간에
　운동이 곤란,
　팀 편성이 곤란, 날씨에 제약, 비교적 먼 거리까지 이동

이외에도 더 많은 이미지가 있을 것도 같다.

모든 운동이 장단점은 다 병행한다고 할 수 있다. 하지만 나이가 들수록 긍정적인 요소가 많고 건강을 유지할 수 있는 운동이 있다면 얼마나 좋을까?

"백두산 : 백 살까지 두발로 걸어서 산에 가자"라는 건배사가 있다. 이제는 "백두파"로 바꿀 때가 된 것 같다. 즉 "백 살까지 두발로 걸어서 파크골프를 치자"

이렇게 할 수 있다면 얼마나 좋을까?

가. 골프의 종류

(1)일반골프*(각주 네이버 지식백과)*

우리나라 골프는 1900년경 정부 세관에 근무하던 영국인들이 원산 바닷가에 있는 세관 내에 6홀의 코스를 만들어 경기를 한 것이 시초가 되었고 그 뒤 1919년 5월 효창공원에 9홀의 코스가 생겼고, 1924년 청량리에 새로운 코스를 만들어서 주로 외국인들이 경기를 했다고 한다.

우리나라에서 골프가 제대로 시작한 것은 영친왕(李垠)이 골프장 부지로 성동구 능동의 현 어린이대공원 땅을 무상으로 대여해 주고, 경기장 건설비로 2만 원을 하사하여 만든 전장 6,500야드의 18홀 서울컨트리클럽이 1929년 개장되면서부터라고 한다.

이러한 골프는 우리나라의 골프가 세계적인 선수도 많이 배출되어 관심도 많고 대중적인 운동으로 활성화되어 있다고 할 수 있다.

하지만 나이가 들고 건강이 나빠지고 경제적인 뒷받침이 되지 않으면 운동하기가 어려워진다.

구분	발상지	도구 (소요시간)	경기장	경기방법	특징
일반 골프 (golf)	네덜란드 스코틀랜드 (한국 1929년)	14개의 클럽,공 (4H)	18홀경기 (파3:4,파4 :10,파5:4)	4인1조로 코스 위에 정지한 볼을 14개의 클럽으로 홀에 넣는 경기	생략
파크골프 (park golf)	일본 (한국 1998년)	86cm클럽 1개, Φ6cm 공1개 (1.5H)	18홀경기 (파3:8,파4 :8,파5:2)	4인1조로 코스 위에 정지한 볼을 1개의 클럽으로 홀에 넣는 경기 (동호회 활성화)	일반골프 장점도입/ 단점배제
그라운드 (ground)골프	일본1983년 (한국 2000년경)	클럽1개, 볼1개 (20분)	8홀경기 (매홀50~1 5m)	1개의 클럽으로 공을 굴려서 36cm홀에 넣는 경기	골프와 게이트볼 장점도입
게이트 (gate) 볼(ball)	프랑스13세 기경 (한국 1983년)	60cm스틱 1개, 7.5cm 흰/붉은공 (30분)	20×15m 에서 1,2,3 게이트 통과시 점수	T자형 스틱으로 볼을 쳐서 3곳의 게이트를 통과 시킨후 골폴에 맞히는 경기	당구와 골프 조합

그래서 일반골프의 장점을 살리고 단점을 보완한 것이 파크골프라고 할 수 있다.

(2)파크(PARK)골프

park와 golf의 합성어로, 대개 9홀이나 18홀에서 진행되며 86cm 이하 길이와 600g 이하 무게의 파크 골프용 클럽 1개와 일반 골프공보다 크고 부드러운 플라스틱 공(무게 80g~95g이하)을 사용한다. 파크 골프를 처음 만든 일본에서는 600여 개의 클럽이 운용되고 있으며 현재 일본에서는 파크 골프장이 1,000개의 장소와 150만 명의 회원이 있으며 호주, 하와이 등지에서 각광받고 있다. 우리나라에도 200여개의 파크 골프장이 있고 시도와 시군별 협회가 운영되고 있고 동호회가 활성화되어 인과관계 및 건강유지에도 크게 기여하고 있다.

(3)그라운드 골프

골프를 재편성한 스포츠이다. 코트의 크기가 특별히 정해져 있지 않아 좁은 장소에서도 상황에 맞게 코스를 선정할 수 있으며, 홀 포스트와 스타트 매트를 놓는 것만으로 코스가 정해지고 규칙이 간단하다. 또 경기 인원수가 아무리 많더라도 포스트의 수를 조정하게 되면 참가자 전원이 모든 홀에서 플레이를 할 수 있으며, 시간 제한이 없고 심판이 따로 정해져 있지 않아 자유롭게 경기를 즐길 수 있다.

(4)게이트 볼(gate ball)

스틱으로 공을 쳐서 3개의 게이트를 정해진 순서대로 통과시킨 뒤 골폴에 맞추는 것을 겨루는 경기. 게이트를 통과시키는 것이 플레이의 기본이며 최대의 과제이기 때문에 게이트볼이라고 이름 붙였다. 제2

차 세계대전 후 일본인 스즈키 씨가 유럽에서 유행하던 크로케 (croquet)를 단순화시켜 창안했다.

게이트볼은 골프와 당구의 특징을 적절히 조합한 게임으로 스틱을 잡는 방법은 골프와 자신의 공을 쳐서 다른 공을 맞추는 것은 당구와 비슷하다. 게이트볼은 5명씩 두 팀으로 나뉘어 경기를 펼친다. 경기가 시작되면 각자의 공에 기입된 1에서 10까지의 타순(打順)에 따라 양 팀이 번갈아 가며 스틱으로 공을 친다.

나. 파크골프의 매력
(1)쉽게 접근할 수 있다.
파크골프는 무엇일까 4행시를 생각해 본다.

파 : 파란 하늘과 파란 잔디를 생각하고
크 : 크나큰 꿈과 나의 건강을 생각하면서
골 : 골치 아픈 일은 훌훌 털어버리고
프 : 프라이버시를 생각하면서 우리 함께 굿 샷~~~

파크 골프는 일반 골프와는 다르게 쉽게 접근할 수가 있다.
우선 전국에 파크 골프장이 서울에 5개소와 경기도 24개 등 약200개 정도가 있는데 매년 각 지방자치 단체별로 계속 늘어나고 있는 추세다. 이렇게 파크 골프장이 많이 있고 일반 골프장같이 산속에 있는 경우보다는 수질복원센터, 공원(公園), 강변(江邊) 등 우리 생활 속에 대부분 위치하고 있다. 이렇게 전국에 많은 골프장이 있기 때문에 작은 골프채와 공만 차량에 싣고 다니다가 여행 중에 또는 시간이 있을 때 운동하기가 편리하다.

그리고 대부분 예약이 필요 없이 도착 순서에 의거 4명 1개조가 원칙이나 상황에 따라서 1명, 2명, 3명이 출발을 할 수가 있다.

경제적 부담이 적다. 일반 골프는 클럽 등 골프 용품을 준비하는데 많은 돈이 들어가지만 파크골프는 클럽 1개만 있으면 되고 공은 분실염려와 깨질 우려도 없다. 그리고 캐디도 없고 그늘집도 없는 것은 물론 그린 피는 지방자치단체에서 운용하기 때문에 없는 곳이 대부분이고 그린피가 있는 곳은 5,000원 내외 정도이다.

또한 골프 복장이 일반 골프와는 다르게 준비에 비교적 편하고 일반 골프는 출발부터 집에 올 때까지 거의 하루가 소요되지만 파크골프는 거리가 가깝고 자투리시간을 이용하여 운동할 수가 있다.

그리고 난이도가 일반 골프보다 비교적 쉽기 때문에 짧은 시간에 수준 있는 골프를 즐길 수가 있다.

일반 골프에서는 평생 홀인원을 하기가 쉽지 않다고 한다. 하지만 파크골프에서는 거리가 비교적 짧기 때문에 홀인원, 알바트로스, 이글, 버디를 종종 할 수가 있기 때문에 골프의 쾌감을 즐길 수가 있다.

또한 많은 장애인들이 더 건강을 유지하고 행복한 삶을 위하여 파크장에서 운동을 하고 있다.

(2)동호인을 통하여 행복하다.

파크골프는 매우 조직적으로 되어 있다. 각 시도와 시군별로 협회가 설립되어 조직적으로 지역별 또는 전국 파크골프 대회를 추진하고 지도자, 경기위원, 심판위원 등을 선발하고 교육을 하는 등 지원을 한다. 그리고 파크 골프장 별로 동호회가 자연발생적으로 조직되어 동호회원간에 유대강화가 잘 되어있고 동호회에서 초보자에게 교육도 하고 동호회원간 파크골프 시합을 통하여 유대강화와 실력을 향상시키고 있다.

동호인 또는 부부가 함께 전국에 있는 파크 골프장에 여행도 할 겸 각종 시합에 출전하여 성적이 좋으면 상금 및 상품을 푸짐하게 받는다.

(3)모든 사람과 함께 즐길 수 있다.

파크골프는 일반골프를 해본 사람은 쉽게 시작을 할 수가 있고 골프를 처음 하는 사람도 1년 이내의 짧은 시간에 실력이 보통이상으로 올릴 수가 있다. 특히 파크골프를 치다가 일반 골프에 입문을 하면은 대부분의 시설물이나 규정이 동일하거나 유사하기 때문에 쉽게 적응을 할 수가 있다.

파크골프장에서 처음 만난 사람도 쉽게 적응을 할 수가 있다. 18홀을 1시간이상 함께 운동하고 운동이 끝나면 클럽하우스에서 라포 형성이 쉽게 될 수가 있다. 또한 초보자와 숙련된 파크골프 자와 함께 하기가 쉽다. 짧은 시간에 이해하고 함께 동행을 할 수가 있기 때문이다 그리고 남녀노소 누구와도 즐길 수 있으며 특히 3대(할아버지/할머니, 아빠/엄마, 그리고 손주)가 함께 운동할 수가 있는 운동이며 어린이에게는 잠시 핸드폰과 컴퓨터, 책을 떠나 함께 대화하면서 운동을 즐길 수 있는 기회를 갖는 것이 매우 중요한 것이라고 생각되는 것이 파크 골프이다. 예를 들어 축구를 생각하면 3대가 함께 하기가 불가능하고 일반골프도 3대가 하기가 어려운 운동이다.

파크 골프장에서는 종종 힘차고 재미있는 소리가 난다.

1번홀 출발점에서는 팀원들과 함께 파이팅을 외치는 소리

퍼터를 할 때 들어가지 않는 순간 아쉬워하는 소리

먼 거리에서의 샷이 홀 컵에 빨려 들어 갈 때 터지는 함성

골프장내에 물이 흐르는 소리와 새가 지저귀는 소리
홀인원이나 이글을 할 때 본인도 모르게 팀원들이 지르는 축하의 함성 그리고 그늘막이나 비치파라솔 아래에서 동호인끼리 음식과 음료를 먹으면서 행복했던 순간의 이야기가 천사의 나팔꽃처럼 피어 오른다.

(4)파크골프를 통한 건강 행복지수가 팡~~~팡

어느 파크 골프장에서 하는 말이다. 00 파크 골프장이 문을 연지 13년이 되었는데 창립동호인들 12명이 지금까지 사망한 사람이 한 명도 없고 병원에 누워있는 사람도 아직까지는 한 명도 없다고 한다.

그리고 본인은 00신도시 원주민으로써 00가구가 살았는데 어느 날 시가지가 조성된다고 조상부터 농사짓던 땅을 모두 보상받았는데 그 중에 16집의 부부는 바로 파크골프를 시작하여 지금까지 건강하게 살고 있는데 파크골프 같은 운동도 하지 않고 보상받은 돈으로 마구 쓰고 다니던 많은 사람들이 벌써 저 세상 사람이 된 사람도 있고 건강하지 못한 사람도 있다고 한다.

파크골프에 다니는 사람 중에는 많은 사람들이 아침밥만 먹으면 출근하듯이 온다. 하루 종일 동호인들과 대화하고 운동하고 점심 때가 되면 함께 식사를 하고 웃고 즐긴다. 그러니까 건강이 좋아질 수 밖에 없는 것이라고 생각한다. 파크 골프장에 연세가 80대 되신 분이 몇 분 계신다.

이 분들은 특별한 일이 없는 한 매일같이 나와서 운동을 하고 통상 18홀을 6번 정도 골프를 즐기는데 함께 하면서 보니까 운동 중에는 중간에 있는 의자에 한번도 앉는 것을 보지 못했다. 힘이 들지 않으시냐고 하니까 아직은 이상 없다고 한다. 그리고 인지력이 대단하시다. 매 홀마다 거리가 다른데 공을 쳐서 붙이고 어려운 홀 컵에 퍼터로 넣는 것을 보면 우리가 보아도 놀라운 정도이고 티샷할 때 순서를 정확히 기억을 하신다. 우리들에게 가르치려는 것이 전혀 없고 행동이 느려서 운동에 지장을 주지도 않는다. 비결이 무엇이냐고 물으니까 꾸준히 운동을 해왔고 나이가 들어서는 파크골프만 열심히 한다고 한다.

파크 골프장에는 젊은 사람들, 은퇴 이후에 오는 사람들, 그리고 80세가 넘은 분들, 특히 장애인들이 함께 어울린다.
은퇴 이후에 부부가 손을 잡고 하루 종일 김밥을 먹으면서 운동을 하는 모습은 너무도 아름답다.
은퇴 이후에 언제나 혼자 파크 골프장에 오는 분이 있다. 왜 저 분은 부부가 함께 오지 않는 걸까? 알고 보니 사연이 있다. 무슨 사연일까.

은퇴 후에 집에 부부가 하루 종일 함께 있을 수가 없다고 한다. 함께 있으면 말다툼을 하는 등 불편해서 산에도 다니고 했는데 산에 가는 것도 답답했는데 지인의 소개로 파크골프에 입문하여 파크 골프장에 오면 동호인들과 재미있게 하루를 보내고 있고, 저녁에 집에 가면 아내는 반갑게 맞이하는 것은 물로 맛있는 저녁상까지 받는다고 한다.

그리고 나 자신보다 나이가 더 드신 분과 운동을 하거나 특히 80세가 넘은 분들과 운동을 함께 하면 나의 미래를 보는 것 같아서 많은 것을 배우고 겸손해지고 나의 미래를 위하여 무엇을 준비해야 할지 느끼는 것이 많다.

또한 장애인들이 많이 온다. 어릴 때부터 소아마비로 고생하는 분, 두 발로 걸을 수가 없어서 휠체어를 타고 오는 분, 한쪽 팔이 없어서 한쪽 팔로 균형을 잡으면서 파크골프 치러 오는 분, 양쪽 팔이 모두 없는데도 정상인들과 함께 운동하고 어울리면서 웃고 대화를 하는 모습을 본다. 저렇게 몸이 불편하신 분들은 밥은 어떻게 먹고 옷은 어떻게 입고 특히 화장실에 가서는 어떻게 할까 생각해 보면 왠지 장애인들에게 죄스러운 것 같고 눈물이 핑 돈다. 불편한 몸인데도 불구하고 중간 중간에 설치된 의자에 앉아 쉬는 사람들은 대부분 정상인들이 더 많다.

80세가 넘은 분들과 장애인들의 모습을 보면서 나는 조금만 불편해도 배우자와 자식들에게 불편하게 잔소리하고 짜증을 낸 것이 후회가 된다. 그리고 감기 등 조금만 불편해도 운동도 하지 않으면서 살아왔던 나의 삶을 돌아본다.

또한 오토캠핑을 가거나 전국 여행을 다닐 때에도 차에 86cm의 골프 채와 조그만 공1개만 휴대하면 전국 200여 개 이상 되는 파크 골프장에서 새로운 자연과 함께 즐길 수 있다.

(5) 파크골프를 즐기면 일반골프 실력이 향상되거나 유지가 가능할까?
일반 골프를 즐기는 일부 사람들은 파크골프를 치면 일반 골프 실력이 떨어질 것을 우려하는 사람들이 있다.
일반 골프를 20년 이상 즐겼고 최근에 파크골프 매력에 빠져 보니까 파크골프를 즐기면 일반 골프 실력이 향상되거나 일반 골프 인도어장에 가지 않아도 도움이 많이 된다.

필자가 아는 지인이 오랫동안 즐기던 일반 골프를 이런저런 이유로 몇 년 동안 하지 않고 파크골프만 즐겼다. 그러던 어느 날 친한 친구로부터 일반 골프를 하자고 연락이 왔는데 거절할 수도 없어서 연습도 하지 않고 먼지가 뽀얀 골프가방을 들고 골프장에 갔다. 골프를 시작하기 전에 친구들과 캐디에게 오랫동안 골프를 하지 않았으니까 너무 못한다고 미워하지 말라고 말을 했다. 그런데 놀라운 결과가 나왔다. 18홀 운동이 끝나고 기록지를 보니까 4명중 제일 잘 친 것이다. 본인을 포함하여 모두 놀란 것이다. 왜 그럴까???
파크골프도 일반 골프와 마찬가지로 몸의 근육이나 자세 등이 비슷하거나 동일한 것이 매우 많다. 준비자세와 공의 위치, 공을 칠 때 끝까지 공을 보지 않거나 몸의 방향이 잘 못되면 OB 나기가 쉽고, 지형의 모습을 고려하여 공의 흐름을 사전에 예측하는 것도 같다. 어프로치 할 때도 거리에 대한 인지력과 골프 공 낙하지점과 굴러가는 거리 (RUN)를 잘 판단하여야 하는 것도 동일하다.

또한 퍼터를 할 때 미리 가상점을 잘 결정하여 공의 방향과 거리가 정확해야 홀 컵에 들어갈 수가 있다.
또한 파크골프 공은 직경이 6cm이고 무게가 80g 정도를 치다가 일반

골프 공은 직경이 4.267cm이고 무게가 45.93g의 작은 공을 치면 어떻게 될까?

당연히 훨씬 쉽고 거리가 멀리 갈 것이다.

북한의 김신조 무장간첩이 청와대를 공격하기 위해서 내려온 이후에 우리 군에서는 완전군장 구보 연습 시 다리에 모래주머니를 부착하고 뛰었고 부대별로 완전군장 구보 시합할 때에는 모래주머니를 벗은 후에 구보를 하면 훨씬 쉽고 날아갈 것 같은 때가 생각난다. 파크 공과 일반 골프 공은 완전 군장 구보시 모래주머니와 같은 것 같다.

5. 전국여행으로 "새로운 활력소와 멋진 삶을~"

전국을 돌아다니는 사람을 역마살이 있다고 한다.

김동리의 소설 역마(驛馬)가 생각난다. 전라도와 경상도 사람이 함께 살아가는 화개장터에서 주막을 운영하며 살고 있는 마음 착하고 인심 좋은 옥화는 아들 성기의 타고난 역마살을 없애기 위해 노력한다는 소설이 생각난다. 하지만 전국여행은 시대가 변했고 나에게는 '역마살'이 아니고 '역마행복(驛馬幸福)'이라고 해야 할 것 같다. 이 용어에 공감하는 사람들이 많이 있을 것 같다.

가. 군 생활을 통하여 전국여행

평생 직업 군인으로서 생활을 한 나에게는 34년 동안 보직으로 인한 지역 이동과 출장, 각종 훈련 등으로 전국여행을 많이 했다. 강원도, 경기도, 서울, 대구, 경상남도, 전라도, 광주광역시 등에서 근무를 했다. 부산과 제주도 등 일부를 제외하고는 근무를 해보지 않은 곳이 없다. 명령에 의거 가는 곳마다 취업이 되고 관사를 주고 그리고 그 곳에서 지역 명소와 자연을 즐기면서 생활을 하였으니 이보다 더 좋은 직업이 있을 수 있을까 생각해 본다.

그것도 나 혼자 이런 혜택을 본 것이 아니고 우리 가족이 함께 대부분 다녔다. 또한 나와 아내의 부모님은 물론 형제와 가까운 친구들도 우리가 전입 가는 곳마다 와서 관광을 했으니 얼마나 큰 혜택을 누리면서 살아왔는가 생각하니 참으로 행복하다.

대신 대부분의 사람들이 싫어하는 군 생활을 했는데 나와 나의 가족은 군 생활에 대하여 적성에 맞았고 항상 자랑스럽고 행복한 마음으로 근무를 했다. 아이들이 커서 학교관련 우리는 떨어져서 생활을 했다. 떨어져서 생활을 할 때는 전화와 자가용이 귀할 때라서 편지를 주고받고 오랜만에 만날 때는 잊을 수 없는 추억이 지금도 가슴이 두근두근거린다.

일부 직업군인 중에는 떨어져 살면서 문제가 되어 가정이 파탄 난 사람도 있지만 대부분 직업군인들은 근무시간에는 국가에 충성을 다하는 마음으로 하고 퇴근이나 휴가 중일 때에는 전국을 여행한다는 마음으로 다녔다.

나. 제주생활

군 생활하는 동안 제주도에 근무할 기회가 없었다. 항상 아쉬운 마음이었는데 역시 나에게 역마살이 역마 행복으로 변하여 제주도에 6년 살았다. 오랜 기간을 우리 부부는 원룸에서 살았다.

얼마나 불편했을까 하고 생각을 할 수 있다.

30인치 조그만 TV, 80L 냉장고, 옷장 1개에 이불과 모든 옷까지 넣어야 했고 몇 개의 그릇과 1개의 인덕션으로 모든 요리를 하면서 살았으니 얼마나 힘이 들었을까 생각을 할 수 있다.

하지만 우리는 그 때 원룸생활이 제2의 인생에 더욱 행복한 삶의 기초가 되었다. 냉장고가 작아서 음식물을 많이 사 올 수가 없다. 보관할 곳이 없어서 꼭 필요한 생활용품만 5일마다 서는 서귀포와 중문오일장에서 조금씩 사와서 살았다. 또한 부부간에 화가 나더라도 각방을 사용할 수가 없었다.

우리는 싸워도 나의 부모님이 살아오신 것처럼 각방을 쓰지를 않을 뿐더러 비교적 검소한 삶이 생활화 되어 있다.

그리고 원룸에서만 있으면 답답하니까 제주도 곳곳 안 간본 곳이 없을 정도로 여행을 많이 했고 원룸에서 자투리 시간을 이용하여 많은 책을 보았다. 지역에 있는 도서관에 가서 1년이면 매주 1권 이상(연간 60권 이상)의 책을 보면서 새로운 꿈을 키우기 시작했고 같은 책을 부부가 보면서 사고가 비슷해졌고 어떤 일이나 상황에 직면했을 때 가지는 입장이나 자세라고 하는 "태도"가 비슷해졌다. 또한 언제부터인가 우리는 옆에 배우자가 없으면 불편하고 무언가 이상해서 찾게 되었다. 그러다 보니 일상에서 서로 칭찬하고 상대의 말을 경청하면서 지지를 해주고 살아가고 있다. 그리고 매일 같이 감사의 일기를 쓰면서 행복지수가 올라갔다.

다. 살고 싶은 곳에서 한 달씩 살아 보기

새해가 밝았다.

새해란 무엇일까?

"**새**" 새롭게

"**해**" 해보고 싶은 것을 해보면서 살아가는 것

해보고 싶은 것도 여러 가지로 여건이 허락을 해야 가능하다. 예를 들어 부부가 여행을 간다고 해보자

혼자 여행가는 꿈을 이루면 큰 행복이라고 할 수 있는데 더구나 부부가 함께 여행가는 꿈을 이루면 얼마나 행복할까 생각해 본다.

우리는 지역별로 1개월씩 여행을 하자고 같은 꿈을 갖고 대화를 시작했다.

해외여행은 유럽, 호주와 뉴질랜드, 미국 동부와 서부, 그리고 하와이를 다녀왔고 러시아도 관광을 했다. 동남아도 몇 군데 맛을 보았다.

그래서 이제는 국내 가보지 못한 명소와 계절별로 기후가 좋고 미세먼지가 없는 주요 여행지를 가보고 싶었다.

어느 날 저녁에 1개월 여행 관련 인터넷을 통하여 검색을 하다가 아침에 결정을 하고 짐을 챙겨서 다음날 출발을 했다.

부부가 함께 여행을 하려면 쉽지가 않다는 것을 새삼 생각하게 된다.

함께 여행을 하려면

첫째, 시간이 있어야 한다.

둘째, 갈 곳이 있어야 한다.

셋째, 경제적으로 크든지 작든지 뒷받침이 되어야 한다.

넷째, 부부의 꿈이 같아야 한다.

다섯째, 부부의 태도가 같아야 한다 고 생각이 된다.

이 다섯 가지 중에서 가장 중요한 것은 무엇일까? 아마도 태도가 같아야 하는 다섯 번째가 가장 중요하다고 생각한다.

태도는 어떤 일이나 상황에 직면했을 때 가지는 입장이나 자세라고 하는데 부부는 무슨 일이든지 일치하는 태도가 동일할 수는 없지만

서로서로 태도를 상대방의 입장을 생각하여 유연해야 한다.

우리는 남해를 1개월 여행지로 정하여 차량에 이런 저런 생활용품을 챙기고 난 후에 약 4시간 차를 타고 달려갔다.
가면서 평소에 가보고 싶었던 곳에 가서 관광하고 휴게실에 가서 먹고 싶은 것 먹고, 해보고 싶은 것 하면서 달려간다. 4시간 동안 달려가면서 서로의 다른 생각을 하고 있는 것은 일치가 되도록 서로서로 배려하면서 토론을 한다.

한 달 동안 우리는 무엇을 할까?
할 수 있는 것이 무엇이 있을까?
첫째, 우리의 행복지수를 올릴 수 있는 것
둘째, 지역 관광과 토속 음식을 먹고
셋째, 책을 보면서 글을 쓰고
넷째, 지역 내 친구 찾아보고 새로운 친구 맺기
다섯째, 새로운 부부(가족)공동의 꿈 설계
여섯째, 하고 싶은 알바를 통한 체험 및 용돈 벌기

'하고 싶은 알바를 통한 체험 및 용돈 벌기'에 대해서 지인의 모습을 소개하고 싶다.

2012년 제주에 있을 때 50대 되는 부부가 무슨 사정인지 직장에서 퇴직을 하고 무엇을 해야 하는지 막막한 가운데 관광을 왔다가 서귀포에서 살게 되었다고 한다. 아내는 초등학교 교사였는데 퇴직을 했고 남편은 평소에 전원생활이 꿈이었다고 한다.

마침 관광하는 중에 농가에 가서 보니 비교적 값이 싼 농가가 나와서 살면서 낮에는 마을 귤 따기부터 농사일을 도와 주면서 맛진 귤을 생산자에게 사와서 육지에 있는 지인들에게 택배로 팔기 시작했는데 서귀포 농촌은 1년 내내 할 일이 있다. 일손이 귀하다. 그러다 보니 수입이 적은 것이 아니었다. 마침 지역 내 분교에 선생님이 결원이 되어 아내가 출근을 하게 되었다. 육지 할머니 집에서 학교를 다니던 자녀도 데리고 와서 엄마하고 같이 학교를 다녔다. 결국 제주에 관광을 왔다가 관광을 하면서 직장을 얻고 새로운 삶을 살고 있다고 자랑을 하는 사람이 있었다.

관광을 와서 부부가 함께 하면서 서로의 단점은 숨겨주고 장점을 살려주고 배우자가 좋아하는 것과 싫어하는 것을 파악하여 살아간다면 정말 노후에 행복하고 멋진 관광이 될 것이라고 생각한다.

배우자의 단점이 나의 가슴속에 커지면 커진 만큼 단점의 영역은 넓어지고 장점의 영역은 작아진다.

반대로 배우자의 장점이 나의 가슴속에 커지면 커진 만큼 장점의 영역이 넓어지고 단점의 영역은 작아진다.

이 세상에 장점만 있는 사람이 있겠는가?

누구든지 장점과 단점을 가지고 있는데 어떻게 하면 단점을 칭찬과 지지하여 점점 장점으로 변화가 되도록 함께 노력을 할 것인가 생각해야 한다.

이렇게 노력을 하면 행복할 것이고 장점도 칭찬과 지지를 하지 않으면 단점으로 변화할 수 있다. 하루에 배우자의 모습을 보고 5번씩 칭찬하는 습관을 가지면 어떨까 생각해 본다.

이때 상대방으로부터 칭찬을 받으려고 하지 말고 내가 먼저 칭찬을 하고 내가 잘 한 일이 있는데 칭찬을 하지 않으면 칭찬을 해달라고 해야 한다.

행복한 남해에서 한달살이

잊을 수 없는 군 전우가 있는데 항상 해박한 군 관련 전문지식으로 군 전투력 창조에 1인자라고 할 정도의 잠재력이 있었고 특히 언제나 넉넉한 웃음과 배려가 풍부한 전우였다. 그는 남해에 미리미리 준비를 하여 남해에 와서 행복한 제2의 인생을 멋진 취미생활과 함께 살아가고 있었다. 남해에 간다고 연락을 했는데 멋진 펜션도 안내를 해주고 낚시에 대하여 완전 초보인 나에게 갯바위에서 낚시하는 방법을 알려주었고, 갯바위에서 낚시를 함께 하는데 처음으로 2kg이 넘는 문어를 잡았다. 우리는 사진을 찍어서 지인들에게 자랑을 하고 서로 서로 칭찬을 했다. 아내는 내가 문어를 잡은 것은 누구나 할 수 없는 최고의 모습이라고 했고, 나는 내가 문어 잡았을 때 함께 행복하면서 그 순간 모습 사진을 찍어서 아이들에게 현장 중계까지 했다고 서로 서로 칭찬하면서 우리는 행복했다.

남해에 와서 독일마을과 원예 예술촌, 독일 광부와 간호사의 전시관, 다랭이 마을, 상주의 은모래 비치와 송정솔바람 해변은 하와이의 와이키키보다 더 멋진 비치였다. 은모래 비치에 60대 남자가 애견과 함께 작은 카라반에서 생활하는 모습을 보면서 여러 가지 생각이 들어간다.

금산의 보리암도 잊을 수 없는 곳이고 특히 본인이 한달살이를 했던 숙소 옆에 있는 남해 빛담촌에서 본 남해의 모습은 그 어느 곳에서도 보기 어려운 절경이었다.

남해대교부근에 있는 이순신 장군의 노량해전의 전적지를 보고 우리나라에 이러한 영웅이 있었다는 사실에 대하여 가슴 뿌듯했다.

정면에는 바다 건너 멀리 여수가 보이고 우측으로는 광양이 보인다. 여수와 남해 사이에 있는 바다에는 지금까지 보지 못했던 엄청 큰 화물선 배들이 광양으로 들어가기 위해 수없이 떠 있는데 순차적으로 하역과 선적을 위해 몇 km에 떠 있는 모습을 보고 대한민국의 경제력이 세계10위라는 현실이 느껴 진다.

남해에서 가까운 지역도 많이 다녔다. 거제에 가서 1박2일로 외도에 있는 보타니아와 소매물도, 거제 포로수용소, 그리고 통영, 고성, 촉석루가 있는 진주, 사천케이블카, 우리가 좋아하던 하동 진교에 있는 18홀 파크 골프장에서의 여유와 화개장터, 구례 화엄사, 고등학교 친구가 사는 광양에서 친구 부부와 함께 4명은 맛진 갈비살과 옛추억에 우리는 행복했고 지금도 잊을 수가 없다.

순천의 국가정원은 규모와 아름다움에 다시 한번 가고 싶은 곳이다.

한 달을 약정하고 남해에 왔는데 한 달 정도 더 있고 싶어 한다. 남해에 겨울 시금치가 특산물인 것 같다. 싱싱하고 영양이 풍부한 시금치 맛이 너무도 좋다. 이곳에 오니까 그 동안 여러 가지로 싫든 좋든 얽매어 살다가 탈출을 하니까 자유인이 되었고 나의 눈과 몸에 익숙해진 곳에서 살다가 새로운 환경과 문화 속에서 살아가니 새로운 열정이 생긴다. 그리고 주위에 지인들은 멀리 있고 우리 부부만 있으니까 더욱 사이가 가까워지고 서로 서로 의지를 하면서 20대와 같은 새로운 사랑이 싹이 트는 것 같다.

남해에서 한달살이는 정말 유수와 같이 빨리 지나간다.
우리는 봄에는 아들이 있는 철원에 가서 한 달 정도, 여름에는 부산에 가서 1~2 정도 살아보자고 말을 했다. 그리고 꽃피고 새가 우는 좋은 계절에 오토캠핑으로 1주일 내외씩 여행을 다니는 것을 우리의 꿈으로 했다. 집 밖에 멀리 나가는 것을 싫어하는 사람이 어느덧 장기간 여행을 하고 싶도록 정적(靜的)인 사람이 동적(動的)인 사람으로 바뀌고 있는 것이다.

한 달 여행을 가자고 했을 때는 왠지 거부반응을 보이던 아내는 여행을 시작한지 얼마 되지 않아서 한 달을 더 있으면 어떻겠냐고 하더니 지금까지 없었던 새로운 꿈이 몇 가지 생겼다고 자랑을 한다. 나는 나의 꿈을 이룩하기 위해서 앞으로 밥을 한 그릇씩 먹고 힘을 내서 나의 꿈을 이루고 싶다고 자랑하는 아내를 보고 가슴이 뿌듯했다. 그래서 우리는 아내의 꿈을 우리 공동의 꿈으로 발전시키자고 제안했다.

6. 강릉에서 행복한 전원생활

가. 노후는 "공기 좋은 강릉에서 관광하면서 살아보자"

0. 말과 원숭이가 아파트 같은 울타리 안에서 살 수 있을까?

나는 말띠이고 아내는 원숭이띠인데 결혼 후 거의 아파트 생활을 했다. 다행히도 군 생활하는 동안에는 싫증을 느낌만하면 명령에 의거 보직이 변경되어 이사를 하니까 그럭저럭 살아온 것 같다. 그리고 전역 후에는 제주에서 오랜 기간 살다가 용인 아파트 생활 2년 만에 우리의 남은 인생에 대하여 많은 대화를 했다. 앞으로 활동나이를 고려할 때 10년여 남았는데 이렇게 아파트에서 갇혀 살아야 하는가? 그리고 서울 수도권은 미세먼지와 교통문제가 있고 연금생활자로서 불필요한 생활비 증가에 따른 부담이 있는 것이 현실이다.

0. 물 맑고 공기 좋고 건강식생활을 찾아 떠나자

지도를 놓고 물 맑고 공기 좋고 건강한 식생활을 할 수 있는 곳, 그리고 필요시 친구와 지인을 찾아가기 쉬운 곳이 어디에 있을까 하고 많은 대화를 하면서 남해에 가서 한 달간 살아보기도 하면서 부부의 공동의 꿈을 찾아보았다. 인간은 마시는 공기와 물, 그리고 먹는 음식과 운동에 의거 건강이 좌우 된다고 하는 어느 의사의 말이 생각난다.

2019년 3월 초 어느 날 우리는 강릉에 2박3일 여행길에 올랐다. 강릉에 아는 분은 군 선배 한 분 뿐이다. 선배를 찾아가니 반갑게 맞이하면서 강릉에 대하여 많은 정보를 주셨다. 그리고 바로 우리는 인터넷과 부동산 중개소의 도움을 받아서 2일째 되는 날 전원주택을 계약했다. 강릉생활에 대하여 두 아들에게 말을 하니까 적극 지지를 해준다. 자식으로서 부모의 입장을 잘 이해해 주어서 고마운 마음뿐이다.

강릉 역에서 약10km 정도 떨어진 사천면 언덕에 전망도 좋을뿐더러 약5km에 사천해수욕장이 있고 집에서 보면 강릉 아산병원이 보이고 중간에는 태백산에서 흐르는 사천천이 있는데 물이 맑아 주말에는 많은 낚시객들이 모여든다. 집 앞에는 30여 가구의 한과를 만드는 집과 농가들이 잘 어울려 살아가는 한적하고 평화롭고 아침에는 침대에서 떠오르는 해를 볼 수 있고 좌우에는 100년 쯤 되어 보이는 소나무가 우리를 반기고 뒤로는 울창한 소나무 숲이 우리를 더욱 건강하게 할 것 같다. 풍수에 밝은 지역주민이 말한다. 우리집터 바로 옆은 효령대군(조선 태종의 2남)의 왕손 묘를 썼던 곳으로 매우 의미가 있고, 집 앞에는 김동명 문학관이 항상 우리를 반기면서 문학에 대하여 관심을 갖게 한다. 산촌, 강촌, 농촌, 어촌을 사촌이라고 한다. "사촌(四村)이 있는 곳에서 살아간다면 얼마나 행복할까?"생각해본다. 누구나 강과 산이 있는 곳에서 살기를 바랄 것 같다. 이곳 강릉 사천은 첫째 대관령 선자령 산맥이 이어져 내려오는 솔향이 가득한 산촌, 둘째 평창에서 발원이 시작되어 사기막리를 거쳐 내려오는 사천천이 있는 강촌, 셋째 솔향이 사계절 제공하는 공기와 사천천에서 내려오는 맑은 물, 해풍과 따뜻한 햇살 속에 농업으로 수확한 농산물을 나누어 정(情) 먹고 사는 농촌, 넷째 강릉 앞바다를 중심으로 살아가는 어촌이 있다. 이렇게 4가지가 모두 구비된 사촌이 우리나라에 얼마나 있을까 생각하면서 이러한 사천에서 살고 있는 나는 생각만 해도 행복하다.

나. "리듬이 바뀐 우리의 삶"은 너무도 행복~~~

집이 작은 것 같으면서 엄청 큰 집(작은집에서 나오면 들판과 산이라서 크게 느껴짐)이고 처음으로 살아보는 조그만 테라스가 있는 집이다. 아파트에 있던 오래된 짐을 많이 버리고 이사를 하고 정리하는데

서 크게 느껴짐)이고 처음으로 살아보는 조그만 테라스가 있는 집이다. 아파트에 있던 오래된 짐을 많이 버리고 이사를 하고 정리하는데 고생이 많았다. 아무튼 살던 아파트보다 작으니까 아담하고 우리 부부가 살기에는 더욱 정감(情感)이 들어간다. 테라스에 집에서 기르던 화분을 정리하고 테라스에 걸어 놓고 물을 주고 하루 종일 햇님의 빛과 선들선들 한 공기를 마시니까 꽃들이 좋아하고 며칠 만에 꽃의 모양이 싱싱하고 아름답게 달라진다.

아내는 이른 아침부터 화분의 꽃에 물을 주고 마당에 꽃을 심고 그리고 채소를 심으면서 말(말띠인 본인)과 원숭이(원숭이 띠인 아내)가 좋아서 이리 뛰고 저리 뛰면서 꽃과 채소와 대화를 한다.
그리고 거실에서 보이는 크고 많은 적송이 우리를 더욱 행복하고 큰 부자가 되게 하는 것 같다. 강릉으로 이사를 간다고 서운해 하면서 이별주와 함께 맛진 음식으로 서운한 마음을 달래주던 용인 아파트에서 함께 살던 친구들이 생각난다. 이사 하는 날 떠나는 익스프레스를 보고 눈시울을 적시는 많은 친구들의 모습이 지금도 잊을 수가 없다.

우리가 용인 아파트에 살면서 자주 이용했던 코스트 코와 N마트, 그리고 주문진식당, 대덕골 식당, 운봉 소갈비집 등이 떠나가는 우리를 보고 강릉에 가서 울지 말고 행복하고 더욱 건강하게 잘 살라고 손을 흔들어 준다.

다. 이웃의 인심과 관광지가 행복지수를 더욱 높여준다.
문을 열고 나가면 앞집과 뒷집, 그리고 옆집의 이웃이 있고 그들이 서로 서로 반긴다. 이사 준비하기 위해 와서 있는데 처음 보는 분이 오토바이를 타고 와서 자작나무 수액이라고 하면서 먹어보라고 주고 간다. 수액을 마시고 밥할 때 넣어서 하니까 이렇게 맛진 밥은 처음 먹어 보았다. 그 이후에 이웃에서 취나물, 곤드레, 두릅, 땅두릅, 엄나무에서 채취하는 나물, 달래, 솎아낸 마늘 등 수없이 주는데 이사 온지 한 달이 되도록 시장에 갈 필요성을 모르고 살아간다.

나이 90세가 되신 분이 강원도 특산품이라고 할 수 있는 각종 나물을 채취하다가 우리를 보시면 그 동안 채취한 나물 모두를 주실 때는 돌아가신 부모님 생각에 눈물이 핑~~~ 돈다.

지역주민이 알고 있는 토지가 약250평이 있는데 먹을 채소 등 농사를 지어 보라고 한다. 가서 보니 우리 집에서 도보로 5분 거리에 소나무 등 울창한 숲 속에 보들보들한 흙으로 되어 있는 밭이 있다. 이웃 지역주민이 비료와 트랙터를 갖고 와서 비료를 뿌리고 트랙터로 갈아 엎어 준다. 이제는 하고 싶은 농사를 지으라고 하면서 고추와 옥수수 등 농사짓는 방법까지 알려준다.

하지만 이렇게 큰 토지에 과연 우리가 농사를 지을 수 있을까 겁이 나서 아내와 토의한 결과 한번 해보자고 다짐을 해본다.

우리 마을에 한과를 직접 만들어서 파는 곳이 60여 집이 된다고 지역주민이 알려준다. 한과 집에 가서 마을 주민이라고 하면서 먹을 것 10,000원어치를 달라고 하니까 "못난이 한과"라고 하면서 엄청 많은 양을 준다. 한과가 이렇게 맛이 있는 줄 몰랐다.

그리고 우리 마을이 전원마을이라고 한다. 곳곳이 전원마을이 있는데 산책하다가 **"가까운 곳에 이제 이사를 왔다"**고 하니까 반겨주면서 바로 친숙해 진다. 그 이유는 퇴직 후 나이가 비슷하고 타향에서 왔고 대부분 부부가 왔으니까 좋은 이웃을 만나서 재미있게 살고 싶은 마음에 동질성이 생기는 것 같다. 우리가 살아온 과거와 전원생활의 경험담, 이 지역에 대한 이야기를 하면 해가 지는 줄을 모른다.

집에서 약5km 정도에 사천해변이 있고 조금 더 가면 경포해수욕장을 비롯한 관광지가 북쪽으로는 고성으로부터 속초, 양양, 강릉, 삼척 등 끝없이 우리를 기다리고 있다. 그리고 여름에는 대관령을 비롯한 태백산 캠핑장에 가면 기온 차가 많아 시원한 여름을 해수욕장과 더불어 즐길 수가 있다.

시간이 있을 때마다 안목항과 경포해수욕장 등에 있는 커피거리에서 바다를 즐기면서 맛진 커피와 함께 강릉을 즐겼다. 앞으로도 태백산맥 줄기와 고성, 속초와 양양 그리고 동해는 물론 삼척 울진 등 동해안의 자연과 즐기면서 살 것을 생각하니 가슴이 설레 인다.

라. 우리 집에 있는 자랑스런 꽃 중의 꽃

우리 강릉 전원 집에는 3종류의 꽃과 또 하나의 꽃이 있다.
3종류의 꽃이란 활짝 핀 아름다운 꽃이 있고, 꽃같이 예쁘게 정리된 깨끗한 집 꽃이 있고, 마지막으로 가슴속에 있는 향기로운 꽃이 있다.

첫째 활짝 핀 *아름다운 꽃*이 있다.
담장으로 설치한 휀스와 대문에는 빨간 장미꽃과 샤피니아 등 아름다운 꽃을 뜨개질 실로 정성스럽게 짠 꽃바구니에 넣어 달아놓아 유럽의 꽃 마을에 온 것 같다.
깨끗하게 정리된 잔디밭 끝자락에 있는 화단에는 달맞이 꽃, 능수화, 작약, 채송화, 과꽃 등 이름 모를 꽃들이 봄부터 가을까지 우리를 반기고 행복을 안겨준다. 테라스 1층과 2층에는 빨간 어닝 아래에 샤피니아, 버베나, 채송화, 연꽃 등 수 없는 꽃이 우리와 옆집, 그리고 지나가는 사람들의 발걸음과 시선을 멈추게 한다. 홍도화, 설도화, 반

송, 주목 등이 있고 과실수가 있다.

마을 사람들이 꼭 가보고 싶은 집 또는 꽃 많은 집으로 통한다. 그 동안 이 많은 꽃을 일부 사온 것도 있지만 대부분 꽃씨를 뿌리고 삽목하고 이웃집과 물물교환하고 지인들이 준 것, 누군가 버려서 죽을 것 같은 꽃을 가지고 와서 정성스럽게 키운 나의 여친이 자랑스럽다.

둘째 꽃같이 예쁘게 정리된 깨끗한 **집 꽃**이 있다.

집안에 모든 가구와 장식품이 꽃과 같다. 모든 살림이 꽃송이처럼 예쁘고 깨끗이 정리된 모습은 군에서 '내무검사 준비 끝' 상태처럼 24시간 유지가 된다. 10년, 20년 넘은 가구는 깨지고 색깔이 변한 것을 어떻게 관리 유지 할 것인지 인터넷과 책을 사서 보면서 결혼할 때부터 연구하고 경험에 의거 관리한 노력의 덕분이라는 생각이 들어간다. 옷장에 옷과 서랍장에 있는 옷들은 백화점 매장에 정리된 것 같아 옷을 입을 때마다 행복에 젖어 든다.

20년 된 책장이 퇴색되고 깨진 것을 필름 집에 가서 상담 후 흰색으로 멋지게 재탄생 시켰다. 그리고 시부모님이 사용하시던 다듬잇돌과 풍로는 시부모님을 잊을 수 없는 것처럼 우리 집의 장식품으로 빼놓을 수 없는 귀중한 물품이라 면서 소중하게 보존하고 있다. 우리가 이렇게 진솔한 마음으로 해야 우리 아들들도 우리의 모습을 보고 무언가 배우고 생각을 할 것이라고 한다. 우리 집에 있는 가구와 각종 소품, 옷장 등 정리하고 유지하는 것을 보면 유럽성당의 500년이 지난 미켈란젤로의 소중한 그림처럼 우리 집에 있는 또 하나의 집 꽃이다.

세 번째 꽃은 가슴속에 있는 **향기로운 꽃**이 있다.

첫 번째와 두 번째 같은 꽃은 모두가 내 여친의 가슴속에서 나왔다. 평생 꽃과 함께 사랑하고 키우는 마음으로 살림을 하면서 나와 자녀를 생각하고 20년 넘은 가구를 리모델링하고 아파트에 버려진 꽃과 화분, 가구를 재활용하면서 살아온 내 여친의 가슴속에는 지지 않는 향기로운 꽃이 가득하다. 그 결과 큰 축복을 받았다.

10년 넘게 먹던 혈당 약을 끊어보자고 하는 의사의 말에 약을 끊고 생활하는 우리는 설레는 생활을 하고 있다. 혈당 약을 먹으므로 인하여 각종 부작용에 많이 시달렸고 수시로 공복과 식후에 혈당을 측정하여야 하는 등 어려운 일이 많았다. 그리고 합병증이 언젠가는 올 것 같아 항상 불안한 생활을 하고 있었다.

이러한 축복은 아파트 생활을 하다가 강릉이라고 하는 곳에 와서 전원생활을 하니까 솔향이 가득한 공기를 마시고 평창 발원지에서 내려오는 깨끗하고 좋은 물을 마시면서 하루 종일 집안에서 스트레스 없이 꽃을 심고 물을 주면서 활동을 한 결과라는 생각이 들어간다. 이와 같이 가슴속에 있는 향기로운 꽃을 항상 지니고 생활하고 있는 나의 여친에게 큰 박수와 함께 껴안아 주면서 큰 박수를 보낸다.

우리 집에는 또 원칙의 꽃이 있다. 1994년 집 화단에 사용할 블럭을 승용차 트렁크에 싣고 혼자 경부고속도로 하행선 청원 부근에 달려가는데 큰 버스가 나의 차량 옆을 치면서 지나가자 나의 차는 360도 돌면서 중앙분리대를 부딪치는 큰 사고가 났지만 차량 일부 수리한 것 이외에는 몸은 다치지 않았던 사고가 있었다.

2019년 6월 서울에 사는 후배가 우리가 강릉으로 이사 왔다고 아들과 함께 보트를 트레라에 끌고 와서 우리부부와 함께 4명은 해경에 신고 후 구명조끼를 입고 양양에 있는 동산항을 출항하여 레져를 하다가 배를 무서워 하는 아내를 내려주기 위해 가는 중에 파도에 밀려 해변에 내려주고 난 후 갑자기 높은 파도에 남자 3명은 파도에 휩쓸려 배 아래에 깔리는 큰 사고가 났는데 지역주민과 119도움으로 다행히 1~2주 치료를 할 정도의 찰과상으로 끝났다. 그 당시에는 모두 죽거나 평생 불구로 살아야 할 줄 알았다.

배 아래에 깔렸지만 구명조끼와 파도에 의거 배가 부력으로 떴고 조정자가 시동을 끈 덕분에 큰 상해 없이 살아났다. 인생 100년을 살다 보면 이런 저런 어려움을 당할 때가 누구든지 있을 수 있는데 오늘도 큰 사고 없이 살아야 한다는 생각을 해본다. 이러한 일들을 생각해 보면 우리부부의 삶은 항상 원칙을 지키면서 살아가고 있다.

정기적인 안전검사, 운전면허증 소지, 안전벨트와 구명조끼 착용, 음주운전 및 음주 놀이 금지 등 모든 생활에 원칙을 지키면서 살아가려고 노력하는 우리 집안에 있는 원칙의 꽃이라고 생각한다.

PART - V
그리운 나의 부모님

1. 나에게 주신 큰 유산

가. 나는 금수저로 태어났을까? 아니면 흑수저로 태어났을까?

어느 날 결혼 40년이 넘어서 처음으로 아내에게 물었다.

여보! 당신이 볼 때 나는

흑수저로 태어났을까?

아니면 누구나 좋아하는 금수저로 태어났을까?

아니면 은수저로 태어났을까?

아내는 주저 없이 말한다. "당신은 금수저로 태어났어요"라고---

나는 깜짝 놀랐다. 분명히 우리는 흑수저로 태어났다고 말할 줄 알았다. 나는 아내에게 그 이유를 물었다. 아내는 말한다. 내가 시부모님을 잘 아는데 당신은 부모님으로부터 건강한 육체와 바른 정신을 받았고 그리고 재산도 받았다고 말을 한다.

①나는 부모님으로부터 비교적 건강한 유전자의 몸으로 태어났다. 당뇨, 고혈압 등이 없이 건강한 육체를 주셨다.

②그리고 우리 부부가 1970년대 후반 결혼했을 때 농사일만 하시던 부모님은 마차에 쌀을 싣고 천안 기차역에서 택배로 보내주시고 가을이 되면 기름을 짰다고 주시고 마늘을 수확하면 주시고 끝없이 주셨다. 유산으로 농사 짓던 논을 주셔서 지금도 쌀 걱정은 하지 않는다.

③특히 부모님은 돈으로 계산할 수 없는 정신적인 유산을 물려 주셨다. 몇 가지 실화를 통해서 적어본다.

첫째는 종중 일을 20년 이상 오랫동안 하셨는데 언제가 종중에서 고

생했다고 고무신을 선물로 받았다고 한다.

조상님을 위해서 자손이 하는 일은 당연한 것인데 선물을 받을 수 없다고 사양하다가 결국 받아 오셨는데 고무신 값 만큼 쌀로 바꾸어서 오랜 기간 이자를 늘리고 늘려서 마을 근처에 땅을 사서 종중에 기부를 하셨다. 이 이야기는 아버지가 돌아가신 후 18년이 지나서 종중에 갔는데 집안 어른들의 입을 통해서 들었다. 나는 가슴이 뿌듯하고 나의 삶을 다시 한번 돌아보게 되었다. 자네 아버지는 이렇게 사셨고 별명이 변호사였다고 한다. 그만큼 어려운사람을 위해서 노력을 하셨다.

둘째는 1960년대는 살기가 어려워서 시골에서는 농한기에는 놀음이 심할 때 였다. 우리 집 잘 보이지 않는 처마에는 가죽으로 된 큰 허리띠가 있었다. 동네에서 놀음을 한다는 정보만 아시면 큰 허리띠를 매시고 놀음 장에 가서 큰 기침만 해도 그 날은 놀음을 못했고 점점 마을에서 놀음이 없어졌고

천안에 큰 방직공장이 있었는데 방직공장에서 생산된 제품 포장에 필요한 가마니를 농한기에 짚(벼농사 부산물)으로 만들어서 농가 수익을 올렸다. 내가 초등학교 다닐 때 함께 그 일을 하여 중학교에 입학할 때 입학금과 책을 사는데 큰 도움이 되었다. 우리 동네에는 그때 새마을 운동을 시작했고 방송국에서 취재가 있었던 기억이 지금도 생생하다.

셋째는 가정에서 항상 따듯하고 포근한 가운데 자랐다. 먹을 것이 없어서 얼굴이 붓는 사람도 많이 보았는데 우리는 고구마, 감자, 보리밥 등으로 굶지는 않았다. 항상 "건강하고 화목하고 정직하고 성실하게 살아가라"는 가훈(家訓)을 말씀하시면서 부모님 스스로 노력하시는 것을 보고 성장하였다.

넷째는 나는 지금까지 이 세상에서 가장 존경하는 분이 있다면 우리 부모님을 생각한다. 그 이유는 여러 가지 있겠지만 왠지 그렇다. 매스컴을 통해서 가끔 부모님에게 흉기를 휘두르는 등의 뉴스를 보면 이해가 되지 않을뿐더러 가슴이 답답하다. 그래서 지금도 무슨 일을 하다가도 이렇게 해야 할까 아니면 저렇게 해야 할까 할 때는 "우리 부모님이라면 어떻게 하셨을까" 생각해보고 실행한다.

부모님의 뜻을 받들어 우리형제는 살아가고 있고, 특히 나보다 먼저 태어난 형과 누나는 어려운 농촌경제 속에 부모님과 동생들을 위하여 고생한 것을 생각하면 평생 고맙고 어떻게 보답을 해야 할지 눈물이 앞선다. 내가 군 입대 후에 고생이 많았던 동생에게도 평생 감사한 마음이 앞선다.

나. 부모님의 모습이 내 평생 삶의 지표

0. 집 없는 사람에게 집을 지어주시는 아버지

60년대의 우리나라 시골의 모습은 조선시대 농촌의 모습과 별 차이가 없었다. 집이 있어도 대부분 초가삼간(草家3間)으로서 부엌 한 칸, 방 한 칸, 헛간 한 칸으로 지어졌다. 헛간은 곡식이나 농기구 등을 넣어두는 방인데, 이 헛간은 아이들이 태어나서 자라면 방으로 만들어 초가삼간을 이루기도 한다.

초가라는 말은 기와가 아닌 볏짚으로 지붕을 지은 집이다. 초가집의 역사는 벼농사를 짓기 시작한 삼국시대에 이미 건립하기 시작하여 1970년대 새마을 운동으로 스레트, 함석 등으로 지붕을 교체할 때까지 시골의 주 건축형태였다.

하지만 이런 집이 없이 힘들게 살아가는 이웃에게 아버지는 산에 가서 나무를 베어서 말리고 짚을 썰어 넣어서 벽돌을 만들고 돌을 주어와서 준비한 다음 초가3간을 1달 정도면 지어주는 것을 많이 보아왔는데 아버지는 직업이 목수도 아닌데 목수용 망치와 대패 등 몇 가지 연장을 갖고 집을 지어주셨다. 이는 할아버지도 그렇게 하셨다고 아버지가 나에게 들려 주셨다.

0. 쌀과 양수기를~~~

마을에 소년소녀 가장을 파악하여 명절 때가 되면 집집마다 쌀을 배달하여 주셨고 한때는 엄청난 가뭄이 왔다. 계속되는 가뭄에 벼를 심을 수가 없을 때 농민들은 두레박으로 2명이 1조가 되어 물을 퍼 올려야 했고 웅덩이에 물이 없으면 할 수가 없었다. 이때 양수기라고 하는 처음 보는 장비를 사서 마을에 지원을 하여 농가 소득에 기여 하였다.

0. 거지에게 밥상을~~~

1960년대에는 마을에 밥을 먹지 못해서 구걸하는 사람들이 하루에 수없이 왔다. 구걸하는 사람을 거지라고 했는데 거지들은 옷도 더럽고 몸에 벼룩, 이 같은 벌레를 옮겨서 사람들이 접촉하는 것을 싫어했다. 약300호 농촌에 거지가 오면 밥이 없거나 줄 수 없을 때에는 저쪽 대추나무집에 가면 밥을 준다고 동네사람들이 했다. 그 대추나무 집이 우리 집 이었다. 거지가 올 것을 생각하고 거지용 밥상, 그릇, 숟가락 등등이 별도로 있었고 식사 중에 거지가 오면 밥이 없을 때 부모님은 드시던 밥을 거지에게 주시던 모습이 눈에 지금도 보이는 것 같다. 이 때 거지들에게 줄 밥상을 차리고 밥을 먹고 난 후에 그 밥상을 치워야 했던 어머니, 누나는 얼마나 힘이 들었을까 생각해 본다.

0. 쌀 1,000가마를 장학금으로~~~

평생 농사를 지으신 아버지는 항상 야학(夜學) 즉 낮에는 농사일을 하고 밤에 7일 동안 한글 공부하신 것에 대한 아쉬움을 말씀하셨다. 공부라고 한 것은 야학 7일의 공부가 전부이셨다. 그래도 돌아가실 때까지 항상 삼국지, 초한지, 명심보감 등을 보셨고 토정비결을 보시면서 새해가 되면 동네 사람들에게 새해의 사주를 보면서 열정을 심어주시곤 하셨다. 1994년도 쌀 1가마에 9만원 정도 할 때에 1억 원이라고 하는 엄청난 돈을 장학금으로 기부하셨다. 자식들은 그 돈을 자식들에게 나누어 주시기를 바라면서 만류를 한 것이 사실이다. 하지만 워낙 확고한 의지를 갖고 계셔서 의지대로 하셨다.

다. 어릴 때 추억

● 내가 태어난 곳은 충남 천안의 약 300여 호 시골마을이었는데 그중에서 우리 집은 15가구가 모여 사는 전형적인 시골이었다. 집 앞으로는 논과 밭으로 전망이 확 트였고 멀리 저수지와 천안의 명산인 흑석산, 노태산이 보이고 동네 뒤로는 아산군이 있다. 방 2칸에 부엌하나 있는 집이었고 집 대문 앞에는 20년쯤 된 대추나무가 있었는데 크고 맛진 대추나무였다. 태풍이나 바람이 지나고 나면 땅에 떨어지는 대추를 주워 먹으면 엄청 맛이 있었다. 가을에 대추를 따면 모두 바늘과 실로 1줄에 50개씩 엮어서 처마 밑에 달아 놓았다가 제사 때 사용을 했다. 텃밭에는 밤나무가 5그루 있었는데 이 밤나무도 맛이 최고였다. 역시 밤을 수확하면 땅속에 묻었다가 제사 때마다 꺼내 쓰셨다. 지금은 이 마을에 대부분 아파트가 들어서서 흔적을 찾아 볼 수가 없다. 1960년 전후에는 우리나라 대부분이 농가였으며 조선시대와 별차이가 없는 경제 속에서 생활을 하였다.

그래도 우리 집은 쌀밥은 못 먹었어도 보리밥 등 배부르게 먹고 살았는데 주변 이웃집은 먹지를 못해서 얼굴이 붓고 영양이 부족하여 일찍 세상을 떠난 사람들도 있었다. 사실 60년대는 60세 이상만 살아도 엄청 노인으로서 대접을 받았다.

● 1화 : 태몽 꿈

나는 어떻게 태어났을까? 6.25전쟁(1950.6.25~1953.7)이 끝난 다음 해 어머니는 태몽 꿈을 꾸셨다고 여러 번 말씀하셨다. 집 앞에 있는 대추나무에 뱀이 올라가서 우리 집을 처다 보다가 집 앞에 있는 대문을 통해서 집으로 들어오더니 집 본채로 와서는 큰 구렁이로 변했는데 무섭지도 않고 얼마나 좋았는지 몰랐다고 한다. 깨어 보니 꿈이었고 얼마 후 내가 태어났다고 여러 번 하셨다. 아버지는 토정비결을 매년 우리 가족과 동네 분들에 대하여 삶을 미리 예측하도록 해 주셨다. 설 때를 전후해서 토정비결을 보러 오는 분들이 매우 많았다. 물론 복채를 받으시는 것은 아니었다. 그런데 매년 그 많은 사람들 중에 "충희 같은 사주를 갖고 태어난 사람은 드물다"고 늘 말씀하셨다. 지금 생각해보면 사주가 좋은 것 같기도 하고 열심히 살아가라고 열정을 심어 주기 위해서 그렇게 하신 것 같은 생각도 해본다. 하지만 내 사주만큼 나는 인생을 열심히 살지 못한 것 같아 후회스러울 때가 많다.

● 2화 : 구멍 난 나이론 양말

아주 어릴 때 추운 겨울날이었다. 어머니는 나에게 나이론 양말이라고 하면서 매우 귀한 것이니 잘 신으라고 사 주셨다. 처음 신어 보는 나이론 양말이었다. 너무도 좋아서 친구들과 밖에서 뛰어 놀다가 저녁 때 보니 양말에 구멍이 났다. 왜 그럴까? 고무신이 구멍이 났으니까 그 자리에 양말이 구멍이 났던 것이다. 그 당시 양말은 재질이 그만큼 좋지가 않았던 것 같다.

나는 바로 양말을 벗어 들었다. 발이 시려운 것보다 더 신경 쓰이는 것은 구멍 난 아까운 양말이었다.

● 3화 : 처음가보는 서울 여행

초등학교 5학년일 때 학교에서 서울로 2박3일 수학여행을 떠나게 되었다. 5학년 학생 약100명중에 60명 정도(40명은 여행비를 못 내서 포기)가 여행비로 250원과 쌀 2되씩 내서 출발을 하게 되었다. 나 역시 어려운 가운데 어머니께서 아끼고 아꼈던 쌀 2되와 힘겹게 모아서 주신 돈으로 여행을 가게 되었다.

설레는 마음으로 학교에서 약4km를 한밤중에 산과 들길을 지나 걸어서 천안기차 역에 도착하였다. 중간 중간에 선생님들이 후레쉬라고 하는 것으로 길을 밝혀주니 모두 신기하였다. 물론 기차도 처음 타고 서울도 처음 가보게 되는 것이다.

천안역에 도착하여 기차를 타고 약 3시간 정도 기차가 칙~칙 폭폭 하면서 달려가니 서울역에 도착하였다. 버스와 지상에 있는 전철을 타고 때론 걷기도 하면서 창경원, 서울 남산에 케이블카를 타고 서울 구경을 하였다. 처음 본 서울은 신기했고 나도 이런 서울에서 살아볼 수 있을까 생각이 들었고 말로만 듣던 경복궁과 창경원 등 모두가 신기했고 어깨에 짊어지고 다니면서 파는 하드(지금의 아이스크림) 맛은 최고였다. 서울여행을 간다고 하니 어머니께서 처음 신어보는 검은 운동화를 사 주셨는데 3일째 보니 운동화 신발 바닥이 눈에 보이도록 닳았고 한 쪽은 구멍이 곧 날 정도였다. 큰 일이다. 이 일을 어쩌나? 나는 신발과 양말을 벗어 들고 다녔다.

● 4화 : 평생 공부를~~~

그리고 나는 어렵게 학교를 보내주셨는데 공부를 잘 하지 못했다. 그래서 부모님에게 실망을 많이 안겨드렸다.

하지만 나에게는 부모님으로부터 평생 책을 보고 살아야 한다는 것과 인생을 정직하고 성실하게 살아야 한다는 것을 부모님 사시는 모습을 보고 배웠다. 부모님은 낮에는 힘든 농사일을 하시고 저녁에는 호롱

불 아래서 책을 보시면서 책에 관한 이야기를 해주시는 모습이 지금도 생각난다. 이보다 더 큰 산 교육이 있을까 생각해 본다.

나는 이런 저런 이유로 대학을 못 가고 군에 와서 지금까지 평생 책과 함께 살아가고 있다. 그래서 군 생활을 하면서 대학은 물론 대학원까지 공부를 했고 대학원 2곳에 다니면서 대학원 원우회장을 2번 했다. 전역 후 계속 공부를 해서 수료증과 자격증 등을 받은 것이 30개가 넘는다.

어느 날 밤 늦게까지 공부하고 오는 나를 본 어린 손녀가 말한다. 우리 할아버지는 학자 할아버지라고 한 것이 지금도 잊을 수가 없다.

-빽 댄서 하고 싶은 마음에-

60세라는 나이가 얼마 남지 않았을 때 TV를 보는데 가수가 노래를 하면 뒤에서 춤을 추는 빽 댄서의 모습이 너무도 보기 좋았고 나도 꼭 해보고 싶었다. 며칠 동안 이런저런 생각을 하다가 창피한 생각도 들어서 아무도 모르게 인터넷을 통하여 빽 댄서 하는 학원을 찾아 갔는데 문 앞에까지 가서 그냥 되돌아 왔다. 자신이 없었다. 얼마 후 용기를 내서 다시 가니까 0월0일00에 오라고 한다.

그래서 등산가는 것처럼 배낭에 반바지와 운동화, 타올 등을 넣고 가서 등록을 하려니까 오늘 한번 해보고 등록하라고 한다. 담당 선생과 면담을 하는데 나이는 20대 후반, 노랑 머리색에 말꼬리처럼 묶었다. 교실에 들어가니 3면이 유리로 되어있고 초, 중학생이 대부분이고 고등학생2명이 있다. 잠시 후 큰 음악과 함께 선생의 댄서를 보면서 따라 하기 시작했다. 1시간 쯤 지났는데 나의 댄서 모습은 엉망이었을 것 같은데 땀이 비오 듯 한다. 1시간 30분이 지난 후에 끝이 났는데 운동은 많이 되는데 만감(萬感)이 교차한다.

다시 등록을 하려니까 다음주에 와서 하라고 한다. 며칠이 지나니까 마루 바닥에서 90분을 뛰었으니까 무릎이 엄청 쑤신다. 평소에도 무릎이 약했던 나는 포기하고 말았고 나의 꿈 목록 한 가지를 지웠다. 등록을 계속 다음에 하라고 했던 주인에게 감사한 마음이 들어갔고 빽 댄서는 내 인생에 추억으로 간직되었다.

2.부모님의 건강과 경제적인 능력

가. 부모님은 결혼 때부터 평생 건강하지 못한 삶을 사셨다.

어머니는 일제 강점기로써 2차 세계대전 끝나갈 무렵 1944년 결혼 후 큰 병에 앓아 누우셨다. 당시는 병원도 없고 먹고 살기도 어려운 시대였다. 결국에는 죽었는가 보다 생각하고 장례준비를 하려는데 할아버지(어머니의 시아버지)께서 며느리 사랑이 매우 크셨는지 "그래도 좀 더 기다려 보자"고 하셨는데 그 다음날 조금씩 깨어 나셨다고 한다. 이후에 알아보니 지금의 장티푸스였다. 내가 어렸을 때(1960년대)는 장티푸스 걸리면 100% 죽는 병으로 생각했다. 그 당시 의료시설을 생각하면 어머니는 매우 건강하셨던 것 같다. 장티푸스에서 깨어난 어머니는 그 이후 후유증으로 인하여 고생하셨지만 우리 5남매를 항상 사랑스러운 마음으로 건강하게 키우시고 우리들에게 보이지 않는 삶의 지표를 주시고 77세에 돌아가셨다.

호스피스가 쓴 책을 보니까 사람이 나이가 들고 병이 들어 누워있을 때 자녀에게 바라는 것은 2가지가 있다고 한다. 그 하나는 ①"부모님 같이 살겠습니다"라고 하는 것이라고 한다.

누워 계신 부모님께 빨리 쾌차하셔서 놀러 다니세요 라고 말을 하면 다 거짓이라고 생각을 하고 정말 바라는 것은 부모님이 언제 이런 말씀을 하셨는데 항상 명심하고 그대로 살아가겠습니다.

손자 00도 부모님을 닮았는지 000살아가고 있어요 등등

② 또 하나는 스킨십이라고 한다. 볼 때마다 손을 만져주고 안마해주고 손발을 씻겨드리고 목욕을 함께 하는 것 등 이라는 말에 공감이 간다. 나는 왜 이런 말을 부모님이 돌아가신 후에 알았을까 후회가 된다. 아버지는 1944년 20세에 징집되어 마을 인근 학교 운동장에서 기초 교육을 받고 일본의 만주 군으로 배치되어 2차 세계대전 태평양전쟁에 투입되었다.

그 이후에 힘든 군 생활과 일본이 항복 후 탈출하여 만주에서 도보로 출발하여 굶기를 밥 먹듯 낮에는 산 속에서 숨어있고 밤에는 걷는 과정에 평생 약하고 약한 몸으로 살다가 78세에 돌아가셨다.

이런 가운데 학교 보낸다는 것은 매우 어려웠고 먹고 살기도 어려웠었다. 나는 행운아였다. 초등학교 6학년이 되자 진학반 약60명, 비진학반 40명으로 분류되었다. 진학반 60명은 요즈음 고3학년처럼 밤 늦게까지 공부해서 약 60%정도(35명 정도) 중학교에 갔다. 중학교에서 다시 고등학교는 초등학교 졸업생의 20%정도(20명 정도)가 입학했다 중학교 진학률이 초등학교 졸업생의 40% 정도인 이유의 첫째는 우리나라 경제적 어려움, 둘째는 피리밋 같은 입학 인원 구조 때문이라고 할 수 있다. 중학교 1학년일 때 나는 부모님 덕분에 학비를 잘 냈다. 돈이 많아서가 아니라 자녀 중 처음으로 중학교에 보낸 부모님은 학비를 책임 질 테니 공부에 최선을 다 하라고 하셨는데 공부를 잘 하지

못해 항상 죄를 지은 마음이다.

 나의 부모님께 이런 노래를 바치고 싶다.

이 세상의 모든 것 다 주고 싶어

이 세상의 좋은 것 모두 드릴께요
나를 가장 사랑하신 예쁜 우리 부모님
때론 마음 아프고 눈물 흘리게 했지만
부모님 정말 사랑해 정말 사랑해요
싱그러운 나무처럼 쑥쑥 자라서
나의 꿈이 이뤄지는 날 환하게 웃으세요
부모님을 생각하면 왜 눈물이 나지
이 세상의 좋은 것 모두 드릴게요
부모님 사랑해요

중학교 같은 반 학생 중 한 명은 학자금 3,100원 중에 100원을 못 내서 담임 선생한테 몇 번 불려가고 반원 전체가 보는 가운데 매를 여러 번 맞았는데 결국은 퇴학조치 되었던 기억이 난다.

나. 경제적인 능력
일제시대에 결혼을 하신 부모님은 정말 아무 것도 없이 살림을 시작하셨다. 오직 가진 것은 건강하지 못한 몸으로 모든 것을 해결해야 하셨다.

정말 힘들게 사시면서 토지를 조금씩 사서 농사를 하셨는데 평생 갖고 있는 토지는 국가사업으로 정부에서 매입할 때 팔았던 것 말고는 한 평도 팔지를 않고 늘려나갔다. 나도 부모님께서 상속으로 주신 토지를 지금도 그대로 갖고 있다. 얼마나 힘들게 준비하신 농토인가 생각해본다. 우리 형제들은 부모님이 돌아가시고 20년이 다 되었는데 불가피한 경우(국책사업에 편입 등)를 제외하고는 모두 그대로 보유하면서 항상 부모님의 뜻을 생각하면서 살고 있다.

3. 내가 기억하는 부모님의 모습

"내가 원하는 것이 있다면 내가 먼저 하라"는 말이 있다. 부모님은 생활을 바른 생활처럼 사셨다. 항상 책을 보시고 책을 보신 소감을 오랜만에 집에 가면 말씀을 하시곤 했다. 그리고 부모님은 특별한 경우를 제외하고는 항상 함께 식사를 하시고 돌아가실 때까지 한방을 사용하셨다. 요즈음 연속극에 나오는 것처럼 각 방 사용하시는 것을 보지 못했다.

봄이 되면 냉이를 채취해서 깨끗이 정리해서 어머니에게 주시는 모습! 몸이 불편하면 먼저 약을 지어 와서 식사 후에 시계를 처다 보시다가 30분이 지나면 물과 약을 준비하여 손에 들고 계시던 부모님의 모습!

하지만 돌아가시기 전부터 어머니는 치매가 왔다. 우리는 그 때 왜 그러시는지 모르고 치매로 인하여 정신이 없는 어머니를 원망만 했다. 병원에 가서 진료 받고 약을 지어드리고 그것이 전부였다. 지금 같으면 좀 더 체계적으로 치료를 해드리고 편하게 해드리지 못한 것이 아쉽기 한이 없다.

가. 아버지의 마지막 모습

2001년 8월 4일 토요일 새벽에 고향인 천안 누나로부터 전화가 왔다. 아버지께서 돌아가실 것 같으니까 빨리 오라고 한다. 나는 그 말이 도저히 믿을 수가 없는 전화였지만 아내와 함께 내가 근무하고 있던 서울 집에서 출발을 했다.

1시간 이상 천안 집까지 가면서 머리가 복잡하고 여러 가지 생각이 교차한다. 우리 아버지는 절대 돌아가시지 않는다. 언제까지 우리에 그리고 나에 곁에 계실 것이 확실한 분이라고 생각이 된다. 현재의 아버지가 어떤 모습이기에 이런 소식을 주는 걸까? 빨리 가서 그래도 건강하시고 별일이 없으실 아버지를 보고픈 생각을 하면 왜 그리도 차가 느리고 느리게 가는지 모르겠다. 또 한편으로는 곧 돌아가실 아버지를 뵐 것을 생각하면 빨리 가는 것이 무섭고 천천히 갔으면 좋겠다는 생각이 들어간다.

옆에 타고 있는 나의 아내는 한마디 한다. 아버님은 좋은 일도 많이 하셨고 건강을 위해 많이 노력하신 분이니까 곧 회복되시니까 너무 걱정을 하지 말라고 위로를 한다. 하지만 과연 그럴까? 그렇게 되기를 바라는 마음으로 고향집에 도착하니 새벽 6시경이 되었다.

방에 들어가니까 평생 내가 존경하고 사랑하며 영원히 나의 곁에 계실 아버지는 누워 계시고 온 가족이 모였고 가까이 살고 있는 집안 친척이 모였다. 내가 어찌할 바를 몰라 하니까 매형이 조용히 나를 불러서 임종이 임박했으니까 마음으로 기도를 하라고 한다.

나의 생각은 기도도 좋지만 당장 큰 병원으로 모시고 가야 할 것으로 생각이 되었다. 하지만 나는 지금까지 살면서 이런 일은 처음 겪는 것이다.

천안에 큰 대학병원에서 그 동안 통원치료와 입원을 하시면서 치료를 했는데 그 병원에 연락을 해서 급히 조치를 요구했다.

내가 도착한 후 1시간도 되지 않아서 아버지는 돌아가셨다고 하는데 나는 그 상황이 도저히 믿어지지가 않는다. 잠시 후 병원에서 의사가 와서 확인 후 임종하셨다고 한다. 나는 현실이 믿어지지 않았다. 어찌하여야 할까? 그래도 그럴 수 없다고 생각하여 대학병원으로 모시고 갔다.

그 사이에 직장에 출근을 하지 못한다고 통보를 했다. 그런데 앰뷸런스 차량은 응급실로 가는 것이 아니고 영안실로 모시고 간다. 이 일을 현실로 받아 들여야 하는가 보다. 아버지의 모습은 온화하고 평화로워 보인다. 금방 잘 잤다라고 하시면서 일어나실 것 같다. 그러나 일어나시지 못하고 계신 아버지를 보면서 현실로 받아들여야 한다고 생각하니까 그 때부터 한 없이 눈물이 나온다. 하늘이 무너지는 것 같다. 병석에 계신 어머니는 어떻게 하고 혼자 이렇게 떠나신다니 믿어지지가 않았다.

장례식장에 종친회장이 찾아와서 말한다. 아버지께서 생전에 오랜 기간 종친을 위해 노심초사 걱정하시고 헌신적으로 일하신 것을 생각할 때 깊이 애도를 표하며 산소의 위치는 종산 중에 어느 곳에 모셔도 되고 이를 도와 주겠다고 한다. 감사한 일이다. 그리고 천안시와 농협 등에서 조문을 와서 생전에 감사의 뜻을 전한다. 나의 아버지는 농업용수가 부족하고 가뭄이 계속되어 농사가 어려울 때 두레를 갖고 물을 퍼 올리는 어려움을 생각하시고 농업용 양수기를 어려운 농가에 몇 년 동안에 무료 지원을 하셨다.

그리고 소년소녀 가장에게 쌀20kg를 집집에 지원을 하시는 등 업적을 고려한 것이다.

아버지는 1924년 9월21일(양력1924년10월19일) 일본제국주의시대에 출생하여 일본군 징병으로 만주까지 가셔서 갖은 고생을 하시고 6.25전쟁과 보리고개 같은 굶주림 속에서 우리 5남매를 키우신 분이다. 남을 위한 봉사도 많이 하셨다. 조문객을 맞으면서 3일이 되던 날 드디어 종친회 공원묘지에 도착을 하여 매장을 하던 날!!! 아버지의 건강을 지키지 못한 나의 죄를 생각하니까 하늘이 무너지고 나는 이 세상에 살 가치도 없는 것 같고 매장할 때 마지막 아버지를 생각하니 영원히 함께 묻히고 싶은 생각뿐이다. 남자로서 이렇게 눈물이 나올 수가 없다. 울고 울고 또 울어도 눈물이 나온다. 지인들 형수 들이 와서 남자로써, 그리고 군인이라는 사람이 왜 그렇게 울고 또 울고 있느냐고 이해가 되지 않는다고 한다. 아마 우리 형제들은 모두 나하고 같은 심정으로 눈물을 흘렸을 것 같다. 이렇게 나의 아버지는 우리의 곁을 떠나셨다.

나는 생각해 본다. 왜 나는 그렇게도 아버지가 보고 싶고 그리운 것일까? 나만 그럴까? 아니면 모든 사람들은 모두 다 나와 같이 생각하고 돌아가신 부모님이 보고 싶도록 그리운 것일까?

삼우제(三虞祭)를 지내고 직장으로 돌아가야 하는 나의 발걸음은 무거웠다. 현역으로 군 생활을 하던 나는 어쩔 수 없었다. 마음은 3년 묘지기 등 여러 가지 생각이 다 들어간다.

출근하여 근무를 해도 나의 머리에는 아버지의 얼굴만 떠 오른다. 퇴근하여 잠이 오지를 않아서 그 때부터 "그리운 나의 아버지"에게 장문의 편지를 썼다. 그리고 쓰고 또 썼다. 그러면 잠이 온다.

왜 나에게는 그렇게 아버지가 그리울까?

돌아가신 지 18년이 지난 지금도 생각이 난다. 그래서 가슴속에 있는 나의 생각을 적어 나가기 시작했다.

나. 어머니의 세숫물 갖다 드리는 아버지

지금은 수도꼭지만 열면 물이 나온다. 1960년경에는 우리 마을을 포함하여 대부분 마을에 공동우물이 있고 그 우물에서 물을 길어서 밥도 하고 세수하고 빨래는 마을 앞 개울에서 했다. 그야말로 콩쥐 팥쥐에 나오는 식으로 살아갔다. 아마도 고려시대 또는 조선시대부터 해오던 방식대로 살아온 것이다. 그러다가 1970년경에 집집마다 마중물을 부어서 퍼 올리는 우물을 사용했는데 제 기억에는 마을에서 처음으로 그 우물을 구경하러 많은 사람들이 모였다. 그 때의 모든 우물은 10~20m 정도만 삽과 곡괭이로 땅을 파고 내려가면 깨끗한 물이 동네 사람들이 다 사용해도 남을 정도로 나왔고, 수질검사 없이 사용해도 물로 인해서 배탈이 나는 경우는 한번도 없었고 오히려 우리 동내의 우물물을 외지 사람에게 물맛이 좋다고 자랑을 했다.

이런 시기에 아버지는 어머니의 세숫물을 떠다가 마루 끝에 갖다 놓는 것을 어린 나이에 보았다. 그 때는 그냥 그런가 보다 하고 지냈는데 내가 결혼을 하고 가장이 되고 보니 왜 그렇게 하셨을까 하면서 생각이 난다. 그리고 식사를 하시고 나면 밥 한 톨 없이 드시고 깨끗이 비우고 밥상 정리를 해주시는 것에 온 가족이 동참하도록 하시는 것을 보고 자랐다.

이런 모습을 보고 나도 결혼 후에 밥을 먹을 때 '바닥보기' 운동을 했다.

그리고 지금은 빗자루를 마트나 철물점에서 사다가 그냥 사용하면 된다. 하지만 내가 생각하는 것은 아버지는 수수를 심어서 수수 알을 털어서 식량을 하고 나머지로 빗자루를 만들어서 방과 마루, 그리고 부엌에서 사용하도록 해 주셨다. 산에 가서 싸리나무라고 하는 것을 베어 와서 빗자루를 만들어 마당에서 사용했다. 그 당시를 기억하면서 나는 많은 생각을 했다.

나는 지금 어떻게 하고 있을까?

우리 부부는 식사 후에 서로 서로 치약을 칫솔에 짜서 "양치질 합시다" 하고 갖다 준다. 작은 것에 항상 감사한다. 밥을 먹은 후 하루의 일과가 가볍고 힘찬 하루가 된다. 그리고 음식을 먹은 것에 대하여 어떻게 음식 재료가 나왔고 만들어졌는지 생각을 하게 된다.

그리고 밥을 먹을 때는 밥그릇에 밥 한 알 없이 먹는 버릇이 어릴 적부터 있어서 애들도 그렇게 하고 있다.
그리고 우리 집에는 '**바닥보기**' 하는 용어가 있다. 밥이나 반찬은 먹던 음식은 가급적 바닥을 보도록 깨끗이 먹는다. 식사 전에 아내에게 묻는다. 오늘 바닥보기 할 것은 무엇인가요? 라고 묻는다.

그러면 아내는 음식의 신선도, 가치, 선호도, 영양가, 편식 방지 등 여러 가지를 고려하여 정해 주면 "바닥보기 시작"이라고 하면 그 음식을 그 시간에 모두 먹어 치운다. 이와 같은 우리 집만의 문화가 생겼고 지인들이 보고 나서 지인들도 집에 가서 '바닥보기' 하는 것을 보았다.

사실 우리 부모님 세대는 유교문화가 굳건히 자리하고 있었다고 생각된다. 그래서 그런지 아버지는 부엌에 나무를 갖다 쌓아주고 부엌에 수리하는 것과 그리고 소에게 먹일 소 죽을 만들어 들어가시는 것 외에는 부엌에 들어가시는 것을 어릴 적에는 별로 보지 못했다.

나도 결혼하여 언제가 오랜 기간 동안 그렇게 했다.

하지만 아이 들이 커서 군에 가고 결혼하면서 우리는 서로 서로 변화하기 시작했다.

다. 화투, 바둑 그리고 가훈(家訓)을 알려주신 아버지

나는 1961년 3월 8살에 초등학교(당시에는 국민학교 : 1941년 일본 제국주의에 의거 국민학교로 명명되었다가 일제의 잔재를 청산하기 위해 1996년3월1일부터 초등학교로 변경)에 입학했다. 따스한 햇빛을 쪼이기 위해서 양지 바른 곳에서 형과 누나와 함께 있는데 아버지께서 천안 장날에 다녀오시면서 양복을 사오셨다. 모두 방으로 들어오라고 하시더니 검은 양복을 입어보라고 하시더니 검은 고무신까지 꺼내어 신어보라고 하신다. 나는 너무도 좋았고 행복했다. 처음 큰 선물을 받았다. 어머니께서는 깨끗한 보자기를 꺼내 주시면서 책을 싸서 학교에 갈 때 사용하라고 하신다. 지금도 그 때의 상황이 생생하게 생각이 난다. 그리고 나서 여동생 1명은 너무도 어렸고 우리 3남매는 부모님 앞에 앉았다. 속으로는 내심 감사하면서 빨리 학교에 가서 뽐내고 싶었다.

첫째 화투를 가르쳐 주셨다. 당시에는 농한기가 되면 시골에서는 할 일이 없으니까 농부들이 모여서 화투를 갖고 큰 놀음을 하여서 농사

짓는 땅을 잃고 심지어 놀음으로 처자식을 팔아먹는다고 하는 말이 나올 정도였다.

이런 무서운 마약가도 같았던 화투를 아이들이 갖고 놀면 어른들은 크게 야단을 치시고 화투는 구경도 못하게 하던 분위기였다.

이러한 화투를 꺼내신 아버지는 그 때부터 화투를 가르치신다. 화투 는 48장으로 되어있고 1은 솔이고 2는 이매조, 3은 사구라, 그리고 달광, 풍, 비, 똥이 있고 화투를 이용한 놀이방법을 자세히 가르치신 다. 옆에 계시던 어머니는 매우 걱정스런 눈으로 바라보신다.

화투놀이 법을 알려주신 아버지는 "왜 내가 어린 너희들에게 화투를 가르쳐 주는지 알겠느냐?" 하신다. 요즈음 화투를 갖고 놀음을 하여 서 온 마을이 시끄럽다. 너희들도 크면 화투를 하여서 큰 놀음을 할 까 매우 걱정이 된다. 너희들이 크면 내가 매일같이 화투를 못하도록 따라 다닐 수도 없는 일이다. 그래서 "화투를 제대로 가르치고 놀음 하지 않는 정신을 가르쳐야 하겠다"고 생각했다. "화투가 놀음을 하 는 것은 아니다. 우리의 정신이 맑지 못해서 놀음판에 끼어드는 것이 다"라고 하셨다.

그렇게 말씀하신 아버지는 종종 화투를 하지 않는 정신에 대하여 강 조하셨고 안방에는 항상 종이로 만들어서 조금 사용하면 종이 가운 데서 횟가루 같은 것이 나오는 이런 화투를 갖고 우리 가족은 함께 놀이를 했다

그 이후 우리 5남매는 부모님이 돌아가신 적이 오래되었는데도 지금 까지 놀음성 놀이는 하지 않는다. 그리고 골프를 쳐도 내기를 하고 무슨 놀이를 하여도 내기를 많이 한다. 하지만 나는 지금까지 누가

보아도 놀음성이 아닌 내기는 했다. 적은 돈이라도 내기를 오랫동안 하면 많은 시간을 낭비하게 되고 때로는 기분이 나쁠 때도 있다.

인생을 살다 보면 처음에는 놀음성 게임이 아닌 것 같은데 시간이 지나다 보면 놀음성 게임으로 빠져드는 경우가 있다. 그 때는 어릴 때 아버지께서 하신 말씀이 생각나는 순간 나는 그 자리에서 못한다고 빠진다. 이렇게 살다 보니 지인들은 나에 대해서 알고 있어서 그런지 놀음성 게임은 함께 하자고 하지를 않는다.

두 번째는 바둑을 가르치셨다.

어릴 때 바둑판은 송판을 붙이고 먹줄로 가로19줄, 세로19줄을 그리고 콩기름을 바둑판 위에 칠하였다.

이러한 바둑판을 갖고 오셔서 바둑판에 대하여 설명하시고 바둑 흰 알과 검은 알에 대하여 알려주셨다. 그 당시 기억으로는 흰 알은 바다에서 주어온 조개를 깨어서 매끈하게 갈아서 만들었고 검은 알은 유성기 노래 레코드 판 중에 버리는 것을 주어다가 깨어서 매끈하게 갈아서 만들었다.

그러면서 바둑에는 인생을 어떻게 살아가야 하는지 모든 것이 다 있다고 하였다. 욕심을 부리면 망하고, 베풀면서 바둑을 두면은 인생은 쉽게 살아갈 수 있다고 하였다.

그리고 바둑을 갖고 놀음성 내기를 해서도 안 되고 바둑을 두면은 생각을 많이 하게 되고 생각을 많이 하면 공부하는데도 도움이 될 것이라고 하셨다.

그 이후에 나는 고등학교 졸업시까지 집에서 학교에 다니면서 아버지로부터 바둑을 배웠는데 부친의 공식적인 바둑 실력은 모른다.

아무튼 지역 내 학교 교장선생님을 비롯 많은 분들과 바둑을 두셨다. 얼마 후 다시 아들 집에 갔는데 손자가 이번에는 바둑을 두자고 한다. 제법 공부를 한 것 같다. 학교에서 취미활동으로 배웠다고 한다. 나는 손자와 함께 하는 바둑이 너무도 행복했다.

인생은 **"유리알처럼 살아야 한다"**고 강조하셨다.
유리알은 불 속에 들어가도 타지 않고,
바람이 불어도 날아가지 않고
물속에 들어가도 붓지 않고
들여다보아도 속까지 다 들어내 보여준다고 하셨다.
어릴 때부터 수없이 들었는데 나의 인생을 돌아보면 부족한 점이 너무도 많았다고 생각된다.

세 번째는 가훈을 주셨다.

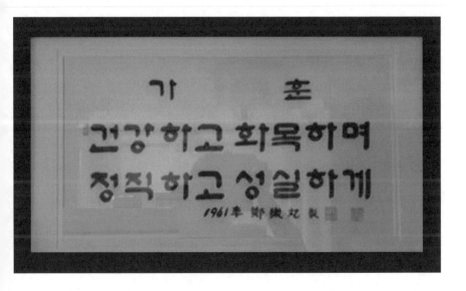

8살 때 가훈을 말씀하신 내용이 지금까지 기억을 할 수가 없다. 하지만 아버지는 돌아가시는 순간까지 본인부터 이를 지키려고 하셨고 우리들에게 강조를 하였다. 우리들 형제는 부모님께서 주신 가훈(家訓)대로 살지는 못하지만 항상 생각을 하고 지키려고 생각을 하고 있으며 집집마다 부모님이 주신 가훈을 벽에 걸어놓고 바라보고 있다.

지금은 우리 5남매는 물론이지만 손주들까지 증조 할아버지 할머니께서 주신 가훈이라고 설명을 했다. 어느 날 손주가 초등학교에 갔다가 학교 선생님이 가훈 있는 사람 손을 들으라고 해서 손을 들었고 내일 적어오라고 했다. 손주가 말한다. 학교에서 가훈 있는 사람 손을 들으라고 하니까 "몇 명 안 되었어" 하면서 신바람이 났다.

나는 지금도 1961년 내 나이 8살에 부모님께서 가르쳐주신 놀음하지 않는 정신을 화투를 통해 알았고 바둑을 통하여 인생을 배우게 되었다. 그리고 몇 글자 되지는 않지만 가훈(家訓)을 통하여 뼈대 있는 집안이라는 자부심을 갖고 평생을 살아가고 있다.

라. 어머니 약과 물을 손에 들고 계신 아버지

나의 어릴 적 기억에 우리 부모님은 항상 건강 관련 고생이 많으셨다. 아주 어릴 적부터 돌아가실 때까지 집에는 약이 끊이지 않았다. 내가 어릴 때에는 안마당 한쪽에는 항상 조그만 화로에 약탕기에는 한약이 보글보글 김이 나는 것을 보았다.

- 일본군 징용생활로 인한 건강 악화 -

아버지는 20살에 일본군에 징병으로 끌려가서서 갖은 고생을 다하시고 돌아오셔서 항상 약으로 살아가셨는데 그래도 건강관리를 매우 잘하셨다. 술은 조금씩 드셨고 노후에는 밥맛이 없다고 하시면서 매일 식사 전 소주를 한잔이 안될 정도로 드셨다. 그리고 특별한 일이 아니면 밤 늦게 들어오시는 것을 못 보았다. 일찍 일찍 들어오셔서 하루 동안 있었던 일들에 대해서 말씀하시고 향후 어떻게 해야 할 지 가족과 함께 이야기를 하셨다. 어릴 적 시골마을에 어른들은 일하다가 힘이 들면 술을 거나하게 마시고 일이 끝나도 술을 마시고 가족들을 못 살게 하는 모습을 많이 보았다. 하지만 나의 아버지는 그런 모습이 한번도 생각나지가 않는다.

그리고 건강이 나빠지면 대나무 낚싯대 한 개를 들고 마을 저수지에 가셔서 혼자 낚시를 하셨는데 고기를 잡아서 들고 오시는 것을 나는 보지 못했다. 물론 낚시 밥을 가져가시는 것을 본적도 없었다. 그러면 나의 아버지는 강태공처럼 낚시바늘이 없는 낚시를 하신 걸까? 항상 생각이 난다. 우리 어린 5남매를 보시면서 건강을 나쁘시니까 가장으로서 얼마나 힘이 드셨을까 하고 생각을 해본다.

어머니도 역시 건강 관련 힘들어 하셨다. 집안에 항상 약탕기가 있었는데 부모님이 봄 가을에 한약을 드셨고 아프실 때마다 한약을 드셨으니까 나의 기억에 남아있다. 천안 군청 앞에 당숙아저씨가 한의원을 하셨다. 많은 집안 아저씨들 중에 나의 아버지와 한의원 하시는 아저씨와는 특별히 가까운 사이였던 것 같다. 수시로 건강관련 한약을 지어오시고 농사를 지어서 쌀로 갖다 드리는 것을 여러 번 보았다.

4. 부모님을 생각하면서 군 생활 34년

가. 군 생활 하게 된 동기

어느 날 천안에서 군 병역징집을 위하여 신체검사를 했는데 '갑종'을 받았다. 군에 안 갈수도 없다. 나는 하던 공부를 해서 원하는 대학에 가고 싶었다. 하지만 예비고사 보기 전에 군에 입대를 해야 한다고 한다.

그 날부터 잠이 오지 않는다. 서울에 있는 대한잉크 페인트 회사(노루표)에 다녔는데 이런 저런 생각에 잠이 오지 않는다. 여러 가지 고민을 하던 중 영등포 시장에 가서 내의를 샀는데 신문지에 싸서 준다.

기숙사에 와서 그 신문지를 보니 군 장교모집이 있는데 복무연한이 3년이라고 한다. 사병으로 3년 근무하는 것보다는 장교로 3년 근무하는 것이 좋을 것 같아서 회사 내 동료 3명이 영등포에 있는 5관구 사령부에서 1일은 필기시험, 1일은 체력시험을 보았는데 나만 합격을 하여 육군보병학교에 입소하게 되었다.

850명이 입소하여 갖은 고난의 힘든 훈련을 받고 보병학교를 수료 후에 기술행정병과학교에서 훈련을 받았는데 나는 화학학교에서 훈련을 받았다. 총 1년의 교육 후 730명이 5만 촉광에 빛나는 소위를 달고 임관을 하게 되었다. 120명은 훈련 중에 사고로 죽고 탈영하고 퇴교되는 등 인간으로서 견디기 어려울 정도의 매를 맞고 기압을 받다가 함께 임관을 하지 못했다. 지금도 나의 양쪽 허벅지에는 손바닥만한 흉터(전쟁용 화학작용제에 오염)가 있다.

이렇게 힘든 과정을 이겨낸 바탕은 항상 고향에 계신 부모님 생각을 하면 힘이 났다.

나의 아버지는 일본군에 징용되어 만주까지 가서 죽을 고비를 수없이 넘기셨는데 라고 생각을 하면 곧 훈련 받는 것이 가벼워진다.

부모님은 나의 아들이 소위가 된다는 것을 매우 자랑스럽게 생각을 하시면서 격려를 해 주셨는데 만일 내가 훈련이 힘들어서 퇴교 또는 탈영을 했다면 얼마나 실망하실까 하는 생각을 항상 하게 되었고 이럴 때 큰 힘이 되었다.

나. 군 생활 시작

1975년 소위를 달고 첫 부임지는 백마고지가 있는 GOP연대에 화학 장교로 보직되어 갔는데

월남전에서 사용하고 남은 고엽제와 고엽제를 살포하는 살포기가 창고에 많이 있었다. 그리고 GP에 지뢰제거 작업을 하는데 내가 총지휘자이고 수색 경계조가 경계를 하고 있는 동안 화염조는 사람이 들어가기 곤란한 지뢰밭에 화염방사기를 이용하여 경유를 뿌린 후 태워서 지뢰를 터트리고, 다음에 공병 지뢰제거조가 지뢰를 제거하는 일을 하면서 대인, 대전차 지뢰가 터질 때에는 땅에 엎드려 있던 나는 내가 살아 있는지 죽었는지 자신도 잘 몰랐다.

연대 화학장교를 마치고 화학부대에 소대장으로 보직되어 갔는데 선임하사관 12명까지 75명의 소대원이 있었다. 장교가 부족하여 2개 소대를 혼자 지휘하였다. 군단에서 주야간 소대전투 경연대회가 있었다. 사단에서 선발된 1개소대가 출전하니까 4개 사단×1개 소대=4개 팀과 군단 직할대에서 우리소대가 출전을 하여 총 5개 팀이 참여했다.

나는 소대원을 이끌고 1달 이상 산 속에서 주야간 소대전투 연습 후 경연대회에 참여를 했는데 보병사단에서 선발된 보병소대보다는 실력이 부족했지만 그래도 많은 것을 배우고 소대원을 결집시키고 전투력을 향상시키는데 크게 기여를 했다.

선후임병 간에 구타가 너무도 심하여 구타를 없애려고 많은 노력을 했지만 어려웠다. 왜 그리도 선후임병 간에 구타가 심했을까 생각해 본다.

첫째는 일제시대의 나쁜 유물이라고 생각된다. 일제시대에 일본군이 얼마나 우리민족에게 구타를 했는지 알 수 있다.

두 번째는 월남전이다. 당시에는 먹고 살기가 어려웠을 때라서 목숨을 담보로 월남전에 돈을 벌기 위해 많이 지원을 했다. 그런데 월남전이 끝나갈 무렵 파병이 중단되자 파병을 위하여 힘들게 훈련을 마치고 월남전에 출발도 못한 군인들, 배를 타고 가다가 되돌아 온 군인들, 월남에 도착하여 얼마 되지 않아서 되돌아 온 군인들이 다시 실무부대에 와서 화풀이 겸 여러 가지 이유로 구타의 원인이라는 말을 많이 들었다. 지금도 당시 구타를 완전하게 막지 못한 것이 못내 아쉽다.

이렇게 시작한 군 생활이 평생 직업이 되었다.

나와 아들2명이 군 생활한 것을 합치면 2018년 말 기준으로 55년을 했다.

내가 34년, 큰 아들이 19년, 작은 아들이 2년을 했다. 큰 아들의 군 생활에 따라서 더 늘어나리라 생각해 본다.

작은 아들은 비록 2년여 군 생활을 했지만 강원도 최전방 해안 철조망을 지키기 위해 차가운 바다 바람 속에 밤에는 꼬박 경계근무를 하면서 내가 힘이 되어주지 못한 것이 못내 미안하고 아쉽기 이를 데 없다.

다. 따뜻한 군 생활

'군인'을 생각하면 어떤 모습이 떠오를까?

사람마다 차이는 있겠지만 나라를 지키는 사람들, 냉정한 집단, 위험한 곳에서 힘든 임무를 수행하는 사람 등으로 생각이 될 것이다.

이런 곳에서 생활을 해서 그런지 군인들은 생각보다 좋은 점이 많다. 몇 가지만 소개하고자 한다. 군에서 익힌 기술을 가지고 사회에 나가서 직업이 되는 경우도 많이 있고 함께 근무한 전우애는 평생 잊지 못한다.

특히 군 입대 동기, 군 생활하는 동안 동일한 부대에서 근무한 경우(예:해병대), 또한 군 생활하는 동안 피로 맺은 전우 즉 힘들었을 때 도움을 주었던 전우애는 영원히 잊을 수가 없고 군 생활 3년의 추억은 30년 동안 말을 해도 못다 한다고 한다. 그래서 죽을 때까지 용감하고 힘들었던 이야기를 결혼 후 부인과 자녀에게 끝없이 한다.

하늘 아래 냉동고라고 하는 강원도 화천에서 대위 때 작전서기병으로 함께 근무하던 병사가 있었다. 많은 병사 중에 부산에서 대학교 재학 중에 군에 입대를 했고 눈치도 빠르고 재주도 있고 정감도 있었다. 80년대 전후로 전방에는 무장공비가 종종 침투하여 실전과 같은 훈련으로 힘들었던 시기에 작전서기병의 일은 많았고 힘이 들었을 것이다 그리고 소대장 때 있던 구타가 그 때까지도 있었으니 하늘같이 많은 고참병사와 간부들 속에서 주간은 물론 야간 늦게까지 업무를 하고 또 경계근무도 하여야 하고 얼마나 힘들었을까 생각해 본다.

나는 약20개월 정도 작전서기병과 함께 근무하고 육군대학으로 교육을 받으러 갔는데 함께 근무했던 작전서기병이 전역 후 육군대학까지 찾아와서 밤늦게까지 술을 먹으면서 많은 대화를 하고 헤어 졌는데 언젠가 결혼 예정이라고 하면서 지혜롭고 예쁜 여성과 함께 와서 주례를 부탁하는 것이다. 내 나이 30세 중반에 들어서는 나는 주례를 한다는 것이 자신이 없다고 하니까 그러면 결혼을 하지 않겠다고 한다.

그렇게 맺은 우정이 평생 잊을 수 없는 형제 사이로 변했고 지난해에는 가족과 함께 해외여행도 다녀오는 등 현재까지 30년 이상 우정의 싹이 자라고 있다. 이제는 양가 집 형제와 자녀들까지 함께 한 가족같이 지내는데 나의 부족함을 항상 채워주는 옛 전우 덕분에 나는 행복하고 나의 자녀와 손주는 물론 특히 며느리에게 속으로 "나는 이렇게 멋지게 군 생활 했지"라고 하면서 늘 자랑스럽다.

라. 외롭고 자랑스런 전방에서 대대장생활

군 생활하는 동안 처자식과 함께 이사를 하고 전학을 하면서 다니다가 전방으로 대대장으로 보직이 되었는데 이제 중학교에 입학할 것을 고려하여 가족은 대전에서 생활하기로 했고 나는 강원도 화천으로 보직되어 가서 근무하는데 전방까지 면회를 오려면 토요일 수업 후 한달에 한번도 힘이 든다.

나는 부대의 임무도 힘이 들었고 밥을 먹는 것도 힘이 들었고 멀리 있는 아내와 아들 생각만 해도 걱정이 되었다. 하지만 가장 힘이 들었던 것은 36살 때 성욕을 참는 것이었다. 이것은 인간의 기본욕구이기 때문에 누구나 같을 것 같다. 내가 잘 못하면 아내와 아들에게도 면목이 없겠지만 부하들을 어떻게 지휘할 수 있을까 생각했다.

그래서 성욕을 해소할 방안을 찾았다. 통상 새벽 일어나서 후레쉬를 들고 멀리까지 생수를 떠오고 책을 보다가 새벽기도를 위해 교회에 갔다가 출근을 했다. 낮에는 부대 근무 중에 나의 몸을 혹사 시켰다. 안 가도 되는 진지를 걸어서 순찰하고 병사들과 운동을 열심히 하고 특히 밤에 잠이 잘 오게 하려고 1:1 족구를 하고 퇴근을 했다. 관사에 도착하면 우리 집만 빼고 불이 환하게 켜있고 옆집의 맛진 음식 냄새가 진동을 한다. 전화가 없으니 집에 전화를 할 수도 없다. 그냥 생각 날 때 편지만 서로 오고 갈 뿐인데 그 편지를 읽고 또 읽고 아들이 조약돌에 "아빠 힘 내세요. 우리가 있어요"라고 쓴 것만 수없이 보고 또 보고 그러다가 9시 tv 뉴스를 보다가 잠이 들곤 했다. 그 당시 최전방에 보직된 대대장의 생활은 대부분 다 비슷했다.
하지만 멀리서 남편 없이 자녀를 키우는 엄마의 마음과 아빠 없이 학교생활을 하는 자녀들도 매우 어려웠을 것이라는 생각이 들어간다. 이런 어려운 환경에서 잘 자라서 지금 가장이 되고 직장에서 멋진 삶을 살아가는 것을 보면 자랑스럽다. 힘들어도 남자로 태어나서 지휘봉을 들고 몇 백 명을 지휘하고 나의 의도에 의거 전투력을 창조한다는 것은 보람되고 자랑스러운 일이다.

마. 대대장이 해야 할 일

대대장으로 취임을 하고 보니 할 일도 많이 있다. 하지만 간단하게 생각했다. 내가 할 일은 딱2가지!!!

첫째는 대대장을 포함하여 전대대원이 지금보다 전역시 육체적, 정신적으로 더욱 건강하도록 관리하는 것이다.

이를 위하여 부대를 쾌적하고 불필요한 일을 하지 않도록 했다. 급식을 규정대로 잘 먹이고 시간이 되면 수면시간을 충분히 주고 장교와 부사관은 물론 이등병까지 전원이 하고 싶은 말을 대대장에게 모두 하도록 시스템을 만들어서 모든 전우의 의견을 들었다. 이는 대대장 취임시부터 끝나는 날까지 시행했다.

어느 월요일 중대장이 심각한 표정으로 대대장실에 들어왔다. 상황을 들어보니 병사 한 명이 외박 후 정해진 시간에 복귀를 했는데 목에 이상하다는 것이다. 확인해 보니까 목에 줄을 걸어서 자살을 시도하였던 흔적이 젓가락 굵기로 있는 것이다. 군의관의 소견은 이 정도 굵기의 자살 흔적으로 살아 남은 것은 기적이라고 한다.

자살하게 돈 동기를 확인해보니까 군에 입대하기 전 부모님이 이혼했는데 주말에 아버지와 누나가 면회를 와서 엄마가 보고 싶었는데 오지 않아서 이 일로 인하여 크게 싸웠고 아버지와 누나는 집으로 버스 타고 가는 것을 본 후에 산으로 가서 목에 전투화 줄을 걸었다가 내려왔다고 했다.

수사관이 목에 걸린 줄을 풀고 왜 내려왔느냐고 하니까 대대장님이 갑자기 생각나서 내려왔다고 했다. 결국 대대장이 한 병사의 목숨을 살린 결과가 된 것이다.

지휘를 하면서 군 생활에 가장 힘들어 하는 병사 10명 내외를 뽑아서 직접 면담하고 함께 운동하고 막걸리 마시면서 대화를 하고 심야시간에 경계근무 중일 때 찾아가서 커피를 따라주면서 이야기를 들어주고 힘을 실어주곤 했다. 그랬더니 죽음 직전에도 대대장 생각이 났던 것 같다. 이와 같이 경청과 지지가 얼마나 중요한지 새삼 느껴진다. 부대에 자살 사고가 나면 상급부대에서 원인조사를 하고 문책이 따르는데 우리 대대는 문책이 아니고 부대관리 우수부대 표창과 함께 부대관리 성공사례 발표까지 하고 박수를 받았던 기억이 난다.

둘째 적과 싸워서 반드시 이길 수 있는 부대를 육성하는 것이다.
이를 위해서 전투장비 100% 가동과 함께 운용이 되도록 부단히 노력을 하고 작전계획을 현장에 가서 확인 후 미흡한 분야를 보완했다.
그리고 계획된 주야간 훈련은 무슨 일이 있어도 반드시 하도록 했다.
특히 참모 및 간부교육을 중요시 하고 물론 병사들의 훈련도 많은 관심을 갖고 했다.
대대장 근무 2년 차 되었을 때 김일성 사망, 북한의 핵 위협 등 복잡한 남북관계가 형성되었을 때 육군본부 감찰감실에서 불시 측정결과 우수부대로 선정되었고 군단에서 대대급을 대상으로 불시에 전투임무 수행능력 측정을 했는데 17개 대대 중 우리 대대가 압도적으로 1등 영광의 표창을 받았는데 모두가 부대원에게 감사할 일이었다. 지금도 그 때의 일을 생각하면 가슴이 뿌듯하고 당연히 할 일인데도 나와 부대원이 자랑스럽다.
이 모든 것은 어릴 때부터 부모님으로부터 보고 느끼고 배운 것이 몸에 익은 것 같은 생각이 들어간다.

대대장 취임 전에 부모님께 인사 드리러 가니까 대대장 월급이 얼마나 되느냐고 물어보신다.

대략 000정도 된다고 하니까 1년 연봉으로 쌀을 사면 몇 가마나 살 수 있겠느냐고 하시면서 그 만큼 온 가족이 힘을 합쳐서 농사를 지으려면 얼마나 힘이 들겠나 생각을 하면서 부하들에게 껌 하나 받아먹지 말고 국가에 충성을 다하여 근무하라고 하셨던 생각이 난다.

바. 정책부서에서의 과중한 업무

대대장과 군 사령부에서 계획장교까지 보직을 마치고 나의 의도와 관계없이 육군본부 전력증강을 위한 중기계획과 예산을 편성하는 자리에 보직되어 갔다. 첫날 출근했는데 밤 11시가 넘었는데도 아무도 퇴근할 생각을 하지 않는다. 이렇게 시작된 업무는 북한의 전쟁 의도 분석부터 대응을 위한 전력증강을 위하여 해야 할 일이 해도 해도 끝이 없다. 토요일 일요일도 없고 저녁 6시 퇴근 차에 오르는 사람을 보면 너무도 부럽다.

이렇게 15개월이 지났는데 어느 날 왼쪽 어깨가 심하게 통증이 오면서 손가락만 움직이고 마비가 왔다. 너무도 통증이 심해서 나는 울었다. 아내가 따라서 운다. 나중에는 아들 2명도 함께 울었다. 대학병원에 입원하여 3주간 치료 후 퇴원하는데 특진의사는 "평생"이라고 한다. 즉 평생 불구로 살아가야 한다는 것이다. 막막하고 앞이 보이지 않는다.

우리 가족 4명이 가족회의를 했다. 어떻게 해야 할까? 모두 말이 없다.

중고등학교에 다니는 아들과 아내에게 앞으로 내가 할 일은 3가지가 있다고 했다.

첫째 : 군 생활을 하는 동안 나의 병을 완전히 치료를 하겠다.
둘째 : 군 생활은 할 수 있는 날까지 하겠다. 그래야 너희들 공부 가르칠 수가 있고 전역 후에 연금이라도 조금 더 받을 수 있겠지
셋째 : 앞으로 대전에서 살아야 하니까 조그만 밭을 사서 전역 후에 채소를 심어서 연금에 부족한 생활비를 보충할 수가 있을 것 같다.

이때에 고향에 계신 부모님과 형제들도 매우 걱정을 하고 계셨다. 이후 대전대학교 한의학 교수로부터 특진으로 1년간 침을 이용한 치료를 하였다. 치료하는데 너무도 고통이 심해서 나도 눈물이 났지만 옆에서 24시간 지켜보는 아내와 아이들도 눈물 흘리는 것을 나도 여러 번 보았다. 그 이후에 1.5km달리기, 턱걸이, 윗몸 일으키기 등 체력측정을 했는데 1등을 받고 눈물이 난다. 20년 이상 지난 지금도 나의 어깨는 왼쪽으로 기울어 있다.

5. 아버지가 남긴 한 권의 소중한 책

아버지는 우리에게 창호지에 훈민정음 글씨체의 작은 붓글씨로 책을 한 권 남겨주셨다. 일제시대 일본군에 징집되었던 체험기를 쓰셨다. 우리 형제는 이 책을 소중하게 간직을 하다가 이번에 책을 쓰면서 아버지가 남긴 한 권의 소중한 책을 포함하기로 했다. 나는 이 소중한 한 권의 책을 영원히 소중하게 아버지의 자손들에게 전하고 싶다.

첫째 돈으로 계산 할 수 없는 올바른 삶의 정신을 남기셨다. 우리 형제들은 물론이고 며느리 사위까지, 그리고 지금도 고향에 가면 나이 드신 분들이 아버지의 훌륭했던 모습을 말하곤 한다. 친척 중에 지금도 부모님 돌아가신 날에는 태극기를 게양하고 추모하는 사람도 있다.

둘째 적지 않은 재산을 남기셨다. 자식들에게 직접 농사를 짓던 농토를 남겨주셨고 남겨주신 토지를 보면 지금도 논에서 일하시는 부모님 모습이 떠오르고 우리들에게 정신교육을 하셨던 생각이 난다.

셋째 일본군에 징집되어 귀환하기까지 한 권의 책을 남기셨다. 이 책을 지금의 글자체로 정리하고 원본은 형제들과 토의를 한 후에 독립기념관 등에 기부를 하려고 한다. 아버지는 1944년 일본군에 징집되어 마을 인근 학교 운동장에서 기초교육을 받고 일본의 만주 군으로 배치되어 2차 세계대전 태평양전쟁에 투입되었다. 배치된 곳은 중국의 라오뚱 반도 다롄이었는데 당시는 휴대폰은 물론 라디오도 없던 시대였으니까 외부소식은 전혀 모르는 상황에서 전쟁준비와 전쟁에 투입되었고 일본어만 사용되던 시 대였다. 하루는 일본군 막사에서 일본군들이 하는 말을 엿들으니까 "조선군인들을 모두 처리하고 떠

죽어서도 잊을 수 없는 존경하고 사랑하는 나의 부모님

나야 한다"는 등 여러 가지 흉흉한 소문이 들리는 것이다.(일본천황이 항복을 했으니 조선인을 처리하고 일본군은 철수하려는 것) 그래서 한국인 14명의 리더가 되어 그 날 밤 탈출하여 밤에는 걷고 낮에는 숲 속에 숨어서 자고 굶기를 밥 먹듯 하면서 신의주를 지나 평양까지 오는데 죽을 고비를 넘기면서 차에 의지하면서 고향으로 왔다. 이후에 평양에서 서울까지는 기차를 타고 와서 다시 천안에 도착했는데 집에 와서 보니 어머니와 할머니께서 장독대에서 기도하고 있었다고 한다. 아버지는 이후에 만주군 징병에 관한 기록을 창호지에 붓과 잉크를 묻힌 펜으로 책을 썼고 그 책을 우리 형제들에게 남기셨다. 평생 건강하지 못한 세월을 보내셨다.

내 나이 66세에 노트북을 놓고 부모님에 관한 자료를 정리하려니까 자랑스럽고 뿌듯한 마음도 있지만 조금만 워드작업을 하면 눈이 침침하여 잘 보이지 않는다. 그래서 자주 눈을 물에 씻고 쉬고 하면서 더 나이가 들기 전에 완료를 해야겠다는 생각이 들어간다.

부 록

아버지가 남기신 소중한 책

아버지가 남기신 책은 현대인이 읽기가 어렵고
오랜 기간 보관이 곤란(종이재질, 잉크)하여
스켄으로 담아서 첨부하고, 현대인이
읽기 쉽게 작성하였다

부록. 아버지의 소중한 책

韶 有 1 書 鄭樂丸(소유1서 정낙환)
檀紀4283年(1950年) 庚寅年(단기4283년 경인년)

머릿말

인생은 짧은 기간 중 가야 할 길은 너무나 많다.
그러나 누구나 한 길만 가야 한다. 그 한 길을 걸어감에 있어 자기의 주어진 환경과 여건 속에서 최선을 다하는 것이 인간이 할 일이다.
한 시골농부의 아들로 태어나 엄격한 가훈 속에 자라나서 자신과 지역 발전을 위해 노력했으며 특히 종친을 위하여 조상을 섬기고 후세대를 위해 피 끓는 젊은 청춘을 불태웠다.
인생의 경험 중 일부를 글로 적어 남기고 다음 몇 글자를 적는다.

1. 가정은 첫째 건강이요, 둘째 화목이요, 그 후에 경제를 논 할 것이요.
2. 권세나 지위보다 우선은 맡은 직분을 다하는 길이요.
3. 재색을 멀리함이 인생의 등불이요.
4. 물에 들어가도 불에 태워도 바람에 날려도 구슬은 항상 구슬이다.

이 책은 1944년 2차 세계대전 말 미국과 소련이 공격하자 패망 직전의 일본은 당시 조선인을 징집하여 훈련시켰고, 중국 만주에서 일본군 생활을 하던 중 1945년 해방되자 중국 라오닝성 대련에서 탈출하여 천안까지 복귀하는 과정을 저자가 기록한 책자로써 그 원본을 스캔으로 남긴 자료이다.
서책의 원본은 가족들과 상의한 바 독립기념관에 기증하기로 하였다.

* 위의 머리말은 저자의 평소 하시던 말씀을 듣고 후손이 적은 것이다.

목차

1. 조선 한반도 상황

-1- (아버님이 쓰신 책 원본에 있는 페이지)

소유언행을 기록함이라(소유일서 韶有-書). 조선(朝鮮)은 이 때 마침 우리국가 정치가 밝지 못하여 이왕(李王)이 운수가 지나고 왜인(일본인)에게 모략을 당하여 정권을 빼앗긴 것이었다. 이후 정낙환은 마침내 구정치(일본정치)에 이기지 못하고 구군인(일본군인)이 되어 갔다 온 실정을 적은 내용이다. 때는 마침 계미년(1943년 癸未年) 2, 3월 이씨 왕(조선시대)이 운수가 지나고 불행하게도 왜인(일본인)에 정치를 받고 있었던 것이었다. 왜정 명치43년 경술년(1910년)부터 왜정이었는데 명치45년 말 대정15년 말, 소화18년(1944년) 계미 년 이삼 월 춘절(봄)이다. 그 때에 마침 정낙환은 19세라 형제는 4형제 중 셋째요. 부모슬하에 무엇이 한이었을까? 이때는 마침 왜정(일본 정부)이 외국을 침략할 때라. 영국. 미국과 중국만주, 소련 동서남북방을 대적하고 있을 때라. 병력이 부족하면 저희나 죽을 것이지 조선 사람도 씩씩한 저의 군대가 될 수 있다

*정낙환 : 충남 천안 출생 1924년 10월 19일-2001년 8월 4일 (음력 9월.21일-6월 15일)

-2-

하고 징병제라 하여 만19세를 징병 해당자라 하면서 하루는 본면병사부에서 영장을 가지고 와서 "명일부터 군대에 훈련을 받으라"고 한다.

2. 일본군으로 징병(한국인 19세)

이때에 자연히 심중이 울적하며 이상한 생각이 울적 들어간다. 어찌하여 왜정(일본정부)을 위하여 생명을 바칠까 하는 생각이 드는데 따

라서 부모형제께서는 우리나라 정치도 위하지 못하고 자손을 잃는가 하며 근심하심을 마지못하시니 그도 뵙기 서로 민망 할뿐 아니라 또한 생각하기를 에라 내 몸을 피하고라도 왜국의 군인은 안 되리라는 생각을 가지고 한문복 선생을 찾아 갔더니 마침 보게 되었으나 무어라고 할지 몰라 우두커니 서 있으니 선생이 한참을 살펴보더니 소유를 묻는다. 이때에 말하기를 "저는 다름이 아니고 객지에서 생활을 하게 되어 선생께 길흉을 알고자 하여 사주나 한번 볼까 하고 온 바이올시다" 하니까 선생이 말하기를 한번 보라. 요금을 말하는데 철전 20냥을 말하는데 제 수중에는 가진 것이 열닷 냥 밖에 없었다. "이것 밖에 없습니다"

-3-

하고 내 놓으니 선생이 말하시며 그대로 보라하고 생년월일을 묻는지라. 묻는 대로 일러주고 앉아있으니 선생께서 길흉을 판단하여 사주를 말한다. "만약 객지를 가면 고생할 것이며 이 때는 을유년 춘절이라. 8, 9월간에는 반드시 관법을 면치 못할 것이며 가중에 있으니 보다는 더 고생이 더 할 것이며, 사주법으로 보자면 "초년과 말년은 좋으나 중년에는 좋지 못하다" 하며 "삼 년만 있으면 풍파를 당하는데 임시변통하기 어렵도다" 하며 "또한 신병이 있을지나 약을 쓰면 무방하리라" 하시며 "초중에는 곤하나 말년에는 영광이 있으리라" 하며 하더라. 허나 사실을 듣는 이 마음에는 다름이 아니라 다만 군인 하나를 아니 가려는 것인데 피하지도 못하고 집에 돌아와 할 수 없이"사주팔자는 속이지 못하리라" 하고,
그 이튿날부터 일년 동안 지방 본교를 다니며 군병훈련을 1년 동안 조련을 받았다. 그 동안 배운 것은 일본말과 그들의 군법을 가르치고 그 이듬해에 징병 검사하여 군의관에게 검사를 받아

갑, 을, 병, 정으로 가려 놓은 후에 차례로 데려간다. 배운 것도 변변치 못한데 그대로 군인이 되었다. 검사를 받고 집에 돌아와 농업을 하노라니 그럭저럭 세월이 가고 그 이듬해 을유년(1945년) 춘절이 지나고 사월 초승이라. **이날은 마침 문 앞 전장에서 못자리 피를 뽑자니 본면 병사계(本面兵事係) 가네모도라 하는 사람이 출장을 오는지라. 빨간 딱지라는 영장을 가지고 와서 상당히 반기며 인사 후에 출두 영장을 내 놓는지라. 이때는 4월 10일인데 이날부터 7일만에 집을 떠나게 되었는데 부친께서는 이 불효 자식을 생각하시고 실로 근심하시더니 후사를 못 보시고 본년 2월 27일에 별세하시었고**

모친께서는 홀로 이 불초자식을 생각하시고 실로 근심하시는 모습을 찾아 볼 수 없으며 이 마음에도 실로 이번에 집을 떠나고 보면 천행으로 전장으로 갔다가 운수 있어 집에 돌아올까 싶지도 않은 심사가 드는지라. 그럭저럭 일자는 7일이 되어 어쩔 수 없는 심사에 집을 떠날세 부친 고연에 일곡 하직하고 모친에게 작별할 때 공손히 뵈었고 제배 할쯤에 모친께서 하시는 말씀이 면포낭을 내 놓으시고 "너의 손발톱을 잘라 주머니에 넣으라" 하시고 그 현면에 도는 안색은 남의 자손보다 먼저 보내고 또는 다시는 못 볼 듯한 실정이라.

이 면포낭 주머니에 손발톱을 잘라 넣으라 하는 의무는 아산 장군평에 사시는 정대회씨 부친과 의가 깊은 친밀한 어른이며 마침내 인사차로 오신 김에 어머님께서 자식일로 안쓰러워 하시는 일을 보시고 출전자 자손에 손발톱을 잘라 정한 곳에 놓고 소원을 요구할 때 "네 수족이 여기 있으오" 하는 의무였던 것이었다.

정낙환은 모친께서 요구하시는 대로 내 수족에 손발톱을 잘라 넣은 후에 어머님 내내 안강하옵시기를 빌고 이후 집을 떠날 때 부모형제며 여러 가족 일족과 이웃 친척과 작별하고 떠날 때 우연히 피치 못할 심사는 이 용렬한 몸이 왜인의 정치에 소년죽음에 장사 일이 오늘이라. 마음이 없지 않은지라. 그 길로 천안역에

-6-

나가 남산(호데루에) 집결할 때 이촌 전 부락에서 모여들어 축하하는 만장기는 남산 위에 펄럭이며 각자 장병들에 부형들은 내 자식을 한 번 더 보려고 에워싸서 바라볼 때 그 얼굴은 누구든지 분하고 서러움을 이루 형용치 못하리라.

3. 일본군이 되어 신의주→중국 라오닝성 대련으로

남산 참배를 마친 후에 기차 정거장에 당도하여 장간관에 유숙하다가 밤 새벽 5시에 고국 향토 고향 땅을 침침한 새벽 동풍에 이별하고 무정한 기차에 실리어 천안역을 떠날 때 각자 장병의 부형 처자들은 굴러가는 기차에 몸체를 부여잡고 통곡과 애통하는 부형의 처자가 한낮 나뿐이 아니리라, 이와 같이 고향을 이별하고 기차에 실리어 조식 때쯤 용산역에 내려 군부 23부대에 입영 변복할 때 형님 두 분께서 군부 앞에까지 일행이 되었으나 문중(부대 정문)에는 돌입치(들어가지) 못하고 애실래서 바라보고 형제를 살펴보실 때 어찌 그 많은 총 중에 살피리요. 사랑하는 명패를 잊음 같을래라. 이 몸은 문중에 입신되어 한 곳에 이르러 군복으로

-7-

바꾸어 입은 후 입고 갔던 의복은 두분 형님에게 전하고 작별하는 말

이라 "안녕히 가십시오" 할뿐 이에 부디 잊지 마시고 집에 들어 가셨다가 돌아오는 공일날에 면회 이리로 어머님 모시고 면회 오시기 바랍니다, 작별한 후 군인에 목적을 받게 되었는데 마음에는 싫어도 군법이 엄중한 고로 할 수 없이 그 군법에 따를 때 3일 만에 숙덕숙덕하며 일본으로 가느니 만주로 가느니 하더니 4-5일 만에 이날은 일동 집합령을 내리더니 용산역에 나와 기차에 싣고 북쪽으로 달리는 지라.

이제 생각하니 돌아오는 일요일에 헛되이 어머님과 형님께서 면회를 하시러 오실 듯 한지라. 숨어서 편지 일 봉을 지어 서울 부근을 지날 때 손수건에 싸 가지고 네거리에 길을 막아 오는 손님 가는 손님 모인 곳을 때를 봐서 싼 편지를 내 던지니 어떤 한 분이 얼른 줍는다. 이 편지는 곧 집으로 부쳐 들어갔더라. 이 길로 정낙환은 무정한 기차에 한없이 달리어 간다. 용산을 떠나 서울역을 지나 평양을 도착하여

-8-

잠깐 지체한 후에 또 출발할 때 떠나 잠깐 지체하고 또 출발하여 평안북도 정주를 지나 신의주를 도착하여 조선과 만주국경 압록강 철교를 건너 중국 만주 *안동(단둥)을 도착하여 안동서 이날 점심을 주는데 호인의 강냉이 빵인지 사기 대접만한 빵을 준다. 입에 넣으니 비위에 맞지 않는다. 그대로 무정한 기차는 한없이 달려가자니 소화가 불통하여 견딜 수 없는지라. 달려가는 기차는 인정없이 쉬지 않고 달려가는 도다. 소화 불통은 심하여 토역질이 생기며 정신 둘 곳이 없는 지라. 이렇게 되고 보니 점점 간절한 집 생각과 우리 모친 생각뿐이라. 그대로 실리어 만주 벌판을 무인지경처럼 지날 때 봉천에 도착하여 잠간 쉬어 출발할 때 장춘을 번 듯 지나 만주의 제일 도시 심경에 도착하였다. 심경 역에 내려놓고 기차 36량에 싣고 간 군인이 한 칸에 33명이

고 총 숫자는 1,100명 이상인데 1부대, 2부대, 3부대로 나눈 후에 한 장교가 나와 강연하다. 1부대는 심경이요. 2부대는 하루삥이요

.

*단둥(안동):중국 랴오닝성에 위치, 옛 이름은 안동을 1965년
  단둥으로 개명

*주요 이동로:충남천안역→용산→평양→정주(평안북도)→신의주 →
  중국 단둥(안동)→봉천→장춘→심경→소조→하얼빈(일본육군병원
  입원)

-9-

3부대는 보당꼬라 하며 그 중에 하루삥 부대는 삼가 주의하라 한다. "그 곳은 도시가 넓고 고로 동서양 외국 사람이 와 있는 고로 주의치 않고는 안 된다" 하는 지라. 더욱 맹랑한 점이 생기는데 밤도 험악할뿐더러 한 동리에서 간 김용기는 친구인데 함께 자라나서 한날 같이 입영하여 이곳까지 한 차 한 소대에 가게 되어 왔는데 여기에서 김용기는 심경부대요. 나는 하루삥 부대라. 약한 마음에는 혹시 이 친구와는 계속하여 동행이 될 줄 알았는데 이 자리에서 서로 갈리게 되니 무어라고 말 할 수 없는 것보다도 내 일신이 괴롭고 보니 더 외롭고 괴로운데 김용기는 자기 부대에 속하였다가 나를 찾아 나와 손을 잡고 아쉬움을 나누며 나는 이 지방에 있게 되었으며 몇 연대 몇 중대 몇 소대이라. 하루삥에 가서 부대를 정하거든 편지나 빨리 하라 하고 떠날 때 나에 약한 마음에는 한마디 응수치 못하고 어안이 벙벙 심중만 답답한지라. 어안이 작별하고 다시 2부대, 3부대는

-10-

기차에 싣고 또다시 출발한다. 달려가며 사면을 살펴보니 고향에서 듣

던 말과 같이 참으로 만주 벌판은 세상에 두 곳도 없이 광대한 벌판이라. 아무리 사면을 살펴보아도 작은 봉우리 하나 보고 싶어도 볼 수도 없는 참으로 광대한 벌판이며 그럭저럭 해는 서편 하늘에서 기차 차창을 비쳐주며 반기는 듯하더니 일광은 간 곳이 없고 침침한 어두운 밤에 쓸쓸히 불어오는 바람 속에 의지하여 날이 새도록 달려간다. 벌써 용산서 떠난 지 주야 7일만에 하루삥서 이백 리(80km) 전에 소조라 하는 곳에 일본군의 훈련부대가 있나 본데 이날 먼동이 뜰 때 차에서 내려 부대에 도착되었는데 그 날은 공휴일이고 그 이튿날부터 훈련을 시킨다.

4. 일본 육군병원(하얼빈)에 입원

그러나 정낙환은 주야 5~6일 동안을 요식(식사)을 전패하고 기차에 달려왔으니 훈련도 못 받고 치료를 하되 효험도 못 보고 생각나느니 고향 생각과 부모형제나 만나 보았으면 하는 생각밖에 없는지라. 그 중에도 요식은 쌀을 갈아 쌀을 분간치 못하도록 갈아서 체한다고

-11-

한 숟갈씩 주는데 점점 생각나느니 간절히 집 생각뿐이라. 약한 병이 중한 환자 되었으니 하루 이틀에 낫지 않고 그럭저럭 빠른 세월은 날이 가고 달이 가도 낫지 않고 하루는 군의장교가 와서 진찰을 하더니 하루삥 부대로 데려다가 진찰을 하여 육군병원으로 입원을 시킨다. 육군병원에 입원한 후에 지금껏 칠일에 한번씩 계속 편지를 했으나 집 떠난 후 이날까지 회답이 없는 지라. 이레 저레 궁금한 도중에 발이 없는 말이 천리마라더니 앉아서 듣기에 조선은 매일 미국 비행기 몇 십 대씩 와서 폭격을 하여 넓은 도시는 절단 난다고 하는데 한편 옹색한

마음에는 나 혼자 살아가지고 이런 고생을 하나 하는 생각이 없지 않더라. 아무쪼록 호송되어 그 놈들(일본놈)에 군인이 되기는 추호도 생각이 없으나 한편으로는 내가 여기서 죽어지면 홀어머니와 형제는 살아 계시다 해도 다시 한번 뵈옵지 못 하리라는 생각이 든다.

-12-

5. 일본군 항복하고 소련군이 만주 폭격

나에 신병은 매일 매일 주사와 약을 먹어도 차도가 없이 일자를 보낼 때 이 날은 마침 오경이 지난 시간인데 별안간 난데 없는 벼락소리에 놀라 일어나 보니 사면에 화광이 중천하며 부대에 있는 사이렌 소리에 여기 저기에서 사람의 귀뿌리를 놀래 준다.

시내에 전기 불을 일제히 끄고 부대 군인들은 혼을 잃어버리고 한 발짝이라도 달아나는데 부대에서는 갑자기 명령을 내려 만약 명령 없이 난동하는 자는 군법에 처한다고 군졸을 지휘하여 병화면책을 지우고 군중이 넋을 잃고 어찌할 줄 몰라 하더니 그제야 중한 환자를 방공호 속으로 안내할 때 사방을 보니 동방과 서방 두 곳에 화광(큰 불빛)이 대발하는 곳에 만주 주민에 아우성 소리 쟁쟁하더니 그럭저럭 날이 밝으니 겨우 수습하였으나 어느 나라에서 와서 폭격하는지를 몰라서 서로 만나면 수군수군 하더니 그날 오후 12시 방송에 발표되었다. 폭격시킨 비행기는 소련 비행기라. 이 때 마침 일본에서

-13-

동남 서쪽과 접전대항에 힘이 파하여 항복하게 된 기회을 소련에서는 이용하여 항공과 육전으로 합심하여 물밀 듯이 몰려드는 형세를 어찌 막아내리요. 이날부터 매일 공습이 계속된다.

이 때에 일본군에 형세는 서리 맞은 초목과 같이 혼을 잃고 정신을 차리지 못하더라. 이 때 정낙환은 아무리 생각해도 이리 저리 죽어 혼이나 고국에 돌아가 고향 땅을 찾아 부모형제와 골육 친척을 볼까 하는 생각밖에는 다른 묘책은 없는지라. 용기를 써본다 해도 약한 몸에 도망도 못하고 할 수 없이 그물 안에 든 고기에 지나지 않으며 만주 북쪽 벌판에 떠도는 고혼이 데고 말지라. 그럭저럭 며칠을 지나자 이미 도적은 좌우에 둘러싸이는 모양이라. 이날은 밤 중경인데 별안간 영을 내려 모든 환자를 인솔하여 중환자는 당가에다 운반한 준비를 하는데 금지옥엽 같은 길은 남의 여손일 터인데 17~18세씩 되는 간호부

-14-

처녀들이 양인(2명)이 1명씩을 메고 역전 7~8마장이나 되는 거리를 양 어깨에 메고 나가고 모든 환자를 통솔하여 역전까지 영솔하더니 기차에 싣고 적을 피하여 남방으로 달리는 모양이다. 방향을 몰라서 자세히 사면을 살펴보아가며 보든 곳이 흡사하다. 기차 정거장을 번 듯 풍우 같이 지나더니 갈 제 탄식하던 곳 만주의 수도 심경역을 도착한지라. 갈 때 보고 올 때 다시 보니 친밀한 친구를 다시 만난 것 같고 또 한편으로는 기분상 상쾌한 것이 일본놈이야 패망하여 쫓기건 말건 내 생각에는 죽은 혼도 고국에 못 가겠다는 조선으로 가는 모양 같다. 제일 상쾌하더라. 심경서 잠깐 지체하더니 다시 출발하여 남방을 향하고 한 없이 달리더니 얼마를 왔는지 수일 전에 지날 때 보든 만주 봉천을 다시 온 것이다. 이 곳에 왔어도 집에 다 온 것 같은 기분이 생긴다. 이제야 집에 다시 돌아가 우리 홀모를 상봉할 날이 멀지 않았겠지 하는 기분으로 봉천역에 도착하였다. 기차 안에서 나와 사면을 두루 살핀 후에

*마장 : 거리의 단위. 1마장(馬丈) = 1리(里) = 약 0.4 Km

기차의 철도 순번을 자세히 살펴보니 1번은 조선이요. 2번은 대련이요. 다음3번은 중국 북경이요. 자세히 살펴보니 겨우 이 차가 이번 철도에 멈추는 것이다. 정신에 암암한 중에 대련이라는 곳이 여기 이곳인가 하는 생각에 옆에 있는 일본인에게 자세히 질문하며 여기는 조선과 어찌되는 곳이며 방향은 어느 곳인가 하고 자세히 질문한다. 일본인에 대답은 방향은 조선 서쪽이고 사이에 대강(큰 강)이 있어 차를 타고 조선을 가자면 도로 봉천으로 돌아가게 되고 곧장 가자면 하상(강이나 바닷길)으로 밖에 못 가며, 거리는 봉천에서 조선가는 거리를 갔다 하면서 대련이라는 곳은 지방은 만주나 중국과 국경에 있는 도시이다. 하는 지라. 이 일본인에 말을 자세히 들으니 한자옥도 더 가고 싶은 마음이 없을 뿐이더라. 죽든지 살든지 이곳에서 도망함만 같지 못하다는 생각밖에 없더라. 이때에 무정한 기차는 다시 달리는 지라. 에라 이곳을 또 다시 가고 보면 고국 고향 땅에는 다시 가서 볼 대책은 다시 없으니까 차라리 이곳에서 도망하리라 하고

기차 하층 발판에 이삼 단계를 내려갔는데 내가 이러다가는 미리 생명이 위태하리라는 마음이 드는지라. 10분 생각하고 그대로 대련역에 도착하였는데 이러다 보니 하루삥서 떠난 지도 벌써 주야로 5~6일이 되었는지라. 기차에 내려 부대에 들어가니 벌써 그간에 일본은 망하여 영국과 미국에 항복하였는지라. 일본군은 모든 문서를 불 속에 집어넣고 저희들끼리 모여 가지고 숙덕숙덕하는 태도는 그 강벽한 일본 군인인데 주인 한 사람이 항복을 하고 보니 백만 대군에 강한 군사에 태도는 모두 서리 맞은 초목과 같으며 일개 가정에서는 볼래야 볼 수 없는

물자는 창고마다 없는 물자가 없는 듯하게 쌓였는데 창고의 곡식과 물자를 모두 꺼내 함부로 소비할 때 만주사람도 군부에 들어와 군인들 속으로 들어가 물자인수가 대단하였는데 모든 사람을 시켜서 헤쳐 버렸다. 자기들 생각에는 원래로 자기들 본토로 돌아가리라 하고

-17-

헤쳐 버렸다. 그러자 소련 군부가 들어와 금주 땅에 주둔하였는데 저희들이 일본군 부대를 일차 수색을 자세히 하여간다. 다음날부터 각 장교들이 소련군부로 가서 하루라도 속히 자기나라로 가겠다고 결제하라고 가든히 뜻과 같이 못한 모양이다. 어찌 남의 나라에 잠시라도 권리를 바친 후에야 내 마음대로 되리요. 이제는 앞으로 가야 할 길이 막연한 모양이라.

다시 식량과 물자를 절약하나 원래 남은 것이 없으니 절약한들 될 것이며 승군 소련서도 원조가 없고 만주인들은 이를 갈고 **일본인이라면 송두리째 죽이려고 하는 판이라.** 대책 없이 내 것을 나누어주고 굶어 죽게 되었으니 실로 난망이라. 가끔 일본인 한 사람이 밖에 나가면 만주인에게 봉변을 당하여 생명을 울역으로 나가 구출하고 있으나 부대원 중에서 혹시 사는 일본족들은 무식한 만주인을 만나면 맞아 죽는 수도 하나 둘도 아닌 모양이다. 이제는 할 수 없이 독에 가친 쥐처럼 분은 낮으나 용기를 내지 못하고 부대 안에 있는

-18-

곡식으로 죽을 만들어 한술씩 분배하나 원래 숫자가 없으니 어찌 곤란이 없으리요. 저마다 기갈을 이기지 못하더라. 그러나 정낙환의 마음에는 배도 주린지 모르고 몸이 괴로운지 모르고 다만 생각에 죽은 목숨이 산 것만 같아서 다행이고 머지 않아 수천 리 본국 고향에 돌아갈

것만 은근히 기쁘나 한가지 염려되는 바는 승리한 소련군이 보내지는 않더라도 혼자라도 하루속히 길을 떠나 한자옥(한 발자국)이라도 어서 가야 할 텐데 다만 이 부대에는 나의 일심만 조선 사람이지 다시는 없는 듯 한 것이 매일 때때로 제일 염려이라. 만약 보내 준다 해도 얼띤 마음에 나 하나를 본국으로 태워다 줄리 만무하고 이래저래 근심이 잊을 날이 없는 지라.

6. 일본군 육군병원에서 탈출 모의

이때 마침 동졸 일본군 하나가 항시 사랑하는 감이 있었는데 나의 눈치를 이상히 살피더니 하루를 묻는 말이라. "그대는 무슨 근심이 외면에 나타난다" 하고 질문한다. "나는 다름이 아니라 우리가 전장

-19-

에 왔으면 성공할 것이 본능이나 성공도 못하고 이지경이 되었으니 이제는 각각 본국으로 돌아갈 것이 목적인가 하는데 소련서 보내지는 얼른 않을 것이고 나는 다만 일신(一身혼자) 뿐이라 동행도 없이 단신으로 찾아간단 말이요 이 부대에는 우리 본토인(조선인)은 하나도 없는 듯하도다" 하니 이때 일본군이 묵묵히 듣고 하는 말이 "우리가 철도로 가게 되면 천안을 거쳐 갈 것이요. 수로로 가게 되면 우리 영토에 가서 부산연락을 시켜 줄 것이니 아무 근심 말고 한인 사람은 내가 확실히 안다" 이 사람은 중국 북경에서 있다가 온 사람인데 내가 곳 면회를 시켜주리라 한다"

그 이튿날 이 사람을 데리고 와 반가이 따라 나가니 일본인 말이 이곳 분이 내가 말하는 동족 사람이라 할 지음에 그 사람도 나와 같이 한 뜻이 있었던 모양이라. 얼른 달려들어 손을 잡고 반가움 이기지 못하며 하는 말이 "형씨는 조선 어느 곳에 사셨으며 성명이 누구신가 한다"

-20-

"예 ~ 나는
충청남도 천안군 환성면 백석리에 거주한 정낙환이라 합니다만 그대는 어디 사시는 누구십니까?"

"네 ~ 이 사람은 온양 온천에 살며 성명은 박원순이올시다" 일변 일본인에게 감사하며 서로 손을 잡고 해변으로 나가 그 간에 사정을 설명하고 박원순은 다시 자기 주소를 말한다. "아까는 낙환씨가 천안이라 하기에 서로 멀고 보면 정이 먼 것이라 그랬거니와 나는 원래 당진군 고대면 향곡리에 사는데 현재 주소이니 양해하십시오" 한다. 둘의 정과 의는 이와 같이 세월을 보내는 중에 이 부대에는 동국인(동일한 조선인)은 우리 두 사람뿐이 아닌가 하고 항시 외로움을 말하고 세월을 보냈다. 하루는 조반 후에 수도거리를 지나다가 마침 세수를 하고 있는데 외모와 태도가 일본인은 아닌 듯 싶어 둘이서 수군 거리니 그 사람도 역시 우리같이 생각한 모양이라 상대하고 보니 틀림없는 조선 사람이요.

-21-

이 분이 있는 방은 7호실인데 또 두 사람이 있다 한다. 피차에 반가움은 이기지 못하여 세수도 그만 두고 서로에 근간 사정을 설명하니 "형씨는 조선 사람 어느 지방 사람이며 성함은 누구십니까?" 하고 물으니까 "예 ~ 나는 조선 홍성군 홍북면 중계리라는 촌간에 있는 최기만이라 합니다. 또 내방에는 두 사람 중 한 분은 충남 공주 사람이고 또 한 사람은 경기도 양주 사람이라" 5명이 한 곳에 이르러 서로 주소 성명을 통한 후에 서로간 사정을 설명한 후에 서로 손을 잡고 한가한 해변을 찾아갔다.

오인의 주소는

1. 충남 천안군 환성면 백석리 정낙환
2. 충남 당진군 고대면 항곡리 박원순
3. 충남 홍성군 흥북면 중계리 최기만
4. 충남 공주군 정안면 대성리 허 근
5. 경기도 양주군 주내면 유양리 박윤성

-22-

이날부터 오인은 피차에 같이 기거하며 서로 의지가 되어 매일 아침후면 한 정자를 지목하며 서로 만나 노래도 부르고 연구도 무수히 하여 본다. 첫째는 기갈(배고픔)을 이기지 못하게 되었는데 그 중에도 정낙환은 주리는 것을 몰랐다. 이방에는 총원 30명중 나 하나가 한인인데 이 사람들이 때마다 요식을 풍족히 만들어 주므로 배고픈 줄 모르는데 한 동기 4명은 기갈을 이기지 못하는 모양이나 어쩔 수 없으며 도리가 없는지라. 그러나 한번은 생각다 못하여 식당 근처를 돌아다니며 눈치를 보고 살펴보니 전날에 요식이 풍족할 때 긁어둔 누룽지가 약간 있는지라. 남의 눈에 뜨이지 않을 정도로 하오리 자락을 두른 안에다 조금씩 매일 도둑질을 연속하는데 누룽지가 굳어서 무쇠 쪽 같으나 가지고 만 가면 기갈(배고픔)의 감식(맛진 음식)으로

*하오리:일본인의 짧은 옷

-23-

달게 나누어 충양을 약간 보태주는 모양이나 이와 같이 지날 때도 잠시간 하루 이틀도 아닌 듯하고 장구한 세월이 이 모양이니 어찌하면 좋으리요. 승리군 소련에서는 보내준다 안 보내 준다 말도 없고 요전

에도 불러다가 17~18세의 간호부 여성들과 우리에게 고통만 점점 극심하니 아무리 보아도 우리가 자발적으로 걸어가다가는 생사는 하늘에 있을 것이요. 노중 걸인(거지)이 되는 한이 있더라도 하루 속히 떠나 보자고 하고 수차 조르는 말이라. 고국에 계신 부모형제는 8월15일이 추석 명절이 아닌가, 이 때 조차 시시 때때 잊지 못할 것이라. 우리들은 오늘이라도 곧 떠나야 한다고 하고, 이와 같이 정낙환은 진정으로 수십 차를 하는 말이라. 그제야 동기 사인(4명)이 생각하기도 어려운 고국 삼천리 보행 길을 허락하고 결속하고 우리가 도주할 필요는 없다 하고 군의 장교에게 타협을 해 본다. 일본군 장교는 이 말을 듣더니 "도저히 될 수 없다 하면서 그대들이 그간 고생한 것도 다 우리의 운수이며

-24-

또한 노중(도로)에서 만주인에 해를 입어 생사가 위험할 것이니 생각도 하지 마라" 하면서 "우리가 이와 같이 단체로 있어도 가끔 만주인의 공격을 면하지 못하고 봉변을 당하는데 도저히 될 수 없다" 하는지라.

그 때 그 장교에게 요청하는 동기 5인중에 다 그 말이 사실인 듯 한 생각이 드는 모양이나 나 혼자 마음에는 그것이 아니라 예서 집에도 못가고 세월을 보내나 길을 떠나다가 객귀(집 나간 귀신)가 되나 한가지라는 생각이 생긴다. 다시 대변하며 요구하는 말이 도중에 고생됨과 위태한 생명은 자신이 결정한 것이니 보내 만 주시면 염려할 것이 없습니다. 일본인 장교의 말이 "여러분 자신이 그러하다면 부대장에게 상의하여 수 일 내로 보내 주겠다고 한다. 이유 막론하고 속히 결제 나

기만 기다릴 때 또한 살펴보니 그 부대 내에서 북한 동기들이 또 한곳에 8~9명이 있는지라. 이제는 어렵던 일신이 14인이 되어 한가지로 떠나기로 결의하고 일자를 기다릴 때 하루는 한 장소에

-25-

모여서 담화하고 시간을 기다릴 때 그날 마침 부대장과 그 장교가 소련군부로 상의 연락을 가고 없는지라. 그대로 파석할 때 그 중 북한 동기들은 탐욕스러운 욕심을 품고 말한다. 이런 그대를 잃고 고향만 찾아가면 무엇 하느냐? 우리의 의사를 질문한다. 정낙환이 답변이라. "우리는 이제 떠나 하루라도 속히 고국에 돌아가 고향 산천과 부모형제를 상봉할 목적"이라 하였다. 북한 동기 중에서 하는 말이라 "거지가 되어 집만 찾아가면 무엇 하느냐" 하면서 "연모(戀慕 이성을 사랑하여 간절히 그리워 하는 것) 하나만 구하면 일생을 편이 살 것이니 여기서 북만주로 향하자"고 한다. 그러할 진데 뜻이 다 다르니 각자가 다자기 마음대로 하자고 하면서 떠나는 날 중문 밖에서 너희는 그대로 가고 우리들은 우리대로 가리라 하고 각각 헤어졌다. (북) 저희들은 보통이겠지마는 우리가 듣기에는 실로 두려운 생각이 든다. 석양에 파석(헤어짐)하고 돌아와 석반(저녁)을 기다릴 때 이 방에 있는 일본군 하나가 계급은 일등병인데 그 마음이 활발치 못한 편인데

-26-

가끔 가끔 이르는 말이 있었다. "너희들이 아무리 가려 해도 가지 못한다. 수천 리를 보행으로 간다 하는 것이 헛된 일"이라 하면서 이에 특별히 미워하는 눈치가 있는 듯해서이다. 이날은 해가 거의 지도록 있

다 온 것이다. 이 때 마침 일본군 이 사람이 하는 말이 만약 한번이라도 또 가면 그 때는 좋지 못하리라 하면서 그 사람들은 그 병이 흉한 병이라 못 가게 한 것인데 점점 자주 간다 하면서 책망한다. 눈치대로 응대하면서 석반(저녁)을 마친 후에 그럭저럭 취침시간이 되었는데 밖에서 급한 소리로 정낙환을 찾는다. 급히 나가보니 이는 박원순이라. 무슨 이유로 찾는가 물으니 한가한 곳으로 가자고 하더니 두말없이 *해변으로 데리고 간다. 한곳에 이르니 숲 속에 모여 앉아 숙덜숙덜한다. "지금 조선서 일본인들이 패망하여 자기 본국으로 가는 길에 우리 조선사람들이 길을 막고 36년간 고통 준 것을 분히 여겨 다 사살시킨다. 하는 소식이

*해변 : 중국 만주 대련 해변

-27-

이곳에 왔으니 이제는 우리가 이 자리에 있다가는 미구에 목숨을 보전하기 어려울 것이다"라고 한다. 지금 이 사람들은 분기가 한 없이 차 오른 사람들인데 이 실정을 알고서도 그냥 있을 리 만무할 지라. "이 밤에 도주하여 생명을 보전함이 올을 것이니 이 밤 12시에 저 곳 한복판으로 나오는 자는 함께 갈 것이요. 그렇지 못하면 할 수 없다"하고 의논이 되었다.

7. 일본군 육군병원(중국 라오닝성) 대련에서 탈출

그러나 또 한가지 염려가 있다. 저마다 입은 것은 왜 말로 "하오리다"라는 옷인데 치마도 아니고 두루마기도 아니라 생기기는 두루마기 같은데 그 옷을 입은 후에 널찍한 끈으로 한 허리를 칭칭 동여매고 다니

는 옷이라. 이 옷을 입고 어찌 한 발자국이나 걸어가리. 이것이 큰 걱정이라. 첫째는 의복을 어디서 구해야 할 텐데 의논이 분주하나 이 부대에는 병원부대라 병원 옷밖에 없으니 급한 걱정이라. 그러한 중에 신과 의복이 6호실에는 가끔 사역들을 하느라고 입고 신는 것이 있으나 곤란하다마는 " 내가

-28-

의복2벌과 군화3켤레는 책임지겠으니 각자들도 연구하라"하니 박원순이가 "저 있는 곳에서 의복 2벌과 군화 2켤레는 될 듯하다" 하고 보니 남한 동기 우리 5인중에도 "신발은 5켤레가 되었으니 의복이 한 벌 부족하다" 하고 7호실에서 공습경보 때 영창 문에 치는 검은 포장을 떼기로 하고 옷을 만들어 입으면 된다 하여 책임을 각자가 지고 나서 생각하니 나는 일본인 신으로 3켤레와 의복 2벌을, 4인은 5호실 옆에 있는 6호실 밖에 없는 고로 가까이 있는 관계로 책임을 맡았으나 이미 밤은 깊어 가고 나 혼자서는 될 수 없다는 생각에 최기만을 불러 상의해 본다. "내가 신과 옷을 도적 하여 변소(화장실) 후면 거목(큰 나무) 사이 나무 밑에 갔다 놓을 것이니 자네가 수수밭 복판을 운반하게" 하고 북에서 온 동기들은 자기들끼리 책임을 하고 각자가 자기들 초소로

-29-

들어갈 때 정낙환은 제일 걱정인 듯하다. 이 여러 가지를 들어낸 것도 염려되거니와 나를 항상 만류하고 미워하는 한 방에서 거주하는 일본인 이사람 때문에 더 염려가 된다. 될 수 있는 한 들키지 말아야 할 텐데 하는 염려를 하고 문을 열고 들어서니 이미 시간도 취침 시간도 많

이 늦어져서 겸하여 많이 노했던 모양이라. 다짜고짜로 일어서며 사정 없이 때리고 무수히 질책이라. "그래도 네 잘못을 깨닫지 못하느냐" 한다. 그래도 군법이라 어쩔 수 없구나. 절대로 내 잘못을 알지 못하겠다 하니 이 놈이 벌벌 떨며 하는 말이 "어째서 가지 말라는 곳을 점점 자주 가며 지금이 몇 시냐?' 하면서 공격을 준다. 이때에 오장이 나와 만류한다. 이 모양을 당하고 생각하니 분하기도 한이 없으나 이 날 밤 도적질할 일을 생각하니 시간도 이미 다 되었고 실로 맹랑(난감) 하도 다. 만약 실수하면 이 일을 어찌 할고 아무리 연구하여도 묘책이 없는 지라. 생각다 못하여 침대에 누워

-30-

한참을 연구하다가 애라 이 밖에 묘책이 없다.

전신을 이리저리 요동하며 "배 아파 배 아파"하며 요지부동을 할 때 그 옆에 있는 일본인이 무수히 위로 한다. "그 대를 때린 것은 거리에 나가 고생할까 염려하여 그리함"이라 하고 무수히 위로 하는지라. 그 말이 귀에 들리지 않는다. 가끔 하는 말이 배 아파 배 아파 이리 뒤척 저리 뒤척 요지부동을 하면서 소금 있는 곳으로 찾아가 굵은 소금을 몇 주먹 입에 넣고 우두둑 먹으며 물을 마시고 다시 침대로 들어와 누워 끙끙 앓는 소리를 가끔 부르며 몸을 요동할 때 담요 밑에다 깐 홑이 불을 내어 허리에 감고 변소를 수 없이 드나들며 잠들기를 기다려 한 번에 한가지씩 주어 나를 때 물건을 훔쳐가지고 변소 옆을 가다가 최 기만과 만났는데 피차에 서로 놀란 것이다. 이 사람은 수수밭으로 나의 짐을 나르려고 변소에 들어가 옷을 벗고 나오다 놀란 것이요. 나는 물건을 훔친 고로 놀란 것이라. 서로 판단한 후에는

한번 두 번 다 갔어 가고 남은 것은 군화 3켤레만 남았는데 군화 한 켤레는 신은 후 발자국을 떼니까 콘크리트(시멘트) 바닥에 소리가 요란한 지라. 가만히 나와서 신을 벗어 들고 다시 6호실로 가서 한 켤레를 맞추어 하오리 자락에다 군화 여섯 짝을 가지고 나올 때 그 가는 길은 부대장 옆으로 부득이 지나게 되었다. 이 때 마침 경비서던 간호부 여자가 유심히 살펴보았던 모양이라. 밤은 깊은데 한 사람이 연락부절로 다닐뿐더러 이번에는 앞에다 무엇을 많이 가지고 지나가는 것을 보고 이 여자가 쫓아온다.

이 때에 잠깐 서서 생각하니 이제는 별수 없다. 만약 발견되면 이놈들한데 능지(고대 중국에서 청나라까지 걸쳐 시행되던 사형방법의 하나)될 터이라. 애라 쫓아오면 최고에 수단으로 대항하고 달아나면 그만이라 하고 달아나니 이 간호원은 몇 발자국을 따라오더니 어찌 생각했는지 걸음 중지하고 서서 바라만 본다.

이 길로 즉시 수수밭으로 도망하여 모인 곳을 찾아가니 스스로 다 모인 모양인데

북한 동기들이 다 아니 나온 지라. 그대로 길을 찾아 떠날 때 정신을 차려보니 우리 남한 동기 중에도 의복도 부족할뿐더러 한 사람은 신발도 부족이라.

그대로 단속하고 길을 떠날 때 고향 땅 삼천리를 어찌 한 발자국 두 발자국 걸어서 삼천리를 갈 수 있을까 하는 생각에 앞길이 깜깜하다.

1. 강철같이 굳은 일신(一身)일지라도 계속 쉬지 않고는 못 갈 것이며
2. 금전으로 노자 하여 돈 없이는 못 갈 것이라.
3. 금전 많고 힘이 장사라도 도덕 없이는 생명을 보전하여 자기 집을 찾아가기 어려울지라.
4. 본국 땅에 계신 우리의 부모님은 이 자식을 생각하시고 시시때때로 잊지 못하실 것 아닌가.
5. 오늘밤도 걸어간다 마는 본국 땅 삼천리강산은 어느 방면인가?
8월이라 한가위에 본국 땅 산천 위에 달맞이 가자.

-33-

6. 이 때에 걸어나선 일행들은 우리 남한 동기 5인중에 금전은 개인당 칠십 원씩 있고 박윤성 한 사람만 삼백 원이라.
삼천리 초행길에 무사히 도둑 없이 살아갈까? 이때는 시간을 쫓아 세계 각국 인민 속에 착한 사람은 수가 적고 악한 자가 비교적 많은지라.
만주벌판에 마적단은 세계에 유명하다 하는 곳인데 우리 일행에 후사가 어찌 되었으리요.
時(시)는 음력1945년 8월 1일(양력9월 6일 목요일)
이 날밤 삼경에 대련 일본군 육군병원 부대 내에서 몰래 몰래 도적질로 신과 의복이며 포장 담요 약간 물자를 탈취하여 행구를 차려 걸어올 때에 길도 찾지 못하고 한 고개를 올라 사면을 바라보니

-34-

동서남북을 분별하기 어려운 지라. 남쪽은 대련이요. 북쪽은 금주인데 양쪽의 전기불빛이 거의 같다. 11명 중에도 서로 의견이 분부하여 이

쪽이 대련이다 또는 저쪽이 금주다 하면서 서로 옳다 하는 고로 길을 잡지 못하고, 할 수 없이 그 자리 수수밭 속에서 자리를 정하고 잠깐 쉬어 오늘로 길을 찾아감이 옳다 할 쯤에 일본군 부대에서 별안간 개가 짖으며 인기척이 나는 곳의 지역이 요란한 지라. 이제는 부대에서 우리가 도망함을 알고 찾으려고 하는 모양이 분명한 지라. 만약 붙들리면 우리는 수가 적고 저들은 몇 천이나 되는 사람이니 대항도 못하고 욕을 면치 못하리라 생각하고 수수밭 복판에서 숨도 크게 쉬지 못하고 밤을 지샌다. 그 이튿날 날이 밝은 후 사면을 살펴보니 겨우 부대에서 북편으로 항시 바라보던 중국학교 잔등에 있는 수수밭이다. 부대에서 거리는 2~3

-35-

마정 밖에 안 되는 거리를 다람쥐 쳇바퀴 돌 듯 한 것이다. 이제 다시 길을 찾아 갈 때 가진 것도 없고 각자가 한 마음이 되어야 할 것이며 우리들이 위험한 곳도 없지 않으리라 생각하고 각각 손에 돌 하나씩을 주어 들고 길을 떠나 올 때 누가 보나 수상하게 보지 않는 이가 없더라. 11명의 여행이 얼마 가지 못하여 부대에서 금주로 연락하는 도로가 나온다. 마침 일본군 장교들이 자동차를 대절해서 10여명 이상이 지나다가 우리 일행을 보더니 차를 스스로 세워서 유심히 살피더니 그대로 지나가서 우리 일행 11명은 일본군 차가 지나가고 나서 제 각각 손에 든 돌을 다시 한번 걸어 쥐고 만약 일본군들이 우리를 괴롭게 하면 일심으로 합심하여 욕을 면하기로 약속한 것인데 그대로 지나가니 한결 마음이 놓였다. 이날 해가 지도록 걸어갈 때 방향은 동북으로 향하면서 그 걷는 태도와 의복 입은 모양이라. 20대 청춘 소년들이 어떤 사람들은 군복도 입고 치마 같은 하오리도 입고 사리마다(팬티)만 입은 자도 있으며 그 중에 보따리를 진 자도 있다. 만주인들이 볼 때 피난민 같은데 지울도 틀리지 않은 청소년이라. 군인 같은 터이라면 저와 같이 보행할 일도 만무한 지라. 여기서 조선이나 일본을 간다고 나섰을 리도 없을 것이 일본군 패잔병은 저와 같이 가지도 못할 것이 만주인의 해를 입을 것이요. 필경은 마적단이 아니면 모략단으로 지어 다니는 것으로 믿게 되었더라. 가끔 만주인에게 길을 물을 때도 소련군과 지방 정찰대를 피하려고 산길과 소로를 찾는다.

이와 같이 험한 길을 해가 넘어가도록 하루 종일 걸어가자니 시장하기 한이 없으나 하나 둘도 아니고 요기할 대책이 없어 그대로 밤 야 삼경(밤11시~새벽1시)까지 걸어서 가다가 피곤할 때에는 인기척이 없는 수수밭이나 산이며 산림 속에 들어가 잠을 자다가 새벽달 찬 바람에

자경이 넘으면 자연히 배도 고프고 선선하기 때문에 잠을 이루지 못하고 다시 길을 찾아 행할세. 우연히 날이 밝아 해가 질 때가 되도록 걸어갈 쯤에 기갈을 이기지 못하고 이 곳은 지방 생산물이 제일 흔한 것은 고산 석상 위에도 토분을 펴고 식목하여 생산되는 사과라. 시장(배고픔) 한판에 사과 밭을 찾아가 낙과된 것을 20원어치를 사와서 11명에게 나누고 보면 2개씩밖에 돌아가지 않는다. 기갈(배고픔)이 감식(맛진 식사)으로 나눈 후에 길을 떠날 때 이때는 팔월 초 삼 일간(양력 1945년 9월 8일)이라 날씨가 매우 선선하나 해가 지고 야심하면 수수밭 속에서 잠깐 은신하다가 또 길을 걷고 할 때에 대로와 사람 있는 곳

과 번화한 도시를 피하여 걷자니 고통이 심하나 그 중에 한 사람이 고향은 북한 사람으로서 부모를 따라와서 만주 북지에 들어가 칠팔 년을 거주하다가 징병에

-38-

해당하여 입영한 사람이다. 이 사람으로 하여금 막막한 때에 모면은 된다. 막연할 때는 언제인가 하면 요식을 빌지 못하는 것이 원래 인원이 많기 때문에 되지 않지만은·가끔 길을 잃고 방향을 못 찾을 때와 만주인의 풍속은 이상한 듯하고 저희를 상대할 때 수상한 듯하면 일시에 모인다. 이때에는 이놈들이 일본 사람이 아닌가 하고 의심을 둔다.
또는 가끔 지방 치한 소속을 만나면 일본군인인가 하고 취조를 하고 고통을 주는데 이때에는 반듯이 일본 사람이 아니고 한국 사람이라는 것과 중국어를 통하여 실정을 사정 할 수 없다고 볼 수 있다. 먹을 것을 얻어 온다고 하나 항상 기갈을 면할 도리가 없다. 한두 사람도 아니요. 먹을 음식을 얻어 올 수도 없는지라. 시장함을 견디지 못하여 각자 수중을 살펴 20~30원을

-39-

모아서 이곳에서 제일 흔한 사과 밭에 찾아가 낙과된 과일도 많이만 달라고 사정한다. 이곳에서 제일 좋은 사과는 한 알에 삼원이상 오원이 보통인데 그래도 많이 요구하는 원인은 벌레 먹은 것이라. 그런지 20원어치를 사와도 내입에 들어가는 것은 변변치 못하다. 이렇게 먹는 것도 이틀에 한번뿐이고 이것도 가끔 있다.
배고픈 것은 집에나 가야 면할 것이고 목적은 한 발자국이라도 더 가

는 것이 목적이라서 주야를 불문하고 걷는 모양은 이것이 우리가 경험인가. 이와 같이 매일 해가 서산에 지고 나면 야심 후에 잠자리를 찾아 산에 다다를 때는 나무가 우거진 곳을 찾아가고, 들판에 이르면 고랑 밭으로 들어가 깊은 밤을 의지하고 할 때에 이날은 험준한 산길에 닿은 지라. 이곳은 인가도 드물고 궁벽산중

-40-

이라. 갈수록 인가도 없고 앞길이 망연하지라. 길을 잡지 못하고 한 골짜기를 타서 무수히 내려가니 마음에도 바라지 않는 국도가 앞을 막고 좌우에는 험준한 큰 산이 있고 대로로 가자니까 물론 취재(검문)가 심할뿐더러 또한 소련군(러시아군)에게 잡히면 포로로 데려가서 북소련 산중에 데려가서 나무나 베고 일생을 보내야 한다는 말을 만주사람에게 들었는지라. 갈 수도 없고 실로 곤란한지라. 오지도 못하고 비탈산으로 다니면서 방황하고 있는 터에 마침 산골 털 복숭아가 몇 나무에 달리었는지라. 일시에 그 곳으로 몰려가서 그 복숭아를 따 요기하면서 염려하는 말이라. 우리들이 현재만 생각할 것이 아니라 좀 비축을 했다가 다음 배고플 때에 고통을 면하자 하고 일행 중 보따리에 약간 넣어 가자는 의견이 많은지라. "이 길로는 못 갈 것이고 이산에 은신하였다가 밤이 한참 지난

-41-

후에 통행하는 사람이 그치거든 국도로 좀 지나면 또 소로가 있으리라 하면서 도로에서 멀지 않은 거리에 자리를 정하여 깊은 밤에 길 찾기 고생을 안 한다" 하고 산 허리를 돌아가면서 잠자리를 살펴볼 때 극산

극변(극히 높고 심한 비탈) 발붙이기도 곤란하여 두루 방황할 때에 한 곳에 이르니 암석이 높기는 십여 척(3m 정도) 이상이며 앞으로 숙인 밑에 은은 할뿐더러 우리 일행이 잠을 자도 밤이슬을 맞지 않게 방지까지 되었으며 한 편으로는 은은한 지함이 되어 있으며 그 안에도 3~4명이 은거할 만한 장소인지라.

8.단둥으로 이동 중 소련군 공격받아 ~

한편은 무서운 듯도 하나 또 한편으로는 오늘날까지 거처가 이만큼 정결하고 신성한 곳에서는 거처를 못해본 것이 사실이요. 무엇이 두려우냐 하는 것이다. 우리를 구하는 중(스님)은 뻔히 알면서도 첫째 두렵기는 그래도 사람이라. 이곳에

-42-

자리를 정하고 해지기를 기다릴 때 각자가 마루보 굵기의 한치 이상으로 석자 이상이 되게 지팡이처럼 뭉둥이를 각기 만든 후에 이리저리 방황하면서 숲 사이로 신작로(큰 도로)에 소련군이 오고 가는 여행자를 구경한다. 이 도로는 어디로 통하냐 하면 안동(단둥)에서 대련까지 일천 600리(240km) 육로에 기차 왕래는 남만주 관동주라 하는 사이에 약 280리(약112km), 그 밖에는 통행을 더 안하고 그 이상은 봉천으로 돌아가거나 그렇지 않으면 해상으로 다니거나 하고 그 이상은 전부가 이 길로 연락한다고 하는 길인데 좌우로는 자동차 연락하고 복판 좌우에는 단차로 가는 길이요. 한 가운데는 말이 끌고 다니는 역마차가 왕래하는 광대한 도로인지라. 조심히 바라보면서 구경할 때 수상

한 일행이

만주인의 옷을 입고 3명이 일행하여 가는 태도가 아무리 보아도 만주인 같지가 않더라. 부대에서 나올 때 북한에 살던 동기가 3명이 떨어졌으므로 항상 이동 중에도 서로 잊지 않고 염려하며 살피던 터인지라. 숲 속에서 3명의 행인에게 허일조로 암호를 내 보인 것인데 이 3명이 그 암호를 듣고 수림(산속)중으로 찾아 올라온다. 틀림없는 그 3명인지라. 그 3명중에도 한 사람이 만주어를 통하는데 어느덧 변복을 하여 잘 못 알아 본 것이다. 서로 그간에 지내온 난사를 상통한 후에 서산일모(서산에 해가지고) 하여 밤이 깊기를 바랄 때 어둠이 깔리자 별안간 총소리가 산을 울리며 요란한 곳에 실탄 날아가는 소리가 귀뿌리를 울리며 우리 있는 곳을 알고 총을 쏘는듯하다. 소련군이나 팔로군(1937~1945년에 일본군과 싸운 중국공산당의 주력부대, 8로군) 등이 일본군 패잔병이 이 산에

숨어 있다가 나타난 줄 알고 이리하는 모양이 아닌가 하는 생각에 만약 우리가 생명이 위태하여 포로로 잡히는 한이 있더라도 요동치 말자 하고 숨도 크게 못 쉬고 14명의 사람들은 초조하여 기침도 못하고 이 밤을 지내게 된 것이다.

9. 호랑이 굴에서 하룻밤을~

이 총소리는 모름지기 산이 험하고 로변에 어떠한 일이 있을까 하여 위험으로 총소리를 낸 듯 한지라. 그리고 소련군 자동차는 날이 거의 새도록 연락부절로 통행하는데 도무지 비킬 기세가 없이 계속 연락하여 교대로 밤을 새우면서 한 사람이 한 시간씩을 경계 근무할 때 이때는 밤12시는 되었는데 그 암상(바위 위)에서 주인이 와 있음을 알리는 모양이라. 이 때 마침 남한 동기

5명중에는 하나도 잠을 이루지 못하고 시간을 보내다가 이 때 마침 최기만이 암중(바위 속) 굴속에서 나와 자리에 누우니 암상에서 산돌님이 하석(밑에 있는 돌)을 향하여 대변을 보는 모양이라. 마침 최기만의 발 끝에 떨어진다. 이 때 최기만은 놀란 가슴에 더 놀래어 현품을 조사해 보니 틀림없는 산 짐승(호랑이) 대변이라.

이 날 밤에도 이 산중에 살고 있던 산 짐승들이 출행하였다가 자기들이 살던 집을 찾아와서 보니 손님이 많이 들어 있는 고로 들어오지 못하고 주위를 방황하며 저희들이 온 것을 알리는 모양이라. 이 같이 밤이 지나고 이튿날 먼동 아침 길을 떠날 때 전날 준비해둔 복숭아를 3개~4개씩 나누어 먹고 길을 떠날 때 전날 밤 위험 포 소리에 놀란 마음이라. 포로가 되는 한이 있더라도 밝은 날 간다 하고 조금 가니까 바로 소로

길이 있는 지라. 그 길로 얼마를 걸으니 수림이 없어지고 들판을 도착하여 인가를 찾아 만주인에게 사실을 물어본다. 우리는 안동(단둥)을

찾아가는 조선사람인데 지금의 사정과 실정을 말하니 만주인이 한참을 듣더니 하는 말이 이곳은 번화할뿐더러 며칠 전에도 이와 같이 지나가는 일행을 소련군이 보고 모두 자동차에 실어갔다고 하면서 앞으로 가기가 곤란하리라는 말을 한다.

10. 만주인에게 진미를 요구하다가~

만주인의 이 말을 들으니 다시 더 한 발자국도 가고 싶은 마음이 없는지라. 그 만주인에게 하는 말이 우리 일행이 이곳에서 지체하였다가 밤이 되어 갈 것이니 우리가 배가 고파서 견딜 수 없다고 하면서 밤을 좀 해 주시면 값을 줄 것이니 좀 수고 하자고 하니 이 만주인은 30미만의 청년인지라. 선선히 승낙하면서 한편으로는 동정하는 마음이 있더라. 다만 고마움을 칭찬하는 한편 주책 있는 동기생이 하는 말이 호식을 하려는 말이었다.

-47-

만주인을 대하여 하는 말이 우리가 여러 날을 굶주려 지쳤으니 혹시 가능하면 닭이나 개나 살 수 없느냐 하면서 밥이라도 백미를 구하여 주십사 하고 호화스럽게 요구를 했다. 이때에 만주인은 신식인 사람이다. 일본과 러시아어를 하는 고로 이놈 저놈이 나서서 하는 말이라. 한참 생각하다가 집으로 들어가더니 한 시간 후에 나와 지금 소련군 차가 곳 온다 하니 밥을 지어드릴 수 없소. 어서 떠나야 한다고 한다. 이 근거는 다름이 아니라 너무 호화스럽게 닭을 잡으라, 개를 잡으라, 백미를 해 달라, 주문을 한 것이 관계 된 것으로 보인다. 만주인들이 의심이 많아서 혹 몰라도 도적단, 마적단, 마적 팔로군 패가 아닌가 하고 틀림없는 도적이라는 생각을 하고 이놈 저놈이 번갈아 어서 떠나기를 바라고 별 의혹 의심스러운 말을 다한다. 이에

-48-

우리 일행은 바라고 바라던 밥상을 차버리고 내 잘못과 실수를 생각지 못하고 악으로 적으로 만주인을 상대하면서 "너희들이 어찌하여 해준다는 밥도 아니해 주고 소련군이 오느니 잡혀가느니 하면서 떠나라 마라 하느냐" 한다. 너희들이 별의 별 소리를 다 해도 두려울 것이 없으며 소련군이 온다고 해도 관계없다고 하면서 팔로군은 우리 큰 집이라 아무 관계없으니 빨리 가서 밥이나 가져오라고 하면서 악만 쓴다. 만약 우리를 굶겼다가는 좋지 못할 것이니 하면서 동네 앞 강냉이 밭둑에 모여 앉아 악을 쓰니 이놈들도 오도 가도 못하고 난처한 모양이라. 피차에 이와 같이 밤을 새울 때 남한 5명은 껄끄름한 아이들로 하여금 더 고통이 되는 듯하다. 이 때 일부는 이렇게 밤을 새울 수 없다.

-49-

하고 강냉이 밭 가운데서 잠을 자고 일부는 길가에서 저 놈들과 상대할 쯤에 밭 가운데 있는 우리도 잠을 이루지 못하고 염려가 되는 것은 저 만주인들이 치한부(경찰서)로 연락하여 어떠한 욕을 줄는지 몰라 의심하였으며 밤중이 지나자 선선도 하고 잠을 이룰 수 없어 한 장소로 모여 그 만주인들의 이른 강냉이 대를 갔다가 불을 놓고 밭에 설익은 강냉이를 따다가 불에 익혀서 충식을 한다. 이러자 날이 밝으며 그 정황에도 서로 보면서 웃음을 이기지 못한다. 다름이 아니라 밤 새벽

내 강냉이를 그을려 먹었으니 그 얼굴이 토인(흑인)과 한가지라.

이러므로 서로 보면서 박장대소하면서 웃고 이처럼 밤을 지새면서 길을 떠날 때 그 중에 한 사람이 중한 병자라. 행역(오랜기간 힘든 행군)에 곤란을

-50-

당하는 터이다. 이 때 이 사람이 면색(얼굴)이 달라지면서 같은 북에서 온 고향 사람을 사정없이 발길로 찬다. "너 같은 인종은 살아 쓸데 없다"고 하면서 사실을 설파한다.

이 이유는 다름이 아니라 지난밤 자리를 나누어 밭 가운데 있을 때 내 몸이 괴로운 관계로 나도 거기에 누어있으니 저놈이 하는 말이 "이러한 병자를 데리고 가다가는 몇 달이 되어야 갈지도 모르고 그 보다는 이제껏 온 날짜에도 그 환자가 아니면 많이 왔을 텐데 이제껏 여기 밖에 못 왔다"고 하면서 일층 더 분해하고 발길이 번개 같은데 옆에서 보는 사람도 분해하면서 한가지로 추궁한다. 이 사람은 누구인고 하니 그 환자를 애호(사랑하고 좋아함)하는 사람이다. 당연은 하지만 너무 구박하는 편이다. 이 사람은 말 한마디 잘못 실수하고 이 모양을 당하는 구나.

이 때 정낙환과 최기만 양인(2명)이

-51-

말리면서 가로되 "피차 양해하여 어서 길을 떠나자"고 한다. 마음도 고르지 못할지라. 어찌하여 내 마음과 일치하리요 하면서 길을 떠날 때 동북간을 향하여 갈 때 소로를 찾아 한곳에 이르러 보니 많은 인가

는 없고 일 가옥(한 집)이 있는데 그 집 문전에 가서 길을 묻고 아침 요기를 시켜 달라고 하니까 두말없이 안으로 안내하여 자기들 먹으려고 준비한 요식을 내어주는지라. 감사하다는 말을 하고 우리에 실정을 말하니라.

11. 만주인이 조선은 형제국이라면서 따뜻한 환대

이 주인의 생각에는 전날 밤에 그 밑 동네에 부랑당 떼가 왔단 말을 들은 판에 우리가 자기 집 부근에 온 것을 보고 가족을 숨기고 자기 혼자 귀추(동향)을 보다가 실정을 들은 모양이다. 밖에 나가더니 자기 부인인지 부인과 처녀 가족을 데리고 온다. 우리 일행은 이 집에서 아침을 요기하고 길을 떠나 소로를 찾아 행할 때에(걸어갈 때에) 한 곳에 이르러 보니

-52-

멀리 보이는 한 촌락이 있는데 호수는 10채 되는 동네라.
멀리 우리 일행이 오는 것을 보고 마적인가 의심하여 그 마을에 젊은 각시와 처녀들을 숨기고 부산한데 우리 일행은 등을 넘어 내려가면서 바라보니 이곳 저곳 숨는 것이 황연히 보이며 부산한 태도를 보고 난잡한 동기들은 처녀들 숨는 것을 보고 여기는 내차지 저기는 네 차지라 하면서 그 마을에 도착하니까 그 동네에 젊은 남자 3 ~ 4명이 나와서 우리에 거동을 본다. 이 때에 통역이 나서며 길을 묻는다. 우리는 조선사람으로서 일본군으로 갔다가 못 견디고 있는데 일본군이 망하여 우리는 고국을 찾아 가는 길인데 초행으로 고통과 시장함이 이루

말할 수 없다고 하니까 실지로 자기들의 생각에는 거기까지는 미처 생각을

-53-

못했다 하면서 그간 사정을 불쌍히 여기며 한편으로 숨어든 처녀와 각시들을 불러서 오히려 외국 사람이라면서 구경을 시키고 이분들은 조선이라는 나라에 사는 분들인데 조선은 예년에 우리나라와 형제 국이었는데 그 나라에 사시는 분들이라 하며 역사를 알려주는 지라.

이와 같이 애정있게 생각하면서 물론 시장(배고픔)들 할 것이니까 한 끼 요기나 하고 가라 하면서 어떤 사람은 밭에 있는 고구마를 캐고 어떤 부인은 배추를 뽑아 가지고 들어간다. 우리는 스스로 만주인 동민들과 함께 쉬는데 어떤 사람은 하는 말이 에그 어지간하였으면 해중(바다)으로 배라도 태워 보냈으면 하면서 모든 동민들이 한심스럽게 행각하며 점심을 지어 주었는데 이밥은 없지만 저희 형편보다는 특히 주선하여 준비한 듯하더라.

-54-

주리든(심히 배가 고픔) 판에 이 동네에 와서 이와 같이 포식을 하였으니 그 은혜 이루 말할 수 없는지라. 그 동민에게 백배 치사하면서 작별하고 떠날 때 동구 밖까지 나와 전송하면서 아무쪼록 잘들 가기를 부탁하더라. 이제 그 동네를 섭섭한 마음으로 떠나 길을 갈 때 일낙서산(해는 서산에 지고)하고 월출 동명(달은 떠서 밝고)함에 밤은 이미 *삼경이라. 수수밭을 찾아 쓸쓸한 새벽 바람에 일신 단속은 섭섭한 마음을 견디지 못하여 다시 걸어갈 때는 어느 때가 되었는지 날이 밝도록

걸어가 계속 이날 저날 걷다 보니 한곳에 다다라 길을 잃고 방황할 때 마침내 만주인 일행을 만난 지라. 반가이 만나서 길을 물으니 이 만주인이 듣고 자기 가던 길을 버리고 앞에 나서면서 자기를 따라 오라 하면서 앞에 서서 가더니 4~5마장이나 되는 거리를

*삼경 ; 하룻밤을 오경으로 나눈 셋째 부분. 밤 11시 ~ 새벽1시
-오경:하루 밤을 5로 나눈 시각 즉 초경은 7~9시, 이경은 9~11시,
  삼경은11~새벽1시, 사경은 1~3시, 오경은 3~5시

-55-
인도하여 한곳을 알려주고 자기 목적지로 돌아간다.

12. 따발총을 든 소련군

무수히 사례하고 얼마 안 가서 한 고개를 도달하여 겨우 넘어서자 앞을 살펴보니 멀지 않은 거리에 일 가옥(집 한 채)이 보이는데 그 집안에서 소련군 한 명이 나타나 우리 일행을 보더니 팔십발용 따발총에다 실탄을 채운다. 우리 일행은 좁은 길에 일렬로 서서 오는데 제일 선두에 가는 자는 정낙환이었다. 언 듯 생각할 때 우리가 도망하다가는 저 총에 맞아 죽을 것이라 하고 뒤에 올라오는 동기를 바라보며 우리가 소련군을 피하기를 바라고 오는 것인데 소련군이 나타나 우리를 주목하니 하나도 도망치지 말고 이리와 모두 앉으라 하면서 만약 도망하다가는 소련군 따발총에 죽음을 면하지 못하리라 하고 오는 데로 순서 있게 앉았다. 이 소련군이 총부리를

겨누고 거의 앞에 왔을 때 우리가 살자면 도리가 없다며 일어나 절을 하자 하고 일제히 일어나 절을 하니 그 군인도 그대로 굽혀서 답례를 한다. 그 후에 서로 바라만 볼 따름이다. 언어가 달라서 통화가 되지 않으므로 묵묵히 서 있을 뿐이었는데 이 때 정낙환이 막막히 바라보다가 언뜻 생각한 바이라. 땅에다 만주와 조선지도를 그리어 그 곳에서 조선 중앙을 가리키면서 손으로 설명하여 이르는 말이라. 우리에 실정을 대강 듣더니 이 군인이 묵묵히 지도를 살펴보니 손짓하는 모양을 유심히 살피더니 그제야 짐작하고 손을 들어 가르친다. 그 가르침을 보니 우리 일행을 가라는 모양이 분명한지라. 이 사람은 소련군이라 그 인물을 말할 진데 다 같은 사람 얼굴이겠지 만은 그 모양이 이상한지라. 얼굴은 노르고도 흰 빛이 나고 얼굴은 염생이 상이라.

57

머리는 노른빛도 나는 듯하고 흰 빛도 나는 듯하고 삼색이 종합한 모양인데 붉은 색도 나는 듯하고 그 현상은 우리나라, 우리 고향지방 산 속에서 처음 보면 사람으로는 아니 볼만한 인물이라.

처음 상대할 때는 실로 무섭더니 가라고 승낙할 때는 가장 아름다운 얼굴이다. 이제는 일제히 일어나 허리를 굽혀 고맙다고 절을 하니 그 군인도 역시 마주 굽혀 예하더라. 이 사람이 이곳에 있는 이유는 다름이 아니라 어느 곳으로 통과되는 철도인지 기차역 경비를 하느라고 와 있는 모양이더라. 이 때 그 소련군에게 경험을 얻고 걸어가면서 생각하니 이제는 험한 길로 갈 것 없다 생각하고 좋은 길로 가다가 소련군을 만나거든 허리를 굽혀 절만 자주하면 아무 문제없겠다. 우리가 너무 겁을 내고 험한 산길로 걷느라고 고생을 더 했다고 생각하면서 걸어서 갈 때 벌써 일낙서산(해가 지고) 월출동명(달이 떠서 환함)하여 이미 밤은 깊은 모양이라. 야심함에 수수밭을 찾아 들어가 한경을 지내고 선선한 마음에 어느 때나 되었는지 다시 걸어가는데 며칠이나 왔는지 때는 오후 3시가 지났을 듯 할 즈음에 마침 한 시읍(작은 도시)을 지나게 되었는데 차마 시읍으로 들어가지 못하고 빈 여로 돌아올 즈음에 만주인 3명을 만나게 됨에 그 만주인에게 길을 물어 본다.

13. 태극기를 ~

이 사람들이 가장 인정 있는 듯하고 자상한지라. 길을 물으며 한편 생각에 사정하면 무슨 좋은 계획이나 생길까 하고 전후 사정을 세밀히 말을 하였다. 조선인으로서 일본군으로 부득이 갔다가 대련에서 떠난 후에 승리한 소련군을 피하여 소로로 오는데 고생도 많이 하고 길도 가지

못하고 들판이나 산림 속에서 이리 갔다 저리 갔다 만하고 우리에 갈 길은 만주 땅 일천 육백 리(625km정도)를 단 삼백 리(120km정도)도 못 온 모양이다라고 하면서 오다가 소련군을 만난 일이며 전후 사정을 세세히 말을 하니 그 중 만주인 하나가 이상이 듣더니 하는 말이 "각자가 완전히 조선인이라는 표를 하고 가면 국도를 갈지라도 아무 관계 없으리라" 하면서 "조선 사람은 지금 동정하기 때문에 아무 염려 없으

니 옷이나 다 변복하고 가면 아무 염려 없으리라" 한다. "여보시오 조선사람이라고 어떻게 표시를 하여야 하느냐"고 물으니 이 만주인이 한 참 생각하더니 태극기를 그려 붙이고 가라 하는데 우리 일행은 한 사람도 태극기를 기억하지 못하겠으므로 우리는 태극기 그림은 생각지

-60-

못하겠다 하니 어찌하리요 하니 그 만주인은 이런 말을 한참 듣고 생각하더니 자기의 옛이야기를 하면서 "자기가 20세 전에 조선 서울서 인천간 소사라고 하는 데가 있었는데 이때에 조선 사람들이 태극기를 들고 일동이 만세를 부를 때 일군 헌병대와 치안대에서 나와 총소리를 내고 부산한 경과를 보았는데 그 때에 보자니 태극기 모양이 이러하더라"하면서 태극기를 그리고 그 밑에는 조선이라는 문자를 쓰고 소련 글자로 조선인이라고 쓰고 이와 같이 세세히 만들어 주는 지라.
우리 일행 중에는 한 사람도 태극기도 모르면서 그러한 묘책을 그 만주인의 활발한 마음으로 그려 만들어 주어서 길을 떠날 때 무수히 사려(감사)하고 총정에 서로 논하는 말이라.

14. 조선인 탈출 동기생 14명을 7명씩 나누어서

우리가 이제는 이렇게

-61-

많은 14명이 보행(행군)을 하면은 혹시 요식(식사)를 빌고 싶어도 간

단치 못하여 될 수 없었으니 반씩 나누어 헤어짐이 어떠하리요 하고 북에서 온 동기 중에서 남한 우리를 대하여 하는 말이라. 이제는 그리 하여도 좋다마는 나누고 보면 한쪽 편에는 통역할 자가 없어 곤란할 지라. 그러나 의향이 그러할 진데 좋은 마음으로 그리 해보자 하고 14명을 반으로 나누어 남한 사람 중에는 하나도 통역할 사람이 없는데 북한 사람 중에서 제일 변변치 못한 2명을 우리에게 준다. 그대로 만주에 있는 안동 가서 만나자 하고 길을 떠나 몇 발자국 못 가서 서산일로(해는 지고)하고 운상(안개/구름)이 자욱하며 어두운지라.

그대로 신작로 큰길로 지향없이 가다가 이미 밤은 깊은지라. 이제 수수밭을 찾아 들어 한복판에 자리를 잡고 7명이 서로 들러 앉아 생각하니 14명이

올 때보다 어렵기도 할뿐더러 통역 할 자가 없으니 만약에 만주인 불한당을 만나면 어떻게 모면하리요. 이제껏 며칠을 걸어오면서 금전 몇 푼씩 있는 것을 그대로 다 소비하고, 참다운 음식은 한끼 구경도 못하고 푼전만 소비하였으니 이 날도 종일을 아무것도 입에 넣어보지 못했으니 시장한 마음도 간절할뿐더러 선선한 마음에 서로 둘러 앉아 한탄 하는 말이 우리에 고통은 점점 더 심할지라.

15. 건빵 한봉지로 7명를 7명이 2일간 식량

저 애들은 오늘 저녁이라도 혹시 빌어 요기했을지 모르지만은 우리들은 통어가 안되니 한끼 식사를 빌어 볼 수도 없다.

우리 일행이 적은 것도 소용없고 이래 저래 고통만 더 될지라. 이 때에 정낙환은 행중(여행용 백) 봉투에 건빵이라는 과자 한봉지가 있었다. 주먹만한 행물 보따리에 무슨 물자가 들어갔으리요. 아무리 귀중한

63

피륙일지라도 이보다 더 귀중할 수가 있을까?

일본제품의 소품은 다 버리고 이 과자 한 봉만은 부대에서 얻은 것인데 오늘 이때까지 보관한 것이다.

행중(걸어가던 중에)에서 내 놓고 일곱 사람에게 나누어 보니 한 사람 앞에 여섯 개씩 골미(골무의 사투리) 만큼 한 것을 나누어 주고 남은 것은 그 이튿날 떠날 때 나눌 것이라.

이 날밤 이 자리에서도 이것으로 입을 다시고 잠깐 누어 잠이 들 즈음에 난데 없는 빗방울이 얼굴에 떨어진다. 선뜻한 정신에 놀라서 깨어 보니 별안간에 떼 구름이 사면에서 모여들며 바람이 기동치듯 하고 수수잎 날리는 소리가 부산스럽게 들리니 더욱 사람의 몸을 섬뜩하게 한다. 그 자리에 앉아서 덜덜 떨면서 신세 한탄을 하면서 이 일을 장차 어찌 할고 생각하다가 못하여 하는 말이 우리가 이

모양으로 앉아 있다가는 안 된다.

물론 병이 날뿐더러 추운 마음을 있을 수가 없다. 한발자국이라도 걸어야 하겠다 하고 남은 건빵을 나누고 길을 찾아 나올 때에 도무지 주위를 분별하지 못하겠더라. 겨우 더듬어 신작로를 찾아 얼마 못 갔는데 길이 두 갈래 길이라. 어느 쪽으로 가야 할 지 판단을 못하고 서로

이리 가자 저리 가자 할 즈음에 내 마음에는 맞지 않으나 여러 사람이 가자는 길로 얼마 안 가서 방향이 맞지 않을뿐더러 길을 보아도 부당한지라.

"우리가 길을 한 번 잘 못 들어오면 며칠을 고생한다" 하고 버리고 온 길로 가야 한다 하니 역시 저희도 옳다는 것이다. 서로 서로 옳다 하고 분주히 의논만 하고 가도 오도 못하고 있자 한 쪽 동편 하늘에서 떼 구름이 지나는 곳에 새벽 별이 번 듯 보인다. 이제는 저 별을 보라. 우리가

-65-

저 별만 보고 가면 중국 만주에 있는 안동(단둥)까지 바르게 간다고 하면서 가던 길을 버리고 바른 길을 다시 찾아 갈 즘에 한 곳에 이르니 사방을 분별할 수 없는데 별안간 웬 사나운 세파드 개 한 마리가 내 다르면서 사람을 놀라게 물으려고 하는지라.

16. 조선인 농부 만나 대련해변에서 배를 타고 가면 ~

그리하여 잠깐 피하여 살펴보니 3~4가옥의 집이 있는지라. 그 개로 인하여 도무지 갈 수가 없어서 다시 물러서서 비켜 갈까 하니 깜깜 절벽이라 갈 수 없어 강냉이 밭 가운데를 헤집고 들어가 날새기를 기다려 은신하는데 이미 날이 개이면서 먼동이 트는지라. 이제 다시 걸어 갈 때 길에 나서자 그 집주인이 문을 열고 나오는지라. 그 주인을 대하여 물으는 말이 (치거안톤치따도) 주인(씨여 - 치거조새인메유)이 하는 말은 이 길이 안동을 가는 대로라는 것이었다. 주인은 하는 말이

이 지방에는 조선인이 없소 하고 만주인이 하는 말이라. 이 길을 버리고 해변으로 나가면 조선사람이 있다 하는 모양인데 들을 수도 없고 말을 할 수도 없어 답답한지라. 이 때 최기만이 나서서 문자로 피차 화답을 하면서 세세히 물어 본다. 이 만주인이 가리키면서 이 길을 버리고 해변으로 2 ~ 3마정만 가면 그 곳에 조선사람이 있다 하는 지라.

그 길로 만주인에게 인사하고 바로 그 곳으로 찾아간다. 이곳 만주는 도시가 아니라 모두가 한집씩 농촌으로 사람이 모여 사는 동네가 없고 여기저기 1 ~ 2집씩 여기저기 농지에 필요하게 사는 지라. 만주인이 가르치는 곳을 찾아가 이리로 갔다 저리로 갔다. 1 ~ 2집을 생각하면서 식전(새벽) 이슬에 아래 바지를 다 적시고 이 모양으로 찾아 다닐 때 이곳에 부모가 계시는가? 형제가 있는가? 그렇지 못하면 처자가 있을까? 이처럼 다니는 것은 오라고 하는 사람도 없는지라.

67

다만 한나라 동포를 보면 기갈(배고픔) 이라도 면할까 하고 찾아 다니는 것이 목적이라. 이와 같이 한참을 찾아 다닐 때 한 곳에 이르러 보니 가옥이 만주인에 집과는 다른지라. "아 ~ 여기가 우리가 찾는 동포가 사는 곳이다" 하고 찾아 들어가니 그 주인이 우리 일행을 보더니 한걸음에 걸어 나오면서 맞이해주는 모양이 어찌 형제와 다르리요. 우리를 맞이하여 들어오라고 한 후에 곧 밥을 지어 대접하면서 사실을 묻는다. 그 간에 일을 설명하고 조반이 들어와 식사를 할 때 우리 일행은 부대에서 떠나 주야 14일만에 이 곳에 도착하여 처음으로 밥통에 수북이 담아 놓은 것을 보니 얼마나 급하리요. 이 때 주인은 공기에다 수북이 담아 앞에 놓아준다. 급한 마음에 공기는 저참이고(신경을 쓰지 않고) 밥통을 가까이 놓고 먹었으면 좋겠는데 주인은 한사코 공기 밥 그릇이 나는 대로 담아준다. (정낙환) 생각하니 밥통을

-68-

두레반 가운데다 놓으면 실속 있게 담아 먹겠는데 한사코 담아준다. 주인 어른 너무 미안하오니 밥통을 한 가운데 올려 놓으시면 우리가 각각 담아서 먹겠습니다. 하고 공기를 전하지 않으니 그제야 짐작하고 올려 놓는다. 이제는 접시 밥도 담을 탓이라고 실속 있게 담아 다섯 공기를 먹고 나니 그제야 겨우 요기가 된다. 이제는 미안도 할뿐더러 밥통에 밥이 거진 다 먹었고 미안도 하고 서운하기는 하나 욕도 볼까 염려도 되어 그때 수저를 놓았다. 그제야 주인과 일좌(마주 앉아서)한 후에 그간에 지난 실정을 설명함이라. 우리는 일본군을 갔다가 중국 대련에서 일본군부대에 있다가 여차하여 밤에 도주하여 오늘까지 주야 14일만에 주인댁을 찾아와 이와 같이 주리던 배를 재우고 가게 되어 그 은혜는 실로 말을 드릴 수
*주야14일: 이 때는 음력 1945년 8월15(양력 9월 20일경)로써 대련 부대에서 음력 1945.8.1일(양력1945. 9.5일)출발하였으므로 약 14일을 걸어서 일본군 부대를 탈출하여 소련군을 피하면서 한반도 신의주 방향으로 이동 중임

-69-

없습니다. 하면서 주인댁의 주소 성함을 알고자 합니다 하면서 적어 넣은 후 곳 길을 떠나려 하니 주인이 만류한다.

오늘 하루를 내 집에서 쉬어가라 하면서 보아하니 노자 돈도 없는 듯하고 그 간 온 길이 겨우 삼백 리(약120km)라. 앞으로 갈 길은 천여리(약 400km)라. 여기서 중국 만주의 안동이 팔백 리(약320km)라. 하지마는 당신들은 한달 내로 간다고 볼 수 없으며 갈 수 있다고 하더라도 수중에 노자 돈 푼전이 없는 모양이니 같은 동포로서 어찌 이런 일을 보고 그저 두리요. 이제 보행으로 당신들이 간다고 할지라도 무사히 가야만이 간 것이라며 오늘 하루를 쉬어 보면 나도 기왕 조선을 갈 사람이며 해변에 나가 배를 사면 그 배에 함께 가자고 하면서 우리가 가산지물(가정의 모든 재물)을 생각하고 이 지경에 든 사람을 건지지 않는 다면 어찌 동포라 할 것이며 오늘 하루만 지체하면 가부를 알리라 하고

*삼백 리: 14일 주야로 1일에 약 8km씩 총120km를 이동하였음(일본군과 소련군을 피하여 산속으로 길도 모르고 중국 만주 땅에서 좌우로 앞으로 뒤로 이동한 것으로 추측 됨)

-70-

즉시 해변 배 터로 나가더라. 이 주인은 원래 고향은 조선 평양북도 정주군 임포면 천태동 171번지에 사는 장용기라는 사람인데 8년 전에 만주 땅에 들어와 일본인들이 개간하여 준 땅에서 농사를 지으며 고향으로 연락하여 곤궁한 동민들 3사람을 데려다가 이웃을 삼고 8년을 만주에서 동거하다가 해방을 맞이한 터라. 그러나 도덕심과 애정이 부족한 사람이라면 여기까지 생각하지 않으리라 본다. 우리 7명은 주인에 화린지덕(극진한 은혜)을 입어 그 날을 편히 쉬고 그간 주리든 양(먹지 못해 텅 빈 뱃속)을 채운 것만 해도 이루 말할 수 없게 된 것이다.

주인 장용기씨는 뱃터에 나가 사공을 만나 그 때 돈6000원에 계약금 1000원을 걸고 석양에 돌아온 지라. 이 배는 언제 떠나게 되느냐 하면 돌아오는 16일에

-71-

떠난다고 하는지라. 그 배를 타고 갈 사람은 8년을 한집같이 지낸 4집이 있는데 3집은 그 배에 가고, 한집은 문 앞 농장에 지은 추곡을 추수해 가지고 나간다고 해서 3집 식구와 우리들이 타고 보면 31명인데 배 사공의 말로는 정원이11명 이상은 탈수가 없다고 하는데 주인말로는 아무리 탐나는 가산지물(집안 살림살이)도 다 버리고 타겠다고 한다. 그러나 제일 억울함은 문 앞 농작물이 아깝다. 광활한 들판에 농곡은 무르익어 황금물결을 이루었는데 대충 보더라도 몇 백 석이라. 그대로 버리고 오기에는 아까운 관계로 그 한집도 설마 하는 생각에 아까운 농사 곡식을 버리지 못 하겠으므로 나중에 나온다 한다. 지금 위험한 것을 생각한다면 어찌 있을 수가 있으리요. 이 때는 밤이 삼경이 되었는데

-72-

추곡을 수입(거두어서) 해 가지고 차후에 나간다 하던 사람이 장용기 침실로 찾아와 조용히 하는 말이라. 나는 여차해서 차후에 나갈까 하였는데 요사이 만주인들이 여기저기로 몰려다니면서 조선사람도 함부로 내쫓고 하는데 이런 무리를 생각하면 생사까지도 위험한 모양이니 도저히 생각해도 이곳에 있다가는 재물도 위험하고 목숨도 위험할 뿐이니 이번에 같이 가겠노라 하는지라. 이 때에 정낙환이 잠을 이루

지 못하고 무슨 생각을 하다가 그 옆방에서 그와 같이 공론하는 말을 다 들은 지라. 이제 생각하니 애초에 타고 가려고는 바라지도 않고 부대에서 떠나온 것이다. 다음에 가겠다고 하던 그 집까지 가고 보면 우리 5명은 배를 타고 가기는 틀린 일이라는 생각이 먼저 든다. 이 집 식구가 3남매에 5식구이니

-73-

이 5식구가 그 배를 타고 보면 우리 남한 동기 5명만 못 가게 될 것이니 북에서 온 동기들은 여기에 오더니 한 동네 사람이라 하면서 형이니 아저씨니 하는지라. 다만 우리 5인만 다시 걷게 되었고 나하고 밤을 지내고 그 이튿날 일어나 이 주인이 우리 있는 방으로 들어와 우리를 보고하는 말이다. "이 일을 어찌한단 말이오. 어떻게 하든지 당신들이 고생 안하고 생명을 건져서 고향으로 돌아가게 하고 싶었지만 이제 와서 이러이러하다는 사실을 설명하면서 당신들을 데리고 못 가니 정말 미안하다" 한다. "지난 8년 동안 외국에 와서 같이 고생한 이웃이 서운하다 할 것이니 어찌하면 좋단 말이오" 하면서 땅을 치며 한숨을 길게 쉬면서 "이 일을 어찌한단 말이오 같은 동포의 정신으로 어찌 이것이 도리라 하리요. 그러나 할 수 없으니 조그마한 이것으로 아무쪼록 5명이 목숨만 살아서 중국 만주의 안동만 건너서면

-74-

동포의 사이에 무슨 염려가 있으리요" 하면서 지폐 500원을 내 놓는지라. 이 때에 정낙환이 그 돈 500원을 받아 들면서 주인을 대하여 "이처럼 하오니 오히려 민망한 말씀을 드릴 수 없습니다. 우리가 애초

에 떠날 때에 이러한 곳에 와 선생을 만나 이처럼 기갈(배고프고 허기짐)을 면하고 편히 쉬어 갈 뿐이더라". 무거운 재물을 주실 줄은 생각에도 없던 일이오. 이처럼 생각하시고 너무도 고맙고 송구스럽습니다. 주시는 돈을 고맙게 받고 우리들은 염려 없이 고향을 찾아 갈 것이니 너무 염려하지 마옵소서. 그 옆에 앉아 있던 이웃에 사는 이증삼이라는 사람이 또한 한국 지폐로 50원을 내 놓으며 "아무쪼록 무사히 고향에 찾아가기를 빌겠습니다" 한다. 염치없는 정낙환은 이 돈 50원을 받아 넣으며 무수히 사례하고 조반(아침)후에 길을

-75-

떠날 때 주인 장씨가 손수 밥을 뭉쳐 장판지를 내다 펴 놓고 장아찌를 손수 싸주면서 가다가 시장하면 한끼 요기라도 하라 하고 주선하여 주더라. 즉시 길을 떠날 때 4집에 다니면서 그간 정을 치사(감사)하고 작별할 때 이웃 아주머니들은 밥한 누룽지를 긁어 식보에 싸주면서 멀리 전송하며 피차에 서운한 회포를 금치 못하며 아무쪼록 무사히 가기를 원하는 형상은 어찌 딸 자손과 그 친부모 이상 이처럼 애절할 줄이오. 이와 같이 길을 떠나 이 날은 기운차게 동북산을 바라보면서 무수히 걸어갈 때 일낙서산(해가 지고) 월출동영(달이 떠 밝고)하여 야행하기도 좋더라. 어느 때가 되었는지 인적이 끊기고 사방이 고요한지라. 그제야 수수밭에

-76-

들어가 한경을 지나고 새벽 먼동에 선선함을 이기자 못하고 다시 출발하여 무수히 걸어갈 때 스스로 돋는 해는 서산을 넘어간다. 산 위에 지

체하고 만주인에게 재촉한다. 내가 산을 넘고 보면 너희들은 소경이라. 어서 바삐 너의 집을 찾아가야 나도 갈 곳을 찾아간다.

17. 하루에 평균 20시간씩 걸어서 ~

이때에 이곳은 만주인에 시장이요. 해변에 염밭(소금 밭)이며 해상에서 고기 잡는 사람들인데 해가지니 제 갈 곳으로 모두 가고 자연 고요한 달밤에 우리일행 5명만 집이 없어 못 가고 다리가 아파서 못 가든가 널찍한 신작로에 마음대로 걸어갈 때 팔자에 타고난 병신인지 한발자국 한발자국을 절둑절둑 거리면서 걸어갈 때 마침 만주인을 만나 동행하게 되었는데 마침 일행은 해변을 다니면서 고기잡이 하다가 자기 집으로 가는

-77-

모양인데 한쪽 어깨에 그 물을 메고 가는 사람과 동행이 되었는데 얼마를 가다 앞을 보니 전기 불이 환하게 켜진 곳을 지나 몇 자국을 겨우 갔는데 별안간 후편에서 고성이 치는지라. 그러나 돌아보지 아니하고 걸어가니 점점 부산한지라. 동행하던 만주인이 앞을 막아서면서 "가지 말라" 하는데 후편을 바라보니 10여명이 군기를 들고 총 끝에 단도를 꼬나 들고 이르는 지라. 웬일인지 몰라 어울어물하니 우리 일행을 무어라고 하면서 데리고 가더니 무어라고 질문하고 욕을 하나 한마디도 들을 수 없는지라. 다만 귀에다 손을 대고 흔들며 중국어 "뿌지도"(질투하지 않는다) 할 뿐이라. 너희들의 말을

알아 들을 수가 없다 할 뿐 그제야 중국어를 못하는 줄 알고 일본말로 묻는지라. 일본말도 못한다 하니 통어가 아니 되는 자리에는 관계없다 하면서 어찌 이런 곳을 함부로 지나느냐 하면서 사실을 묻는다. 이제야 사실을 설명하니 그제야 조선 사람인줄을 확실히 안 후에는 손을 들어 가르쳐 왈(말하기를) 전(前)에는 조선과 만주는 형제국이라 하면서 앞으로는 이런 일이 없도록 부탁하면서 가라고 하는 지라. 이 때에 염려가 없지 않던 우리들 마음에는 그대로 보내 주는 것이다. 고마운 인사를 하고 다시 떠나서 무한히 걸어 가다가 서로 하는 말이 밤도 이미 깊었으니 그만 가고 내 집에 들어가 다만 한경이라도 잠을 자고 가자 하고

강냉이 밭에 들어 앉아 생각하니 그 부르던 배가 다시 시장한 생각이 나는 지라. 그러나 대책 없이 밤을 지내고 이튿날 새벽 먼동 전에 어느 때가 되었는지 서역에 걸려있는 달빛을 의지하고 다시 길을 간다. 오늘은 마침 8월30일이라 종일 걸어갈 때 마음에는 며칠 안되어 자기 집에 도착할 것 같아 재촉하여 걷는 것도 마음대로 아니 된다. 평균 하루에 20시간 정도는 걸었을 것인데 그래도 하루에 50리(20km) 길이 충분치 못하리라.

18. 국방조선인 차량이 대련에서 단둥 가는 동포를~

앞으로 갈 길을 생각해 보면 정신이 아득한데 오늘도 종일 걸어 해는

동편에서 돋던 해가 서편 하늘에 걸렸으며 새벽부터 이때까지 걸었지만 10리 밖에 못 온 모양이라. 이제는 할 수 없이 5명이 서로

-80-

하는 말이 아무리 하여도 갈 수 없네 하면서 양 수족을 주무르며 살펴보니 엄지 발가락 사이에서 다섯 발가락이 성한 곳이 하나도 없더라. 그렇지 않은 사람은 몸이 아파서 발을 땅에 놓을 수 없다 하니 이제는 한 발자국도 갈 수 없게 되었기에 이제는 할 수 없이 죽음을 면치 못하겠다 하면서 노변(도로 변)에 모여 앉아 세상을 원망하며 하는 말이 이제부터 하루에 매일 십 리씩 매일 간다고 해도 고향까지 2000리(800km)를 가자면 적어도 내년 팔월에나 집에 가겠으니 이제는 죽어서 혼이나 가면 갈까 몸은 갈 수 없을 지라 하고 이처럼 노변(도로 변)에 앉아 이런 저런 한탄을 할 쯤에 안동 쪽에서 자동차가 여행자를 가득 태우고 달려오는데 멀리 바라보니 한 사람이 선두에

-81-

완연히 서서 오는지라. 언 듯 보니 그 사람 모자에 태극기를 그려 붙이고 오는 지라. 그제야 차 앞을 가로 막고 그 차를 잠깐 세운 후에 그 사람에게 막막한 연유를 질문해 본다. 우리는 중국 대련에서 떠나 이곳에 와서 영원히 외국에 혼이 되게 되었으니 선생은 널리 양해하시고 살펴주시기를 간절히 바라는 바입니다. 이 사람이 이 사실을 듣고 하는 말이 그 다지 고생을 하지 않아도 됐을 터인데 참으로 고생들이 많았구려. 대련서 매일 오전 오후에 차가 한 대씩 떠나는데 그 차는 얼마든지 탈 수 있다 하면서 어찌 그러냐 하면 우리 국방조선인이 차를 가

지고 불쌍한 동포를 구하게 됨으로 탈 수 있는 것이라 하면서 오늘 와서는 조국으로 돌아가는 동포여행이 뜸하여 그 차가 매일 오는지 안 오는지 궁금하다 하는지라. 그러면 그 차가

-82-

왕래할 것 같으면 오늘은 없습니까 하니 오늘은 없을 것이다. 있다고 할 지라도 다 갔을 것이라 한다. 이 차는 곳 떠나고 이제 우리 5명은 그 말을 듣고 생각하니 한 발자국도 걷지 못하겠다는 생각이 들고 묘책은 이 밖에 없는 지라.

19. 만주여행사 트럭 타고 단둥 가는 길에 중국 팔로군이 내 가슴에 총을 ~

오늘 밤을 이 곳에서 보내고 명일 차를 기다려 타고 갈 수 밖에 없다 하고 밤을 기다릴 때 생각에도 없던 도락고(트럭)소리가 고개 너머에서 은은히 들리는 듯한지라. 혹시 몰라도 오후 차가 이제 오나 귀에 번듯하여 기다리고 있자니 마침내 고개 너머에서 화물 도락고가 오는데 손님이 만원으로 가득 타고 오는지라. 앞에 사람이 일러 준 대로 한번 사정이나 해 보자고 하고 넓은 신작로를 가로 막고 기다리니

-83-

이 차가 달려오다가 앞을 보고 어이가 없는지 스스로 멈추는 지라. 다 일어나 5명이 차가 비킬 수 없이 신작로를 막고 차 앞으로 걸어가니 그 걸어가는 모양은 누가 보든지 떼거리 병신 패라. 자동차 불빛 앞에

가로 막고 서서 벙어리들처럼 태워 달라고 사정이라. 이 차는 만주인 자가용 차인데 원래 손님이 만원일뿐더러 저런 것들 태운대서야 수입도 없겠다는 생각도 없지 않겠지만 절대로 탈 수 없다 하면서 차부가 손으로 좌우로 가르치며 끝끝내 안 된다는 것이라. 우리 일행들은 바를 들어 보이며 우리 일행은 차 앞을 비키지 않고 끝끝내 사정이라. 이제는 운전사가 지화 백 원을 내 들고 한 사람 앞에 백 원씩 오백 원을 내라는 것이라. 그러면 이

차가 어디까지 가는 차이냐 하니까 안동은 다 못 가고 절반까지는 간다는 것이라. 저희들 생각에는 돈을 내라면 물러날 줄로 생각인 모양이나 아무리 생각해도 안동 절반만 가려 해도 몇 달을 걸어야 할지 막막한데 걸어본다 해도 노독(장거리 여행의 고생)으로 갈 수 없고 돈은 돈대로 없어질 것이니 타고 가자 하니 수중에 있는 것은 한 푼도 없이 주는 체하고 장용기씨가 주신 돈을 도둑 맞을까 의심하고 옷섶에 간수한 것을 430원을 내주며 이것 밖에 없다 하니 돈이라면 사람이 죽고 못사는구나. 선선히 안내하여 비좁은 데를 헤집고 태우는 지라. 주야로 걷다가 차에 올라 달려가니 기쁘고 좋은 마음에 흐뭇할 지라. 이와 같이 달려 갈 때 운수가

불행하여 마침 달려가는 앞을 바라보니 도로변에 십여 호 인가가 있고 한편으로는 무슨 판매업 창고 같은 큼직하게 지여 있는데 이곳은 겨우 차 타던 데서 사마정 그리로 순간에 달려 도착하자 전우상하로 흑복(검은 복장)으로 복장한 군인 하나가 길 가에 나타나면서 차를 세운다.

바로 운전조수를 향하여 묻는 말이 일본인이 없느냐 하고 물으니 일본인은 없다 하니 차 위를 둘러보더니 다시 물어 본다. 운전사와 한참을 이야기 하더니 차 위를 바라보며 무어라고 호령이 추상 같도다. 우리 일행은 못들은 체하고 있으나 옆에 있는 만주인들이 어서 내리라고 등을 밀어 재촉한다. 가만히 눈치를 보니 이 만주인들이 더 겁을 내는지라. 이제는

할 수 없이 행중(행군하면서) 보따리 담요2장과 검은 포장 하나를 뭉쳐 싸가지고 오면서 덮은 것을 서로 번갈아 가며 메고 온 것이라. 이것을 서로 이끌고 내리니 호령이 엄숙하고 군기도 서리 같은지라. 이 군인은 곳 만주 땅에서 일본군과 가끔 접전하던 마적 팔로군이다. 아직도 일본군에 원수를 못다 갚아서 길을 막고 가끔 일본인 들이 지나갈 경우에는 사살시킨다 하면서 옷 입은 색깔이 현재로는 검은 색이며 군기도 서리 같은 지라. 이제 5명을 내려 놓고 무어라고 호령하면서 도로 복판에다 일자로 세우고 두 손을 높이 들고 멀리 바라보라 하더니 한마디 호령을 내이니 군인 한 때가 몰려오는 지라. 이 군인들은 저희 상관이 한마디를 호령하니

명령에 따라 우리 앞에 다가서더니 각각 총에 탄알을 채워 들고 총부리를 앞가슴에 겨누더니 방아쇠를 검어 쥔다. 우리 5명의 묵숨이 경각에 있으니 실로 가련하다. 이놈들이 일본군의 원수를 우리에게 갚는 지라. 나 하나 죽는 것은 아깝지 않다마는 좋은 친구 4명은 나의 웅색

한 정신으로 무수히 고생하고 오늘 이곳까지 따라와 죽게 돼 있으니 이 일을 어찌하여 나의 천한 목숨 오늘 이곳에서 죽는 줄도 모르시고 부모형제 처자는 오늘이나 올까 내일이나 올까 하고 기약 없이 매일 저녁 기다리실 텐데 눈앞이 깜깜하다. 사주 팔자 못 속이고 우리 홀 어머니 이 자식으로 하여 맺힌 마음 어느 날 다시 풀어드릴까? 오늘은 음력 1945년 8월13일 서강이라. 동편에서 솟는 해는 자기 갈 때가 다 갔는데 우리 5명은 혼이라도 저기 저 지는 해를 쫓아 갈까?

-88-

할 즈음에 은근히 **하나님께 "대악이 없거든 우리 5명을 고향으로 보내 주옵소서". 라고 기도만 할 따름이라.** 이 때에 장교는 서리 같이 호령하며 이리 갔다 저리 갔다 호령 할 즈음에 그 정황에도 은근히 사면을 살펴보니 전후에서 겨누고 옆에서 겨누고 이때에 장교는 옆에 있는 총을 빼 들고 오른편 선두에 서 있는 정낙환의 가슴에 겨누고는 그제야 한 손으로 몸을 수색하는 지라. 그제야 마음이 조금 놓인다. 다섯 사람을 다 조사한 후에 유심히 살펴보더니 서리 같던 군졸(병사)을 물러나게 하고 이리저리 살펴보더니 그제야 탔던 차를 도로 타고 가라고 하는 지라. 시키는 데로 다시 차에 오르니 즉시 자동차 엔진을 부르릉거리며 출발하여

-89-

달리는데 옆에 탄 만주인 하나가 일본어로 말하는지라. 당신들이 만약 행색이 부정했더라면 이 차로 못 갈 뻔했을 뿐더러 행중에서 무슨 무기가 나왔다면 지루한 문초를 받고 죽을게 뻔했을 텐데 참으로 다행

이라 하면서 어쩌면 주머니에 칼 하나 없느냐는 것이다. 애초에 주머니에 칼 하나 없었지만 정낙환 수중에 있던 것도 부대에서 도주하는 날 분실하고 오면서 막연할 때도 없었지만 오늘 일을 생각하니 참으로 다행한 일이라.

그럭저럭 해는 서산에 일모하고 막 고개를 넘자니 또 난데 없는 군인 한 떼가 몰려 오더니 한 사람이 길을 막고 있다가 또 문초하는 말이 일본인 없냐 하고 묻더니 우리

-90-

5명이 탄 것을 알고, 가던 길을 버리고 다른 길옆으로 차를 몰고 무한히 가더니 한곳에 이르러 보니 중도시 시읍인지라. 이곳 저곳으로 한참을 가더니 널찍한 공마당에다 모조리 내려놓더니 이놈 저놈이 몰려 나와 모조리 조사한다. 우리 5명을 보더니 만주인들은 한곳으로 몰아 세우고 우리 5명만 운동장 가운데 세우고 사무실로 왔다 갔다 하더니 한 사람이 오더니 무어라고 한참 떠드는데 한 마디도 들어 볼 수 없는지라. 중국어 뿌지도 뿌지도(질투하지 않는다) 하면서 손을 들어 내두르니 그대로 그 놈은 들어가고 몸집이 웅장하고 출 미끈한 큰 놈이 나오더니 일본말을 할 줄 아느냐 하면서 일본어로 말한다. 그제야 하는 말이라. "일본어를 이용하지

-91-

못하는가 하였소" 하면서 전후 사실과 사정을 일일이 말을 하니까 그제야 이 사람이 사실이라는 것을 생각하고 가련하고 고생을 많이 했다 하면서 즉시 타고 온 차를 다시 태워 보내는 지라. 못처럼 차를 타자

별일이 다 있더라. 석양에 차를 타자 이제까지 이 모양을 당하다 보니 해가 저물어 반공에 도는 달빛은 사람에 회포를 더 하는지라. 이제 달빛을 의지하여 300~400리를 달려갈 때 회포가 좋지 못한 곳에 서러운 마음도 금할 수 없으나 또 한편 생각에는 달빛을 의지하고 달리는 도락고(트럭)은 제 힘을 다하여 달려가니 매일 매일 한 걸음씩 걷던 생각을 하면 슬프던 마음은 사라지고 이 차로 집에까지 갔으면 하는 마음밖에

-92-

다른 마음이 없을 정도로 무한히 잘 달려간다.

이때에 옆에 탄 만주인의 말이라. 일본말로 조용히 조용히 하는 말로는 "오늘 고생은 당신 내로 하여금 우리에 고생은 더 했거니와 당신들은 오늘 이 밤에 이 길을 못 갈 뻔 했소"하면서 만약에 수색할 때 수중에서 권총이나 혹은 단도(작은 칼)라든가 하는 물건이 있었다면 생명이 위태할 것인데 다행이 그런 기구가 없었기에 다행이었소. 왜 그리 검사가 심하냐 하면 군대 갔던 자들이 군기 물품을 품고 오면서 기구를 이용하여 사람을 살해하는 고로 그와 같이 심한 것이며 그 중에도 왜인들은 보기만 하면 그대로 올거(묶어)간다 하고 세세히 설명을 하더라.

20. 대련에서 단둥 중간에 있는 소도시에 도착

이때에 운전사는 자기 목적지를 도달하려고 최고의 속력을 다하여 달려간다.

93

언제쯤 되었는지 이 차는 목적한 곳을 임하는 듯하여 우리들은 시읍
에 들리지 말고 산에나 밭에서 은거했다가 밝은 날 어찌하던지 해야
푼전(작은 돈)이 없이도 밤을 지낼 수 있을 것이요. 그렇지 못하고 이
차를 쫓아 시내로 들어가 밤을 지내려면 물론 돈이 없이는 쉬어가지
못하리라 하고 염려하든 중에 이 도락고(트럭)은 벌써 시읍에 도달
하여 이곳 저곳으로 한참을 들어가더니 한 요리관 앞에다 차를 세운
다. 여행자 만주인들은 모두 내려서 그 요리집으로 들어가는 지라.
그러나 우리일행은 따라 들어갈 수도 없고 차에서 내려 우두커니 서
서 생각하는 배라. 수중에 노수(돈)가 변변히 없으니 들어간다 해도
소용이 없을 것이다. 지금 시내를 지나 수수밭을 가자고 해도 곤란
할 것이다. 만약

이 깊은 밤에 돌아다니다가는 어떠한 환경이 있을는지도 모를 것이
니 어찌하면 좋을지 묘책이 없는지라. 이와 같이 시간을 보내다가
생각다 못하여 하는 말이 요리집으로 들어가서 제일 허름한 음식을
사서 먹고 아무데서나 잠깐 쉬어 가자 하고서 문을 열고 들어가니 눈
은 풍년이고 입은 흉년이라. 한편 구석에 모여 서있는데 뽀이(boy)
가 와서 무어라고 짓거리며 처다 보는데 저희들 심 속에는 식사를 안
하느냐고 묻는 모양인데 우리에 생각에는 제일 허름한(값이 싼 음식)
것을 찾아야 할 터이데 말이 통어가 아니 되는 고로 바라만 볼 따름
이라. 이 사람이 한참 처다 보다가 물러가더니 조그마한 학생이 오
더니 일본말을 한다. 일본말을 하다가 들키면 잡혀간다고 하면서 조

용히 묻는 말이

"식사를 아니 할 것인가" 하고 묻는다. 제일 허름한 것으로 해오라 하니까 설렁탕인지 무엇인지를 해다 준다. 기갈이 감식으로 먹고 난 후에 물어보니 한 그릇에 30원씩 150원이라. 식대를 내주고 그 자리에 우두커니 앉아 있을 따름이었다. 그 아이가 또 오더니 침소를 말한다. 우리는 돈 주고 잠을 잘 수 없다 하고는 아무데서나 앉았다가 가겠다고 하니까 여기서는 안되니 그럼 다른 데로 가서 자고 갈 데가 있으니 이리 오라하고 이 구석 저 구석으로 한참 가더니 널찍한 문도 하나 없는 헛청을 가르쳐주고 가는지라. 그 헛청(허름한 창고) 한구석으로 모여 앉았으나 참으로 밭고랑보다 날 것이 없더라. 그러나 할 수 없이 5명이 모여 앉아서 앞으로 갈 길을 생각하고 이리하면

좋을까 저리 하면 좋을까 하고 서로 의논을 해보나 별도리가 없는지라. 첫째는 돈이 없으니 다시 차를 타고는 갈 도리가 없고 걷자 하면 지금도 앞길이 창창한지라. 앞으로 남은 길을 생각할 때는 불과 400 ~500리(100km~125km) 밖에 남지 않았으나 보행을 할 생각을 하니 앞길이 아득한지라. 지나온 천 리길을 생각하면 아무것도 아니지마는 수중에 돈이 없어 큰 문제라.

21. 광복군을 만나 '조선인 회'를 찾아서

이제 남은 것은 금전으로는 백 원 정도라. 물론 차를 타고 가자면 돈이 있어야 할 것인데 그 대로는 어려울 것이라 하면서 이리 저리 아무리 생각을 해 보아도 근심이 떠나지 안이 하는 구려. 이러다 보니 날이 밝는 지라.

-97-

이제는 어느 곳으로 갈까 하는 생각을 하고 방황할 때 알 수 없는 군인이 그 헛청으로 수십 명이 몰려 들어와서 세수하는 자도 있고 어떤 군인은 우리의 상태를 구경하고 가는 자가 부지기수라. 그 중에도 군인 전체를 유심하게 살펴보니 조선사람도 있을 것 같기도 하다. 군인에게 대하여 묻는 말이라 "조생인 메유~~(조선 사람 없소)하고 보는 대로 물어 보았다. 그 중에 한 군인이 한참을 듣더니 밖으로 나가 조선 군인을 데리고 들어오더니 우리를 손으로 가르쳐주고 만주인 군인은 나가고 함께 들어온 조선 동포인만 오더니 곡절을 묻는지라. 이 사람은 무슨 이유로 조선사람이 만주군 노릇을 하느냐 하면 잘은 몰라도 우리나라 호걸 대인들이 만주에 들어가

-98-

만주인들과 합동단을 모아서 단호를 광복군이니 무순 군(軍)이라고 있는 모양이라. 이 사람이 묻는 대로 대답하면서 묻는 말이라. 우리들은 여차 여차하여 일본군으로 갔다가 대련에서 떠나오면서 당한 일이며 지금 이 자리에 와서 힘들었던 것과 전후 사정을 일일이 말하며 여기서 안동이 400~500리(100km~125km)라고 하는데 노독(여행중 힘든 질병)으로 보행할 수도 없고 앞일이 깜깜하니 우리가

하루라도 속히 나가기를 명백히 지도하여 주셨으면 좋을까 합니다.
이 사람이 신중히 생각하더니 고생하지 않고 나갈 수도 있다 하면서
이리 이리가면 "조선인 회"라고 간판이 있을 것이오. 그 곳을 찾아가
사실을 말하면 보내줄 것입니다.
"조선인 회"라는 것은 저와 같은 동포를 구하고자 하여 안동에 본부
가 있고

각 지방에 지부가 있어서 구호하니 그 곳을 찾아가라 하고 시간이 없
다 하고 나가는 지라. 고마움을 치사하고 그 곳을 찾아가니 간판은
있으나 사람이 없는 지라. 두루 살펴보니 종적이 없는데 후면 허청을
들어가 보니 태극기와 만주기 하나만 서 있고 아무 종적이 없어 문
앞에 나와 어찌할 길이 없어 주저할 즈음에 멀리 살펴보니 어찌 보면
조선 사람도 같고 어떻게 보면 만주인도 같은 사람 하나가 오는데 그
모양이 가난한 집의 사람인가 보다. 의복이 남루할뿐더러 출화한 모
양으로 우리 있는 조선인에 앞을 향하여 오는데 자세히 보니 만주인
옷을 입었으나 사람은 조선 사람이 분명한지라.
반가워서 형씨는 무슨 용무가 있어 이곳에 계시오며

이 안에 사람들은 종적(간 곳이) 없습니까? 하니 이 안에 사람들은
삼일 전까지 있다가 귀한 동포의 여행이 없다 하여 안동 본부로 나갔
으며 나는 조선 북지 사람으로서 원래 복이 없어 곤궁함을 견디지 못
하고 이곳에 와서도 항상 생활이 어렵습니다.

정낙환이 말하기를 "어찌하여 이번 기회에 귀향하지 않으시고 외로이 이곳에서 어려운 생활을 하십니까?"

"그도 그러하지만 나는 고향을 찾아가도 친척도 없을뿐더러 당시 고통이 오히려 이곳에 있느니만 못하여 이곳에 있다"고 하면서 차후에 게제 대로 할 모양이다 하면서 고통스러운 신세를 오히려 우리보다 더 하는지라.

다시 묻는 말이 "여기서 안동까지 차비는 얼마나 되느냐"고 물으니 여기서 "안동 차비는 지정 차비는 50원인데 그렇게는

-101-

못하실 것이고 중로에 나가서 타자면 100원 이상 주어야 탈 것이다" "그러면 지정 차비를 주고는 탈 도리는 없습니까?" 하니까 "탈수도 있는데 저희들이 수입이 없음으로 중로에 나가서 태우고 여기서는 잘 안 태운다"고 한다. "그러면 이 일을 어찌할까 별 방법이 없는 우리의 힘으로는 어찌할 도리가 없으니 형씨께서 좀 많은 수고하시어 도와주실 수 밖에 없습니다" 하면서 우선 오면서 덥고 잠을 자던 담요 두 장을 내 놓으면서 "팔아 주실 수 밖에 없습니다." 하면서 동기 중에서 허근이를 주어서 보내며 될 수 있으면 250원을 받아와야 차비가 된다 하고 보낸 지라. 얼마 있다가 담요를 도로 가지고 오면서 하는 말이 "200원 밖에 안 준다" 하고 그대로 가지고 온다.

이 담요 두 장에 필요한 정도로는 250원을

-102-

받아야 할 터인데 정낙환이 그 분을 데리고 먼저 담요 산다는 집을

찾아가 사정하는 말이라. 200원도 물건을 보면 많지만은 50원만 더 주시면 우리 동행 5명이 고생을 덜하고 차를 타고 가겠다고 무수한 사정을 한다. 이 집 저 집을 돌아다니며 250원을 다행이 받아 가지고 그 분과 함께 차를 타려고 나가 아무리 사정해도 실제로 안 태운다.

22. 단둥을 향하여

이리 갔다 저리 갔다 하는데 만주인 하나가 차를 타려다가 못 타는 것을 알고 "차를 타고 가려면 돈을 내라 하면서 몇 명을 합하면 차 하나를 사정하여 갈 수 있다 하는지라" 이 때 생각하니 한편 의심도 나지만은 그대로 주어 보았다.
이 만주인이 돈을 수합해서 가지고 한 골목으로 이리 저리 한참을 가더니 차 한 대를 찾아내어 곧 타고

-103-

갈 수 있겠더라. 즉시 길을 떠나 동북쪽을 향하여 안동을 당일 내로 도달할 때 우리 5명의 심난한 마음은 이루 형언할 수 없이 희희하고 기쁜 마음은 이루 말할 수 없으며 곳 내 집 앞 문전에 당도한 것처럼 전에 아팠던 마음도 다 사라지고 5명이 서로 바라보면서 기쁨을 한마디로 말할 수 없는지라.
시장(배고픔)함도 모르고 해가 지도록 달려갈 때 바라고 바라던 안동지방을 거의 임한듯하다. 해상으로 멀리 건너다보니까 분간은 못하겠으나 휘날리는 태극기가 분명하다. 막막하던 고향 그리운 삼천리강산이 눈 앞으로 건너다 보이는 구나. 이렇게도 좋을 때가 어디 있

을까. 남한지구에서 그처럼 그립고 볼 수 없었던 우리나라 동족이 여기저기 왕래하고 해상으로 건너다 보이는 우리나라

-104-

강토는 점점 가까이 보인다. 이렇게도 좋은 것을 언제 누가 알 수 있을 것이다. 이미 안동 땅에 도착하였구나. 전일에 고국강산을 이별하고 건너오는 압록강 철교도 다시 볼 수 있구나. 때는 마침 일락서산하고 월출동명하니 안동시읍에 내린 지라.

23. 안동에서 "조선인 회" 도움으로

사방 전기불은 환한 중에 방향을 몰라 주저하다가 옳다 이곳은 가만히 생각해보니 조선인회가 있으리라는 생각에 두로 찾아 헤매고 있는데 이곳이 우리가 지난 것도 같고 찾기가 곤란한지라. 마침 한곳에 이르러 노인한 분이 문 앞으로 쫓아 나오는데 의복은 틀림없는 한복을 입은 지라.
반가워서 나가 인사하고 질문하여 "저희 5명은 여차저차 하여 이곳을 지나오면서 돈 한 푼이 없고 은신할

-105-

곳을 모르겠기에 조선인해를 찾아 다니는 길이오니 가리켜 주시면 감사하겠습니다" 하니 이 노인이 세세히 가르쳐 주어 조선인 회를 바로 찾아 들어가니 그 마당에서 월광(달빛)을 이용하여 청소년들이 공을 차고 분주한 지라. 그 중에 한 사람을 청하여 인사한 후에 전후

사정을 설명하며 "우리 5명은 일본인에게 끌리어 군데에 갔다가 대련에서 떠나오는데 수중에 돈 한푼 없고 며칠을 주리던 마음에 구호소를 찾아온 바입니다" 하니까 이 사람이 묵묵히 듣더니 또 다른 분을 보고 인사하더니 자기의 상관인 모양인데 우리의 실정을 설명하면서 애기한다. 이 사람이 우리들을 데리고 가면서 "고생을 많이 하였소. 물론 시장할 것이요" 하고 구호소 앞에

식당으로 데리고 가서 저녁을 대접시키더니 바로 사무소로 가자 하여 전후 사정을 세세히 물어 장부에 기록하고 나더니 하는 말이 "침소(잠자리)가 불편합니다. 하면서 이 위 2층에 올라가 쉬고 명일 다시 나를 찾아오면 증명서를 해 드릴 것이니 그리 아시고 만약 그대로는 이 철교를 통과하지 못 할 것입니다" 하면서 2층으로 안내하는지라. 2층에 올라가 보니 유리창도 하나도 없고 사방이 난달이더라. 깔것도 없고 덮을 것도 오다가 팔아서 차를 타고 오느라고 아무 것도 없이 잠은 오지 않으나 그대로 밤을 보내는데 달빛은 환할 지라. 적어도 우리나라 풍속으로 1년 12달에 기대하고 맞이하는 8월14일 명절(추석날)전날일 지라.

24. 안동에서 천안 백석동 친구 김용기 만나다

허창(유리가 없는 창문) 사이로 달빛을 구경하다가

긴 밤을 짧게 보내고 그 이튿날 아침이라. 2층위에서 사면을 살펴 구경할 즈음에 구호소 앞에 수상해 보이는 일행 7~8명이 일본군으로 갔다 오는지 모양이 초라하니 기웃 기웃하는데 우리 생각을 하면서 유심히 살펴보니 김용기라는 사람이 그 중에 있는지라. 이 사람이 누구인가 하니 천안 백석동에서 정낙환과 같이 자라던 터이며 한날 한시에 입영하여 용산 23부대에서도 한 소대에 있다가 만주 심경까지 한 차 한 칸에 타고 가서 심경역 호무에서 서로 이별이 되고 나는 중국 하얼빈 북지로 들어간 후에 피차에 종적을 몰랐다가 오늘 8월 보름날 먼동 식전에 서로 만남이라. 조선인해 2층 마루창에 의지하고 구경하다가 김용기를 보고 반가움에 "김용기 ~ 김용기 ~"

-108-

하고 부르면서 2층에서 내려와 손을 마주 잡고 서로 기쁨에 반색하면서 그간 정사를 피차 설명할 때 김용기는 심경에서 있다가 다시 대련 가서 있다가 해방을 맞이하여 오늘껏 장유한 시간을 보내다가 즉시 보내지는 아니하고 귀순시킬 날은 장시간 걸릴 것 같아서 떠날 즈음에 마침 안동으로 직접 오는 차를 만나 덕분에 잘 왔는데 이곳 철교를 한인회 증명서 없이는 왕래를 못한다 하기에 마침 부근에서 쉬어 왔던 차인데 이처럼 서로 만나고 보니 반갑기 한이 없다.

25. 압록강 철교를 지나 우리조국 "땅" 신의주에

즉시 한인회 사무실로 들어가 증명서를 만들 때 마침내 책임자가 없어서 약간 지체하다가 증명서를 해 가지고 철교를 건너올 때 압록강 철교 좌우에서 소련군과 조선인 통역관인지 협조적으로 조사를 하는데 정말 심한 편이라. 모양을 보아서 돈푼이나 있을 듯한 사람은 더 철저히 조사를 하면서 많은 재물을 몰수하며 국세라고 한다.

압록강 철교를 건너서 신의주에 임하였구나.

그립고 그리운 우리고향 삼천리 강산을 우리 5명은 살아서 영혼도 막연 막연하게 생각했던 우리에 국토를 완전히 건너온 우리 일행의 마음이야 얼마나 상쾌했을 것이며 희희한(밝은) 정도는 어떠한 것에 비유하리요. 또한 신의주에 희경이며 삼천리에 아름다움은 경술년부터 을유년 중화시까지 삼십오 년간 고통을 받았던 우리 강산에 삼천만의 민족은 해방을 마지 할뿐더러 그립고 심장이 답답하던 자손과 동기 부부 이렇듯 식구를 만나 절하는 오늘날 추석 명절이라. 그 기쁨과

활발하고 좋아하는 태도는 따뜻한 봄날에 매화 같고, 오뉴월 화시절(꽃피는 시절)에 목단화 만개하듯, 칠팔월 보름날에 돋는 달을 맞이하듯, 9월, 10월 단풍에 국화꽃을 맞이한 듯 하도다. 어려서 본 후 보지도 못한 태극기는 여기저기서 다시 휘날리고 왜인에게 못 견디어 이리저리 헤어졌던 동포들은 고국으로 모여들며 고향 찾아갈 때 혹자는 부모형제 가기 일족을 맞이하여 한층 더 느껴지며 반겨 즐거워하는 현상은 우리도 앞으로 하려니와 현재는 걸인(거지)의 한 때라. 이 허름한 모양이 얼굴은 검정이가 되고 의복은 일본군 복장, 만주인 복장, 한국인 복장으로서 5명의 사람은 3국의 옷을 섞어서 입었으니

어찌 남들이 보기에 거지의 차림이 않으리요 마는

-111-

이러한 생각도 잠시간이요. 일초라도 어서 기치를 잡아타고 집에 갈 욕심과 요식이나 빌어 잠시라도 충양할 생각뿐이나 이곳은 민심이 흉흉한지라. 귀한 동포가 구호소 주변에는 인산 인해(人山人海)를 이루었고 한 사람도 증명서가 없으면 차에 오르지도 못하게 하고, 증명서 해주는 명색이 구호소란 곳은 말이 구호소이지 증명서 해주는데 한 사람 앞에 20원씩을 내지 아니하면 증명서를 아니해준다. 우리같은 일행들은 돈이 없어 점점 밀리게 되고 근처에서는 요식도 빌 수가 없고 구호소 부근에는 돈 없고 불쌍한 민족만 지루한 시간을 보내며 애걸을 하는지라. 이 때 우리일행도 이리저리 돌아다니면서

-112-

구경만하고 묘책이 없어 방황할 즈음에 마침 대련에서 함께 일행되어 오는 북한의 동기들을 만난 지라. 서로 반가움을 못 이겨 서로 무사히 온 것을 칭찬할 때 북한 동기들은 우리보다 먼저 나와서 여관을 정하고 각자가 자기 집으로 편지하여 여비를 보내라 하고 기다린다 하고 우리일행을 점심 요기를 시켜준다. 치사(감사 표시)후 작별하고 구호소로 돌아오며 각자 수중을 다시 살펴 돈을 세세히 모아보니 경우 증명서 할 만한지라.

26. 소련군의 강압과 횡포

구호소에 들어가 증명서를 발급받아가지고 역전에 나와서 기차를 타고 평안북도 정주를 도착하니 해가지고 어두운데 역전에 차를 세우고 발차를 안이하고 소련군이

보내지 않는다 하면서 한 사람 앞에 5원씩을 더 내라고 하고 소련군만 오락가락하고 종시 발차를 시키지 않는다. 애초에 철교를 건너 신의주 구호소에서는 1명당 20원만 내면은 삼천리 국토에는 차비 없이 승차시킨다 하더니 이제 와서 또 소련군이 돈을 내야 보내준다 하니 이 증명서도 소용없게 되었고 덮어 놓고 돈만 내라는 것이다. 이런 억울하고 답답한 일이 또 있으랴. 그러나 한 사람도 응수치 않고 의견만 분주한지라. 이제는 저의 요구대로 되지를 안으니까 기차에 탄 사람들을 1명도 두지 아니하고 모두 몰아낸다. 귀한 승객들은 쫓겨 나오면서도 용기 없이 아우성만 친다. 이와 같이 밤을 보내자 저희들은 할 수 없이 민망도 한 모양인지 그 중에도 인정 있고 정직한 사람이 있었는지

대중에 나와 고성으로 하는 말이 "이제는 할 수 없고 야밤에 소련군이 물러나면 내일 여섯 시에 승객들을 열차에 모두 돌려보내 주리라"하며 철도역 가마니와 창고를 열어주고 잠시라도 깔고 앉아 기다리라 한다.

27. 평양역에 도착

이제는 일반 승객도 할 수 없이 그대로 밤을 새우고 아침 여섯 시에 다

시 승차하고 떠날 때 또 다시 차표를 팔고 하나도 태우지 않는지라. 돈이 있는 사람은 승차권을 사가지고 타지만은 우리일행은 도리가 없어 그대로 사정을 해도 듣지 않고 치안 경찰대와 역무원들이 기차를 타지 못하게 하자 할 수 없이 우리 일행이 단합하여 시비하면서 억지로 기차에 타고 발차하여 평양역에 오후에 도착하였는데 이 기차는 더 이상 안 간다고 하며

-115-

대합실로 일제히 내보내더니 또 역시 기차표를 사가지고 가라고 하면서 보내지 않는다. 무던히 사정을 해도 안되고 숨어서 타려고 해도 치안 경찰들은 왜 그리도 숫자가 많아서 충성을 하는지 기차만 오면 이 놈들이 빈틈없이 둘러싸고 감시를 해서 할 수 없이 역전 파출소로 찾아가 사실대로 사정을 하니까 겨우 하는 말이 구호소 본 주에 가서 증명서를 해 오라고 하며 구호소 본국을 가르쳐 준다. 이곳은 평양 역전에서 10리(4km)거리라. 할 수 없이 사정을 하다가 그 곳으로 찾아갔다. 이날은 추석명절 다음날 음력 8월16일이라. 우리는 시장한(배가 몹시 고픔) 고로 이곳을 갔다 오기가 엄두가 나지만은 "애라 우리도 오늘만 고생하면 집에 가서야 배부를 것이라 하고

-116-

구호소 본부를 찾아가자니 주차한 자동차를 이리 저리 비켜가면서 찾아가니 각 직원들이 명절을 세러 갔다 하고 비어 있어 겨우 찾아가서 허탕만 치고 되돌아오자니 기운만 지치고 아프던 다리만 더 아파서 무거운지라. 역전을 돌아와서 아무리 사정을 해도 불응한다. 이제는 할

수 없어 김용기는 정주에서 웬 처녀 양인을 대련에서부터 데리고 온다고 하더니 정주 역에서 짐을 맡겨 놓은 후 이양인이 역을 안 들어오고 차는 발차하므로 처지고 다만 주변 없는 우리 5명만 헤어지지도 못하고 이 모양이라.

5명이 최고의 수단으로 요식을 빌어 볼 줄도 모르고 할 수 없이 각자가 연구하던 중에 정낙환이 인정 없는 정신으로 하는 말이었다. "각기 헤어져서 너희들 수단대로 저 차가 출발하기 전에 타고 가서

서울 가서 만나자고 하면서 만약 이 차에 못 오는 자는 할 도리 없이 먼저 가는 사람이 서울 박윤성이 집에 가 기다려 만나자" 하고 발차하려는 기차를 바라보면서 각자 헤어졌다.

평양만 해도 시읍이 넓고 으실으실한 곳이라. 간신히 차에 올라 이제는 서울에 간다고 생각은 들으나 다른 동기들이 차에 탔는지 몰라서 궁금한 생각에 기차 칸을 모조리 찾아보니 하나도 빠진 사람 없이 5명이 다 차에 올라 서로 만나 달리는 기차 안에서 서로를 반기며 그럭저럭 서산일모하고 달빛에 의지하여 얼마를 왔는지 남천이라는 곳에 도착하였는데 역시 또 소련 군인들이 차를 잡고 보내지 않는다. 이유는 다름이 아니고 또 금전을 요구한다. 이놈들은 차에 세워 놓은 채 그대로 보내주지도 않고 무한히 두고 가끔

소련군과 연락하고 와서 한 바퀴를 돌아가며 하는 말이 "이 사람 돈을 걷어 주어야 금주까지 보내주지 그렇지 않으면 보내지 않는다"고 한다.

28. 38선 경계가 기차를 막아

이 차가 더 가야 구십 리 밖에는 더 가지도 못하고 38경계가 있어 금주 이상은 더 못 간다 하고 의논이 분주하더니 한편에서는 걸어 나선다. 딸린 사람이 많고 보행이 안 되는 분들 이외에는 너나 할 것 없이 국도를 찾아 수십 명 보행으로 금교 구십 리(36km) 라 하는 곳을 날이 새도록 걸어서 금교에 도착했는데 금주 좌우 산 계곡에 소련군이 우리의 복병을 하고 38경계 국방을 지키는 모양인데 우리의 보행을 보고 길을 막는다. 때는 새벽 먼동이라 사정하여 날이 밝으며 금주에 들어가 여러 손님들은 아침식사를 하려고 모두 식당으로 들어가고

-119-

다만 남은 사람은 우리 5명뿐이라

29. 개성에 가는 길

수중에 푼전(작은 돈)이 없는 고로 식당은 생각할 필요도 없고 그대로 시내를 지나 금교를 건널 때 좌우에서 소련군이 서서 수색심사하고 보낸다. 다리를 건너 세월 없이 개성 팔십 리(32km) 라는 길을 걸을 때 밤새 구십 리(36km)를 걸어왔는데 노독이 심한데 어찌 걸음 걷기가 싫지 않으리요 만은 개성에서 서울로 가는 차는 오후 4시에 있다고 한다. 그 기차를 타려고 걸어가고 있으나 신의주에서 먼저 온 북에서 온 동기들이 요기 시킨 후 15일 오시(11시~13시)부터 이날 3일이 되도록 참다운 요식을 구경하지 못하고 걷는 모양이 참으로 불쌍한지라. 어디 가서 혼자도 아닌데 빌도(얻어) 못하리요. 최기만과 정낙환은 동기들을 재촉하여 앞에 나서 오며 이야기라

"우리들이 어찌하든지 개성을 오후 4시까지 가야지 그렇지 못하면 하루 더 배를 고를(굶주림) 것이니 빨리 가자"하고 앞에 가자니 자연히 하나 둘은 뒤에 쳐져 따르기가 곤란한 동기가 있는 모양이라. 뒤에서 부르며 잠깐 쉬어가자 하고 부른다. 마음만은 급하지만 혼자서 갈 수 없는 입장이라.

지체하면서 기다릴 때 공주에 사는 허근이 하는 말이라.

저 뒤에서 당진 사는 박원순이 오지 못하고 쳐져 있다 하는 곳에 박원순이가 한쪽 다리를 잃은 사람 같이 절뚝거리며 옆에 와 힘없이 주저앉으며 양안(두 눈)에 눈물이 내려 옷깃을 적시며 하는 말이라. "이제 나는 한 발자국도 옮기지 못하겠으니 나 하나를 쫓아 다 같이 배를 골 수도 없고 돈이나 있거든 3월만 주면 개성서 서울 차비가 3월이라고 하니 움직일 만하면

촌가를 찾아가서 요식을 빌어 요기하고 쉬어 갈 것이니 먼저들 가라 하면서 양안에서 눈물이 주루룩 흘러 옷섶을 적신다.

이곳은 궁벽한 산협(산 계곡)이요. 인가도 보이지 않는 곳이라. 그곳에다 혼자 두고 4명만 먼저 오자는 말도 안되고 또 그 사람을 따라서 있자는 말도 안되어서 서로 고개를 숙이고 앉았을 뿐이라. 적어도 타국 땅에서부터 수천 리를 함께 오며 생사고락을 같이 해오다가 여기 와서 두고 갈수도 없는 입장이라. 서로 눈치만 보고 말 한마디 못하고 아무리 생각을 한다 해도 그 사람을 따라 있을 수 없겠다는 생각이다. 5명 중에 있는 돈은 정낙환에게 30월 수합하여 신의주 구호소에서

쓰고 남은 것 밖에는 없었든 모양이었다. 수중에 간수하였던 것을 내어 십 원을 주면서 우리 네 사람은 먼저 가서 서울 박윤성 집에 가 기다릴 것이니 박원순이는 서러워하지 말고 자네 말대로 촌인가를 찾아가 밥이나 빌어 요기하고 이 후에 곳 내려오라 하고 길을 떠날 때 박원순은 그 돈 십 원을 받아 들고 "나 만 다 주면 어찌하나" 하며 인사하며 서러운 기색을 억제하더라. 이때에 4명도 돌아서며 그 심사 어떠하리오. 세상에 제일 서러운 것은 배고픈 것 밖에 없는가. 그대로 걸어갈 때 자연 뒤를 돌아보며 한 고개를 넘어서니 농작물이 곡수 되어 황금 빛을 자아내는 들판 건너에 한집 삼간 초옥 집이

있는데 집 앞에서 영감 하나가 건너다 보고 고성으로 "여보시오" 부르며 "그리로 가면 소련군이 길을 막고 보내지 않으니 이리와 아침식사도 안 했을 것이니 식사도 하고 이리 가라" 하는지라. 이 말을 듣고 기갈(배고픔)에 정신이 빠져 참 고마운 사람이라 하고 초로를 무릅쓰고 논들로 건너가 그 주인에게 감사하며 말이라. "이처럼 길을 인도하시고 겸하여 식사를 말씀하시니 감사한 말씀을 드릴 수 없으나 우리는 군대를 갔다가 오는 길에 수중에 노수가 없어 기갈을 이기지 못하는 중인데 말씀만 들어도 감사할 뿐입니다" 하니 그 말을 듣더니 그러면 이리로 가라 하고 길을 가르쳐 주는지라. 이 때에 잠깐 생각해보니 풀숲 사이로 살펴보고 행인을 불러 밥장사를 하는 모양이라.

우리를 불러 돈벌이를 할까 하다가 틀렸으니까 어서 가라 하는 모양이나 우리에 마음은 실로 노여우나 할 수 없이 돌아서 오는데 최기만은 분함을 참지 못하고 바지 아래를 적신 것도 그 주인이 부른 관계이고 우리가 청한 바도 없는데 불러 조롱한다 하고 그대로 갈 수 없다 하며 분함을 참지 못한다. 정낙환이 만류하면서 하는 말이 "내 것 없으면 이러하니 어서 가야 한다" 하고 개성을 향해서 갈 때 한곳에 이르니 일 가옥이 있는데 보아하니 풍족한 집이라 하고 안으로 들어가 주인에게 사정을 해본 것이라.

우리 일행은 적으나 많으나 주시는 데로 요기하고 갔으면 하는 말로 전후 사정을 말하니 주인이 들어가 세 그릇 남은 요식을

합하여 사발밥이나 되게 가져 온지라. 그 사람은 하인을 불러 한끼 한 술씩이라도 나누라고 한다. 우리는 모여 그 집사랑 툇마루에 모여 앉으니 주인은 옆에 앉아 자리를 매다가 하는 말이라. 인원이 간단한 줄 알았는데 여럿이라고 하는 말이 우리가 듣기에는 좀 미안해서 어서 개성으로 가서 차 시간을 보려고 빨리 나누어 먹고 길을 떠날 즘에 그 집 아들들이 겨우 6~7세 밖에 안되어 보이는데 좌우 양손에(명절 후 17일 날 조반 후라) 별미를 들고 나와 우리 옆에 섰다가 석담 쌓은 넓은 뜰 아래로 굴러 별안간 난리가 났는지라.

우리가 타국 땅에서 통변(통역)이 안되어 한 때 빌지(구걸)를 못했거니와 조선 우리나라에 와서 요식을 한번 빌다가 이와 같은

무안을 당하고 생각하니 자연 신세 한탄이 날지라.

길을 떠나 행할 때 기차시간을 대서 하루라도 속히 집을 찾아가려는 정신이겠지만 수족(팔다리)이 상함도 모르고 개성 80리(32km)를 달려 올 때 자연 히 다른 동행을 만나 서울까지 동행이 되어 오며 서로의 지난 일을 담화하고 보니 그 사람 동기들도 우리와 같은 모욕을 당할 것이라 하면서 우리 일행을 보고 정을 두고 무수히 말을 하는지라. 자기 본집이 가까우면 들어가 한끼 식사라도 하고 몸을 쉬어서 보내면 하는 태도가 없지 않으며 자기 집이 지나온 길로 20리를 걸어야 함을 말하며 못 잊어 하더라.

그럭저럭 이야기 하면서 온 길이 40~50리를 온 모양인데 한곳에 도착하여 보니 매달 1일과 6일에 장을 보는 조그마한 읍내인

127

모양이라.

30. 개성역에서 천안 가는 기차 탑승

이 사람이 두말없이 읍내로 들어가고 우리 4명은 그대로 걸어서 2마정 이상을 더 갔을 지라. 이곳은 산 옆 소로라 한참을 가다 보니 이야기하며 동행하던 분이 급한 걸음으로 쫓아와 여전히 동행이 되어 가는데 한곳에 이르러 보니 높은 산인데 산림이 우거지고 이 고을(마을) 저 고을마다 산수(자연경관)는 반석 위에 내리는 지라. 이곳을 임하여 산수를 의지하고 쉬어 감을 청하더니 자기 행중(일행중)에서 고구마라고

하는 식품을 시읍에 들어가 사 가지고 급히 따라 오다가 산수 정결함을 보고 내 놓으며 먹기를 권하는지라. 기갈이 감식(시장이 반찬)이라 하였으니 그대로 요기하기를 권하니 4명이 염치불구하고 나누어 먹은 후에 잠깐 쉬어 다시 길을 떠나 개성으로 행군할 때 시장함도 면했을 뿐더러 보행하기도 빠른지라. 개성역에

-128-

도착하고 보니 기차가 떠나려고 재촉하는 한편 미군 여러 명이 치안대와 협조하여 군인으로 갔다 오는 우리들을 먼저 승차시키고 일반 귀환하는 사람들은 수효가 많아서 승차시키기가 곤란할 듯하더니 미군 1명과 치안대가 협조하여 열차 칸 수대로 적당한 인원으로 분대를 만들어 모든 손님들을 역전마당에다 앉힌 후에 미군이 앞에 서서 두부장수가 두부 모 떼듯 객차 칸수 대로 만든 후에 일 분대씩 차례로 승차시킨 다음에 발차하여 떠나게 되니 다 같은 기차를 탔지만 귀한 동포나 일반 손님들이 편리하기가 한이 없고 북쪽지역에서 귀환하여 오는 사람들은 그 질서를 칭찬하며 기차가 달려가는데 어느 때나 되었는지 서울역에

-129-

도착했는지라.

31. 서울역에 도착

서울역전에 나가서 살펴보니 밤은 이미 깊어 9시가 넘었는데 이때에 서울부근 양주읍에 사는 동기중 박윤성이 말이 동대문구에 자기 이모가 사신다 하며 그곳으로 가자고 하여 따라 갈 때 4명중에 푼전 몇 푼

의 차비를 안 준 고로 15원이 남았는데 이제는 고향 삼천리를 다 왔을 뿐더러 만주 땅에서 보행할 때 우리가 서울만 가면 박윤성 집에 가서 몸을 쉬어다가 천안까지 갈 여비를 얻어 가지고 가서는 천안에서는 정낙환이네 집에 가서 여비를 얻어 각자 보내 준다고 한 약속이 있었던 것이라.

이제 정낙환은 수중에 있는 돈을 내어서 보며 빵집으로 들어가 빵을 사서 하나씩 나누어 먹고 동대문구를 찾아가니 밤은 깊어 사방은 고요한데 이 골목 저 골목을 찾아 다니며 의아해 하다가

찾지 못하고 방황하며 두런두런 거리자 마침 박윤성의 모친이 박윤성을 생각하고 심란한 마음을 이기지 못하고 양주에서 서울 동생네 집에 와서도 잠을 이루지 못하여 형제가 박윤성의 소식이 없음을 이야기 하던 중에 밖에서 인기척이나 방문을 열고 나와 박윤성의 음성을 듣고 한걸음으로 달려와 끌어 안으며 네가 윤성이냐 하면서 윤성이의 손을 잡고 몸을 어루만지시며 네가 참말 윤성이냐, 윤성이 혼이 이 깊은 밤에 나를 보려고 귀신이 온 것이 아니냐 하시며 나로 하여금 집에 있지 못하고 여기를 왔더니 참말로 윤성이가 온 것이냐 하면서 우리들의 등을 어루만지시며 이분들이 아니면 우리 윤성이 혼자 못 왔을 것이오 하며 안으로 들어갈 때 이모 집 식구들이 다 반가움을 이기지 못하고 밥을 짓는다.

세숫물을 떠다 주면서 세수를 시킨다. 반갑기도 하려니와 몇 날 며칠을 노숙을 했으니 추하기도

할 것이다. 세수가 끝나고 밥을 갔다 놓고 권하며 넘쳐흐르는 눈물을 감추지 못하시고 그 동안 있었던 일을 질문하며 "저분들이 아니면 내 자식이 어찌 살아 왔으리요" 하신다. 식사 후에 밤을 편히 쉬어 이튿날 바로 박윤성이와 작별을 하고 떠날 때 박윤성은 양주 자기 집으로 가기를 청하나 그대로 인사하고 역전을 나올 때 최기만이도 자기 이모님 집을 찾아보고 가자 하여 잠깐 들어가 인사 후 떠나려 하니 한사코 점심을 지어 준다. 12시가 못되어 점심식사를 하고 어서 가자 하고 재촉할 때 최기만이 이제까지 잘 오던 두 발이 수북이 부어 올라 신을 신을 수 없는지라.

이것은 원래 보행을 많이 하다가 잠시라도 편히 쉰 관계라 할 수 없이 후에 오기로 약속을 하고 다만 5명 일행이

132

다 떨어지고 허근과 정낙환 2명 뿐이라.

서울도 처음 일뿐더러 공주에 사는 허근이나 정낙환이나 서로 다 서울에 대해서는 모르는지라. 이곳도 그곳 같고 저곳도 이곳 같고 한 자루 콩을 가지고 서로 내 콩이 굵다고 하는 격이라.

남대문 역을 겨우 찾아와 사면을 살펴보니 귀환하는 동포에게 여행 증명서를 해 준다. 언 듯 생각하고 3명의 증명서를 받아 가지고 허근이를 찾아와 이야기라. 3명의 증명서를 보이면서 "어쩌면 금교에서 노독에 못 온 박원순이가 이차에 올지도 모른다" 하면서 이야기 하던 중에 뒤에서 양 어깨를 친다. 놀라서 뒤를 돌아보니 틀림없는 박원순이라. 반겨 묻고 "어찌하여 이리 속히 온 것이며 얼마나 고생을 하였던 말이냐"

물으니 여차여차하여 개성을 그때에 못다 오고 한 촌락에서 자고 이튿날 먼동에 개성역에 당도하자 마침 차가 있어 타고 와 내려

이와 같이 만난 것이라.

32. 천안역에 도착

즉시 박원순을 데리고 가서 식사를 시키고 이와 같이 반갑고 기쁨마음에 오후 5시30분에 차를 타고 순식간에 천안역에 당도했는지라. 기쁘고 반갑구나. 내 어찌 살아서 내 고향에 올 줄 알았는가. 시시 때때 잊지 못하고 극심하며 지내던 고향산천의 땅을 이제야 밟을 수 있다니 실로 꿈만 같구나. 천안을 떠나던 날과 만주 북쪽지역에서 소련군에게 고통을 받을 때며 대련에서 근심할 때며 몇 번 죽을 고비를 넘긴 것을 생각할 때는 죽어서 혼과 신도 망막하던 곳을 임하였으니 어찌 반갑고 기쁘지 않으랴.

사람이 어떤 경사가 있다고 해도 이처럼 기쁘랴. 걸음걸음 회포를 심어놓은 타국 땅은 잊지 못하고 뇌리에 새겨있어 잊을 날은 없으려니와 고향을 찾아온다는 것보다도 전에 이곳을 하직한다는 마음으로 떠날 때와 오늘날 이곳에 돌아와 고향산천과 어려운 홀어머니를 다시 뵈옵고 형제의 그립고 고향산천 초목도 다 반기려는 듯함은 9월 국화 만발한 곳에

상설이 방해하였다가 돌아오는 춘광을 맞은 듯한지라. 그럭저럭 직산역을 지난다. 어얼씨구 저얼씨구 순간에 천안역에 임하였는지라. 차에서 내려 시간을 보니 9시30분 밤이 야심한지라. 박원순과 허근을 데리고 천안 재빼기 은방 하고 있는 현길주 처남 집으로 가서 저녁식사를 같이하고 양인을 데리고 집에서 나와서 얼마를 걸었는지 약30분 이상을 걸었는지라. 천안 재빼기에서 온양온천으로 나가는 철도 국도 삼거리를 지나 기차 안내판 세운 곳을 겨우 임하더니 허근이와 박원순 양인이 신작로 가에 주저 앉아 탄식하며 하는 말이라. "자네의 사정은 미안하고 우리도 같이 가서 며칠 동안 쉬어 갔으면 좋으려니와 이처럼 걷다가는 며칠을 가도

못 갈뿐더러 우리가 견디어 낼 수 없으니 자내나 들어가고 우리는 이곳에 있다가 날이 밝거든 차를 타면 집으로 갈 수 있다" 하면서 말을 한다.
원래 박원순은 노독으로 발 허리를 굽히지 못하여 금교에서 떨어졌다가 서울에서 다시 만난 사람이요. 허근이는 발 사이마다 부르텄던 사람이라. 이제야 할 수 없이 가까운 집안 형님 댁에 찾아가 밤을 지내고 그 이튿날은 8월19일(양력 1945년 9월 24일 월요일)이라.
조반 후에 돈을 구해서 각기 보낼 때 공주에 사는 허근이는 만주 대련에서부터 위에는 일본군의 병의(병사들이 입는 옷)을 입고 아래는 무명 사라마다를 입고 하오리 자락 늘어진 것을 안으로 구겨 입고 천안까지 온 것이라. 부끄러워함이 몸에 나타난다. 박원순을 작별하고 허근을 데리고 시장으로 가서 아래 쓰봉(바지)를 사주었다. 그 돈은 일본

군 징병으로 떠날 때 어머니께서 서울역에 와서

실꾸리 조그만 한 것을 주시며 "돈이 몇 푼 들었으니 잘 간수하라" 하고 주신 것을 단단히 간수하고 다니다 깜박 잊고 서울역에서 생각하고 풀어보니 금액이 적지 않은 40원이 들었는데 그 것으로 샤스 2개를 사고 아랫도리를 사서 입을 때 위에는 같이 입은 것이라.
그대로 일시를 갖추어 허근이를 보냈다.

33. 드디어 모친과 형제 품에

혼자서 집으로 가는 길에 오전 10시경 부친 산소에 가서 재배할 때 우연히 마음이 울적한 지라. 생존해 계시면 자연 반기시련만 우울한 마음에 산 밑에 내려와 집으로 들어가 가중 일속을 대하며 홀 어머니를 다시 뵈올 때 그 기쁨에 넘치는 마음은 이루 기록하지 못 하겠으며 그간 있었던 일을 세세히 말씀 드린 후 집에 계신 모친의 공과 형제의

사정은 나의 정신에 비 할 수 없는 공이라. 이내 마음에도 항상 먹은 마음이 부모 일속을 눈물지어 낙루하심에 떠난 마음이 되어 남에 자식이라. 하루라도 속히 와서 부모 형제의 맺힌 한을 풀어 드리라는 마음이 떠나지 못했다고 하는 생각인데 부모의 공은 그 마음뿐이 아니라.
이 불초자식 입영하던 때에 모친께서 면포낭을 내 놓으시며 너의 손발톱을 잘라 넣으라고 하시더니 그것을 가지고 지금 이때까지 네 수족

이 여기 있으니 악인을 피하고 성인을 만나 오라는 뜻으로 조석으로 청수를 떠다 놓고 소원을 빌은 바 있으며 해방되던 날부터 이 불초자식이 오는 전일까지 계속하여 천안 역전에 나가시어 그날 그날 동편에서 돋는 해를 넘어 가도록 이 기차에

-138-

올까 저 기차에 올까 하시고 기다리시다가 날이 일모(어두워지면)하여 침침하면 집으로 오시고 이처럼 하루도 빠짐없이 계속하시다가 이 불초소자 오는 전전 일까지 심장을 옥이시다가 병환이 나신바라. 이처럼 모친이 염장을 상해드리고 이 자식이 어느 곳에 가 용납하고 있으리요. 남의 자식이 되어 부모의 뜻과 공을 반만 생각한다 해도 예제 없이 방방곡곡에 효문각이 있으리라고 볼 것이요. 누구보다도 특히 부모에게 불효를 지은자는 정낙환일지라.
세상에 태어나 이런 부모형제의 공을 모르게 되면 대명천지에 금수에 지나지 못할 것이요. 세상에 용납할 것이 없으리라. 그러나 친불친효는 바르지 못하리라. 인생에 있어서 누구나 부귀공명하고 장생불사하고 싶지 않은

-139-

사람은 인간 세상에 없다 해도 무방하리로다. 실행하기가 곤란하겠지만 인의와 더불어 인애함을 피차에 권유함은 의당함이 아닌가 하노라.

삼천리 보행을 끝까지 생사 동행자의 성명
기록한 사람 정낙환 : 충남 천안시 백석동 306번지 외 4명 -끝-

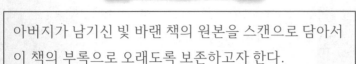

아버지가 남기신 빛 바랜 책의 원본을 스캔으로 담아서
이 책의 부록으로 오래도록 보존하고자 한다.

원본의 규격 : 14 x 20 cm

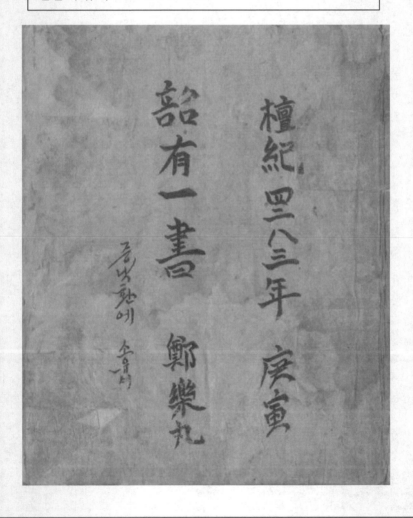

소유일서 중외환포 주구
단기 四二三二년 경술 난기록

(龍有一書) 朝鮮 우리 국가 정치가 바로잡지 못했으로 왜신에게 도략을 당하여 정권을 빼긴 이후 돌댕한 온 맛진 그 정치에 익이지 못하고 그 군인이데야 갓다 온 실정을 기잡

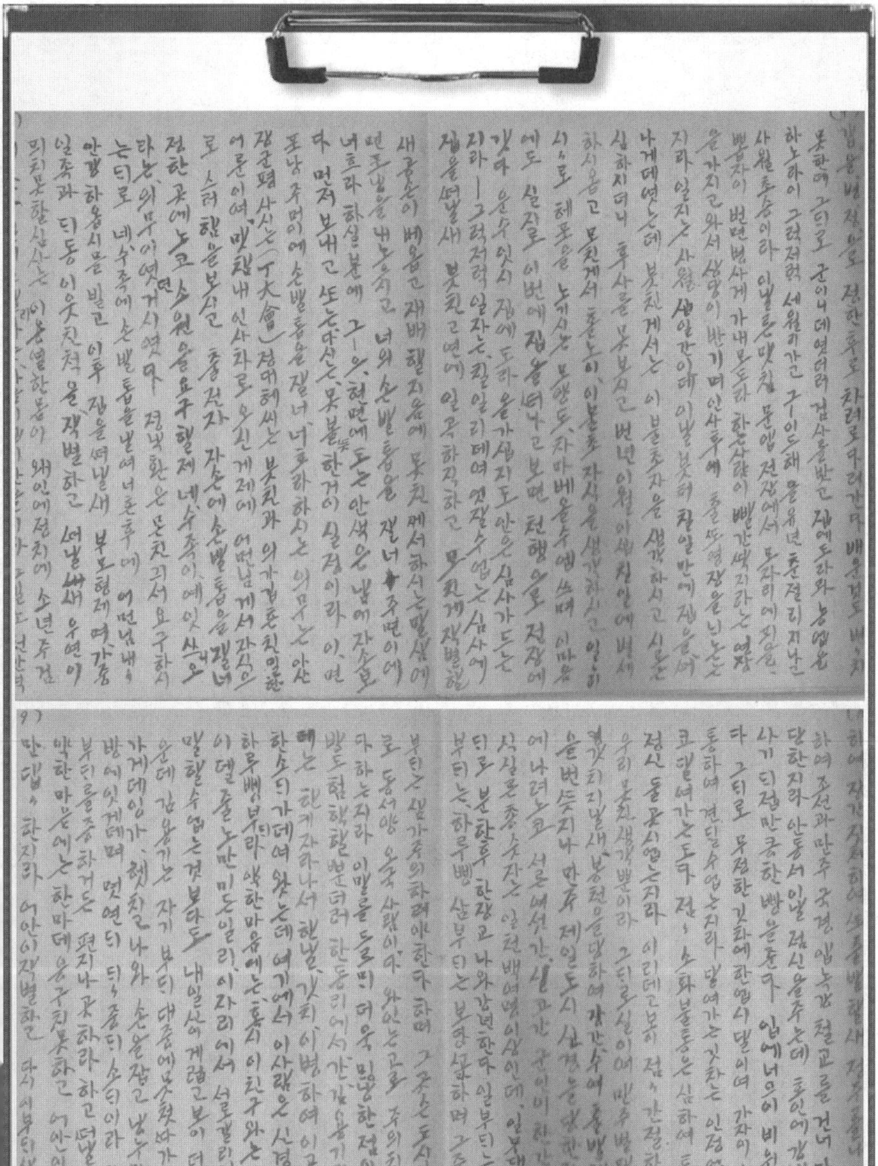

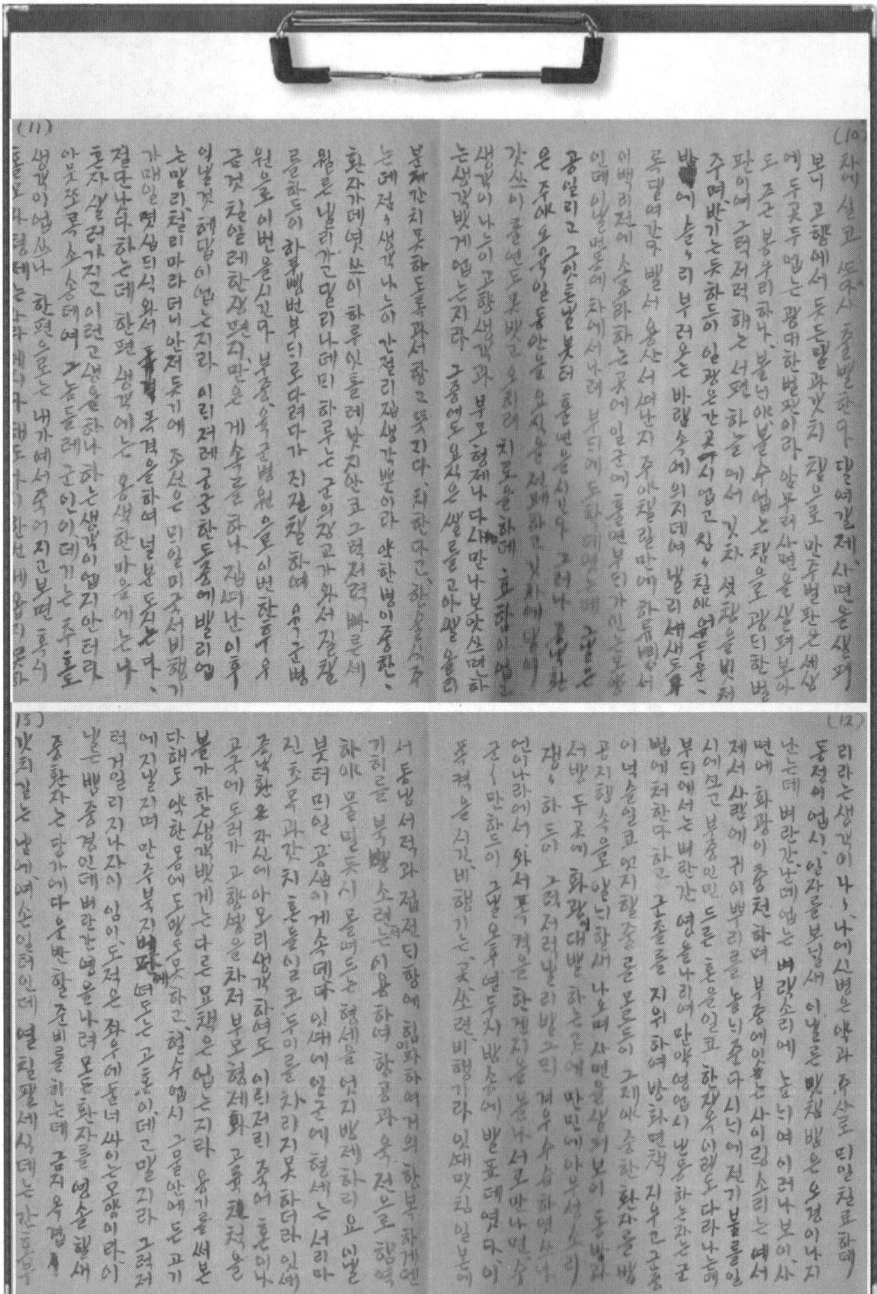

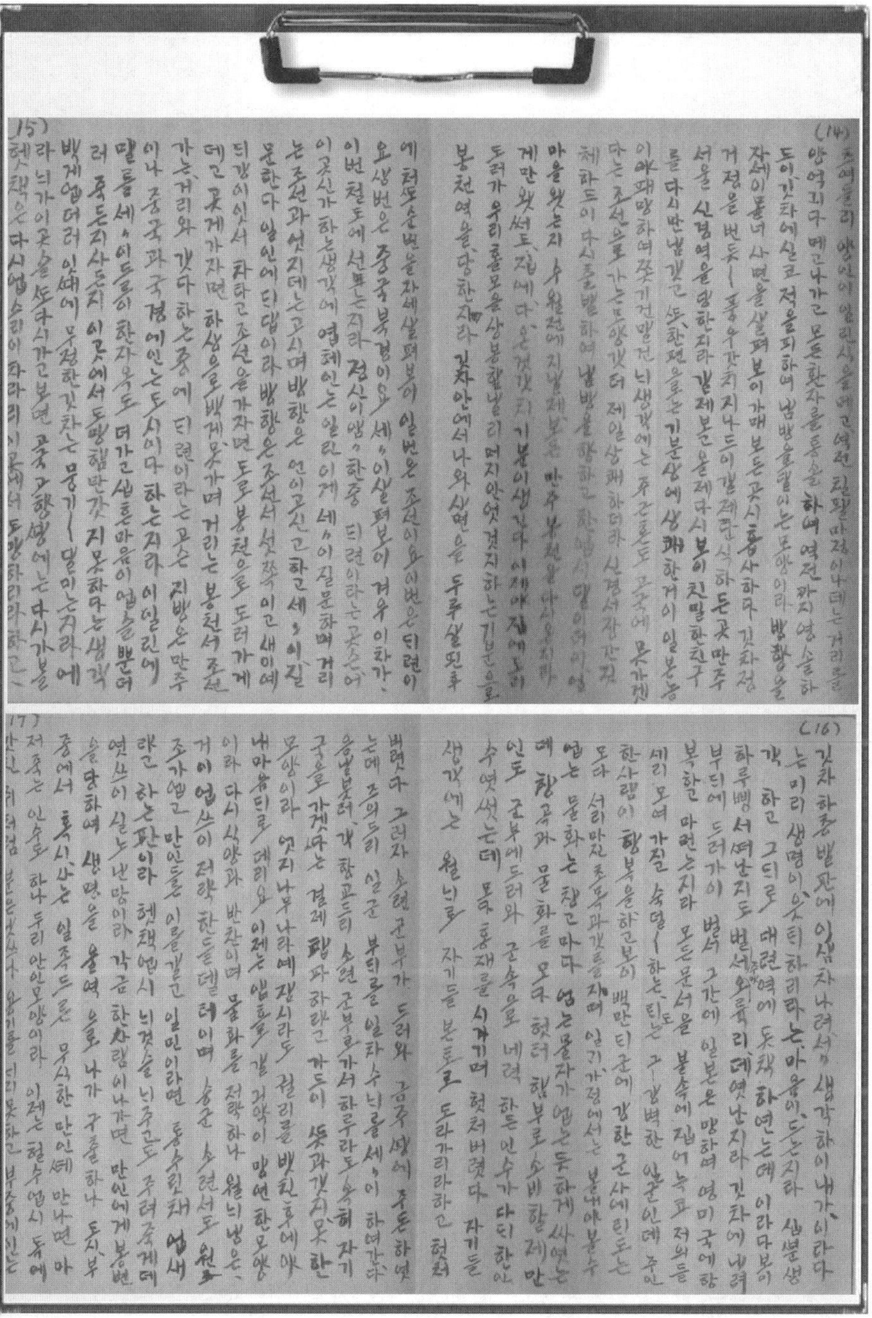

곡식을 죽을 만든 한술씩을 분배하야 원니 늦차가심이 엄치 굶는이 소을 함을 저마다 기뻐을 이기지못하였다.

그러나 충빗환의 마음에는 빈트주리는 보을 몸이게 러움직도 울겠고 다만 생각은 국은목숨이산것반가 행하고 소 머지안자 수천리 본국 고향에 도라갈것은 은근이 강빗나 한가지 섬여었는바은 호흔 소리서 보니친은 안이하고 톤자로 하루속히 강를떠나 한고로 언저가 ...

에왓스면 성공 할거시 분명하거나 성공도못한다 지경에면는이 이거로 각 본국으로 토러갈거시 목적인가 하는 의 소러서 보니고 안코 나는 다만 일신뿐 이라 동행로 임시 다신을 파저간단말리요 나 은본인은 하나도 업는듯 하도다 하이 잇대 일군이 우리의 가재 철도도 가게데면 천은 을 거리게 댄면 우리 생도 가서 부 산녕밋 시겨줄거시 아모근심말고 조선산도 내가 한실리 산도 이사랑은 종국 북경서 잇다가 다리고 와 잔心지라 반가시 안가이 여시니 나와말하도 우리 조선샛이 이사랑과 본이 나와갓헤 한뜻시 잇섯스로 랑지윔이라 언노 달셋어드러, 현씨는 ...

치생각한 도양이라 삼뒤하고부의 들이엄는 조선사람이요,

一人의 主所

忠南 天安郡 歡城面 白石里 (鄭樂先?)
朴元淳

忠南 唐津郡 高大面項谷里
崔基方

忠南 洪城郡 洪北面中溪里
崔根

京畿道 陽州郡 廿内面柳陽里
朴潤星

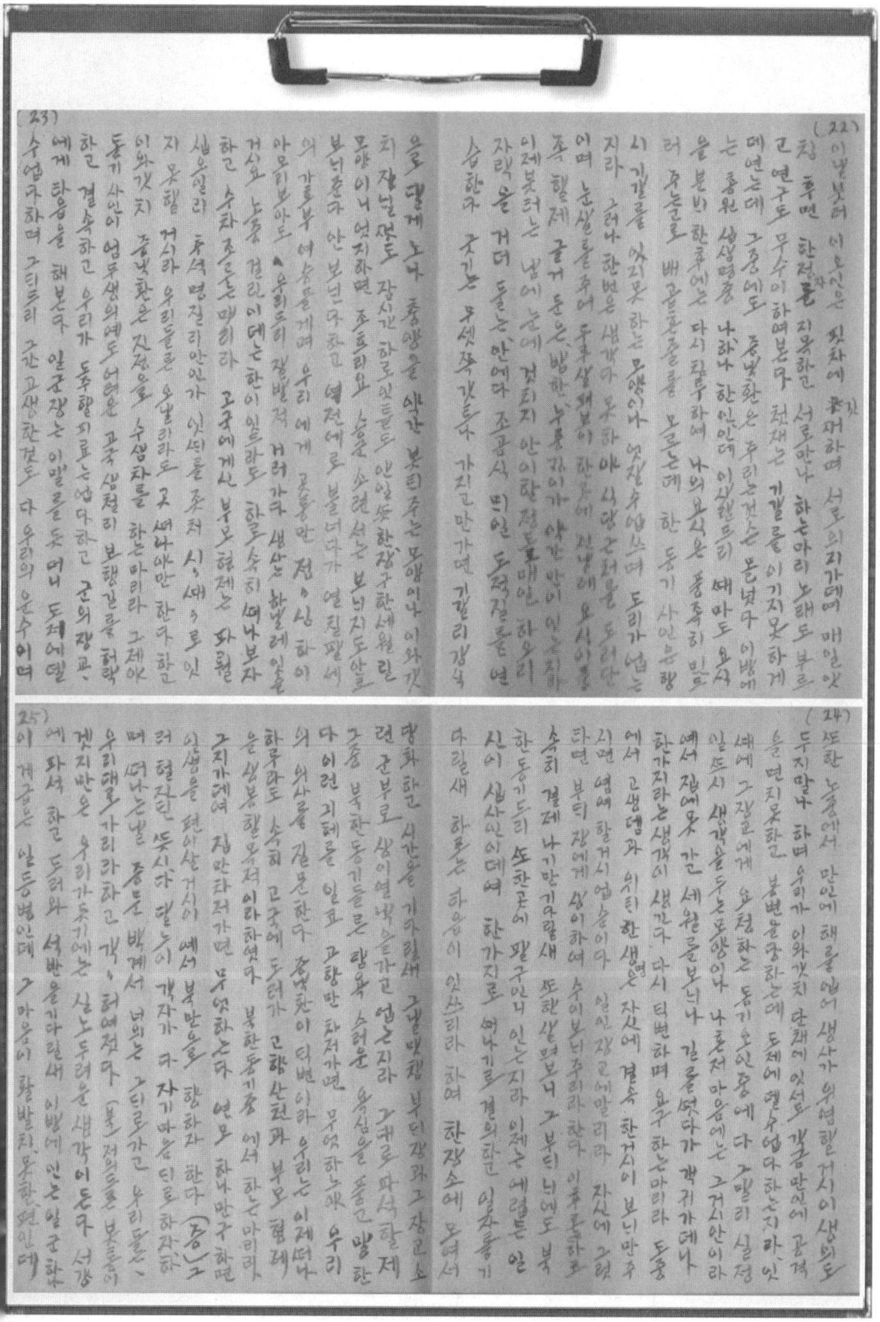

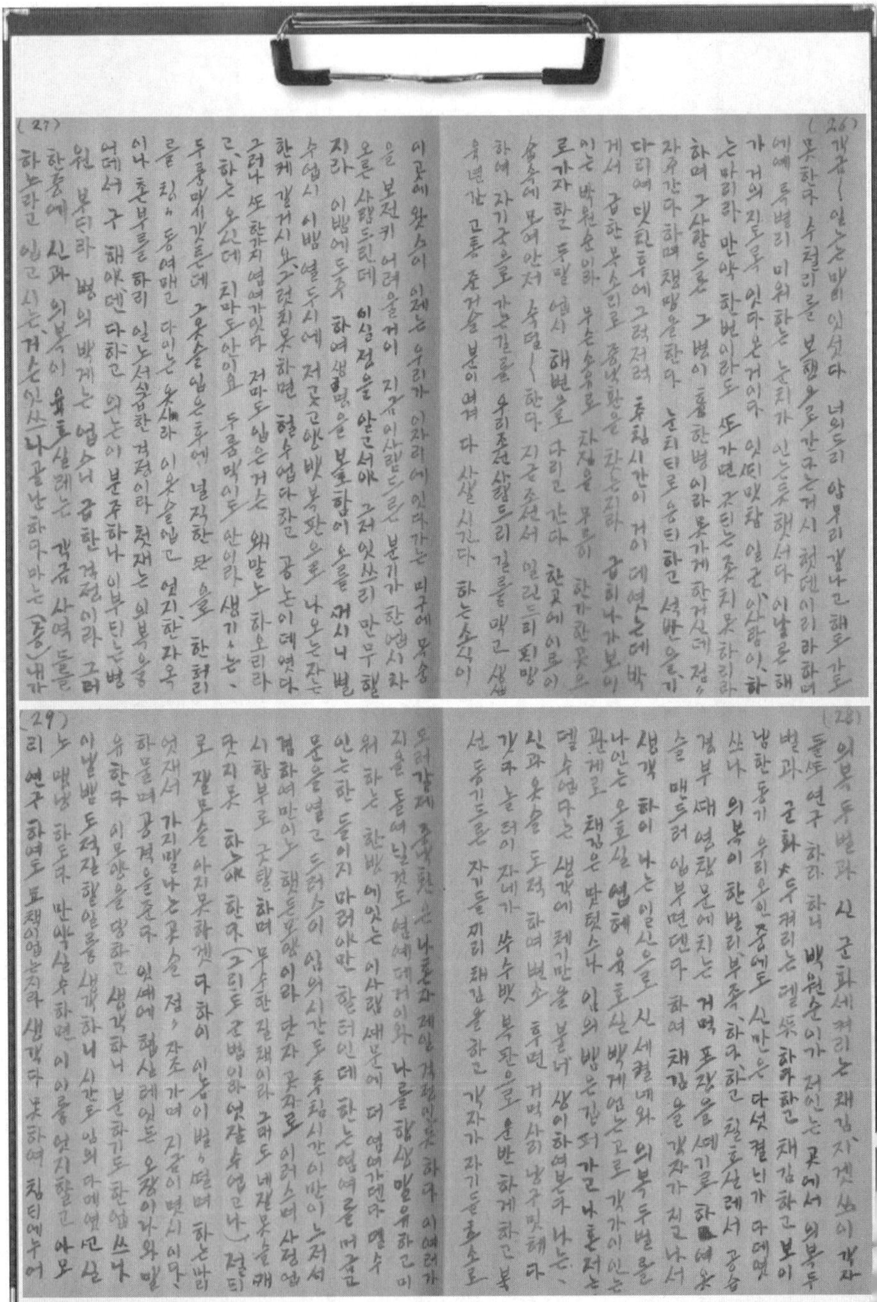

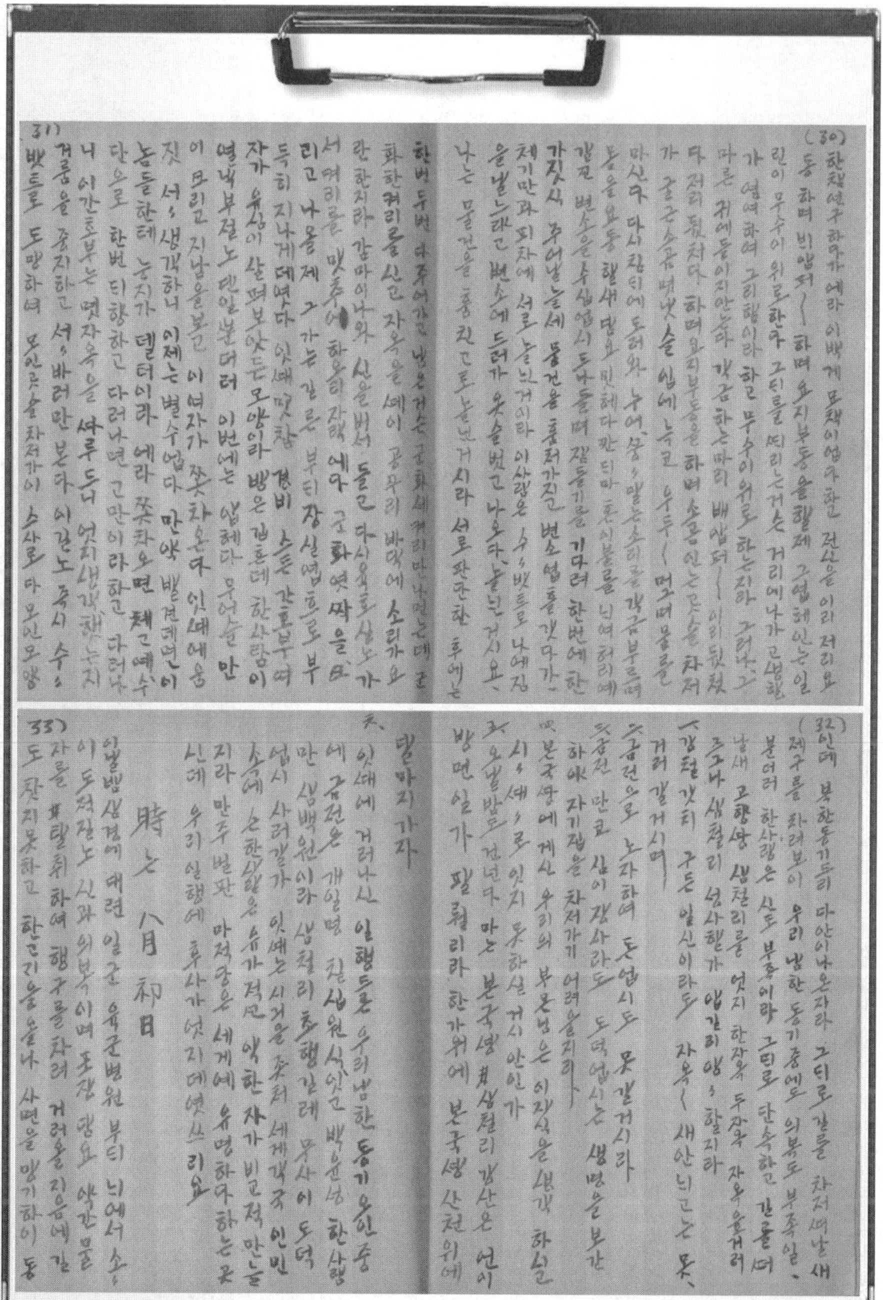

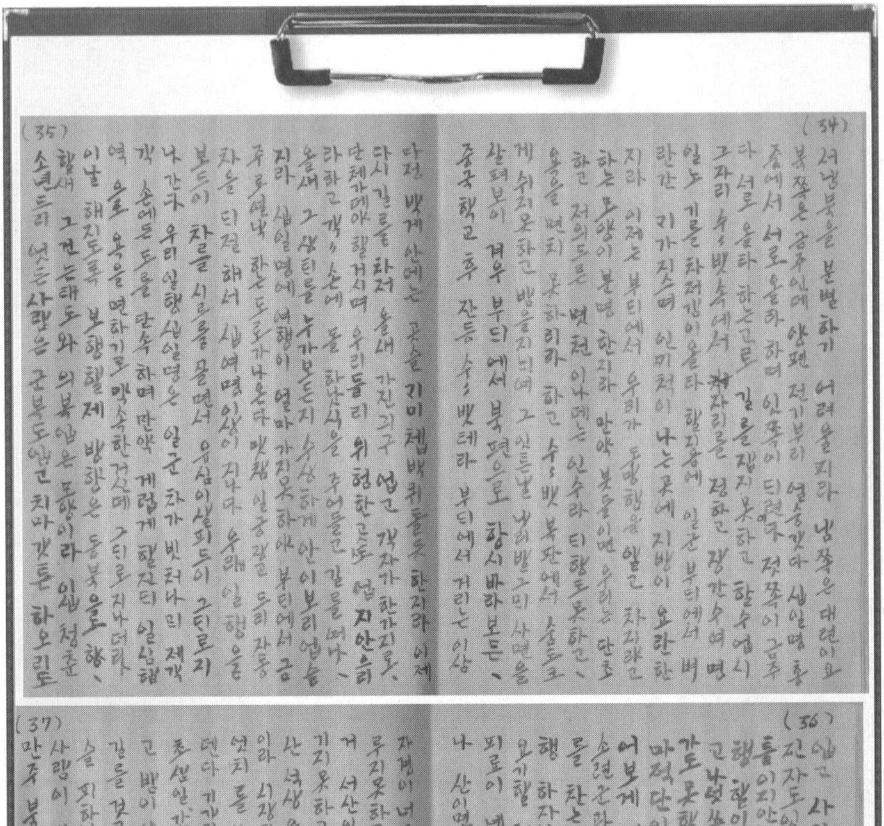

(34)

(35)

(36)

(37)

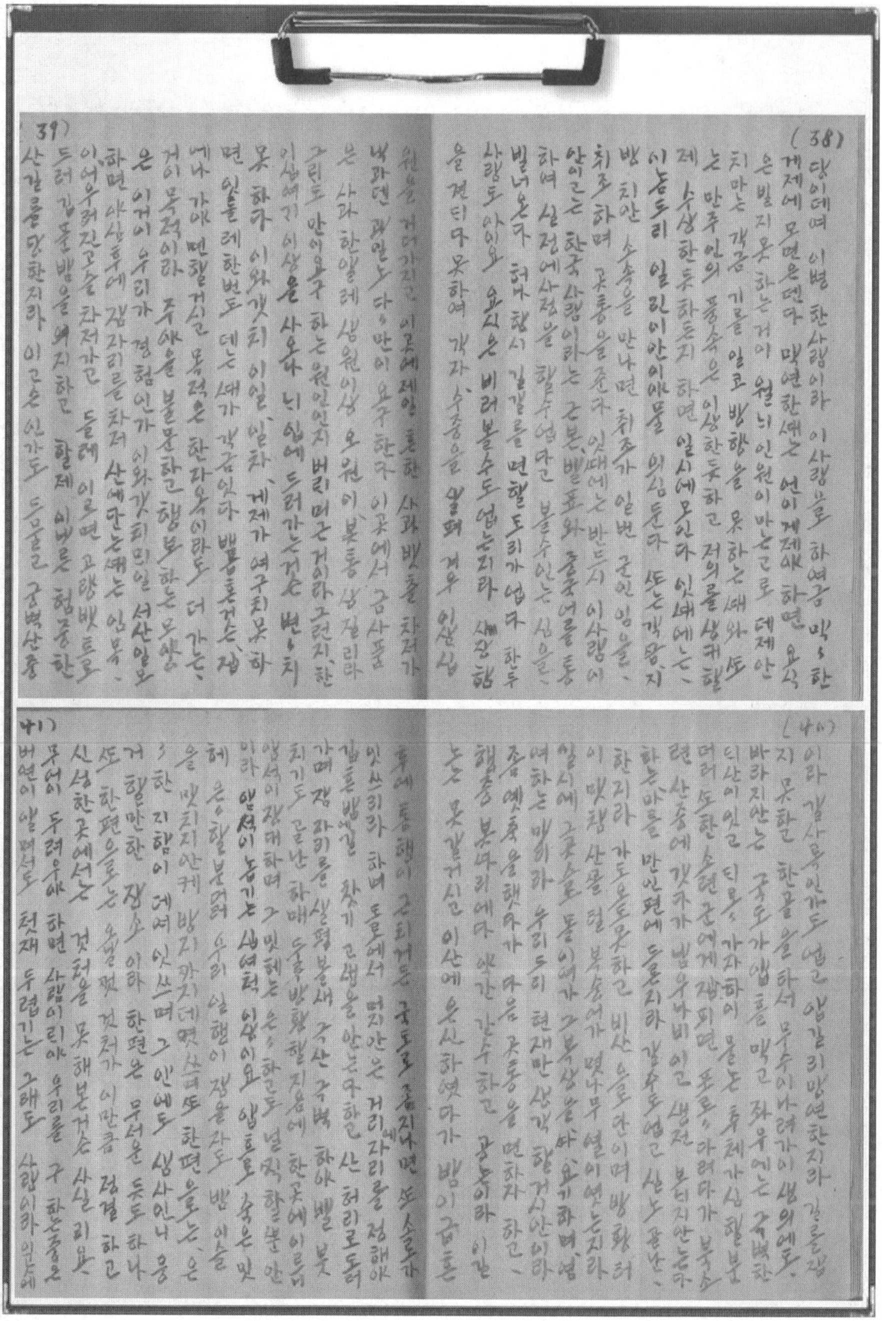

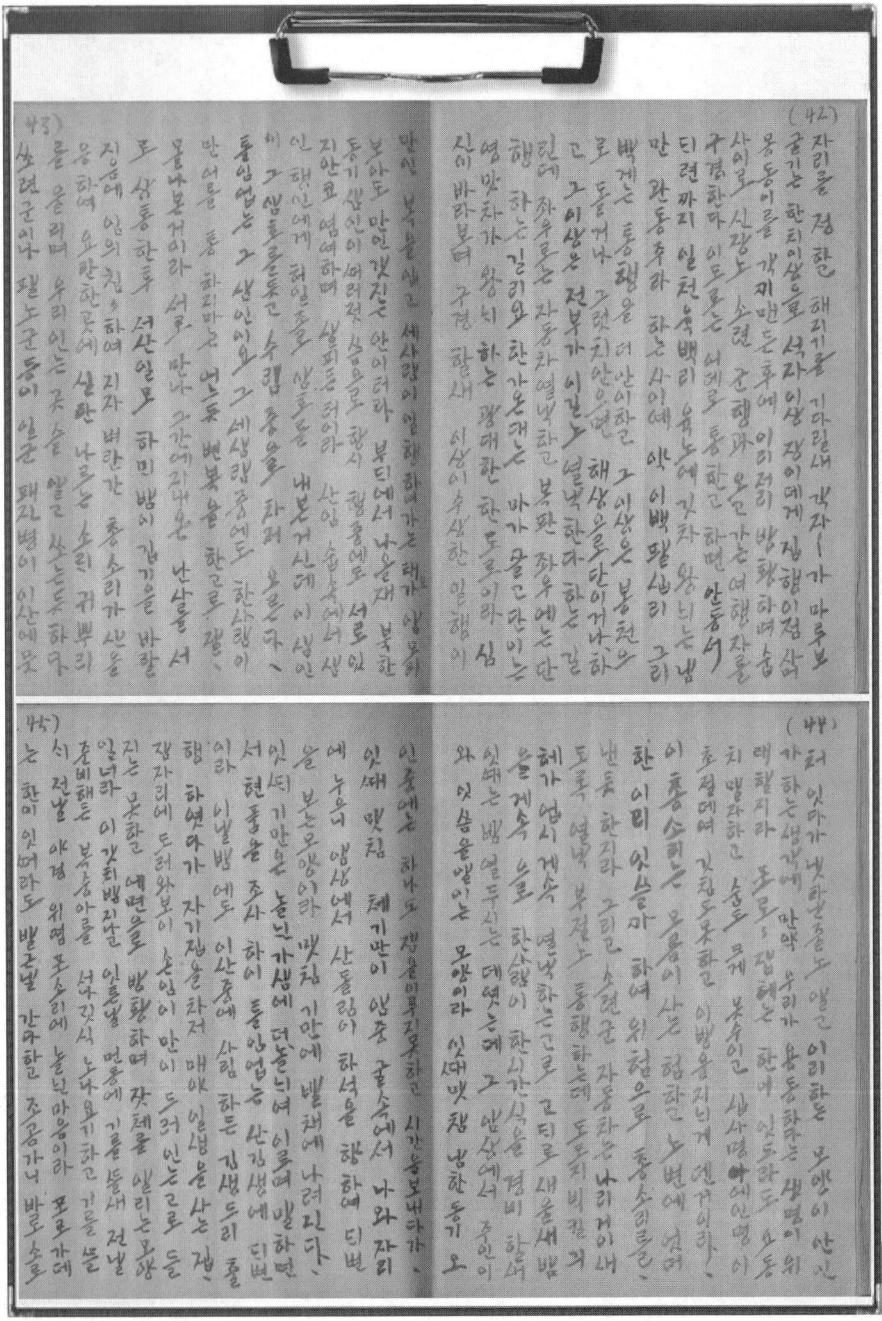

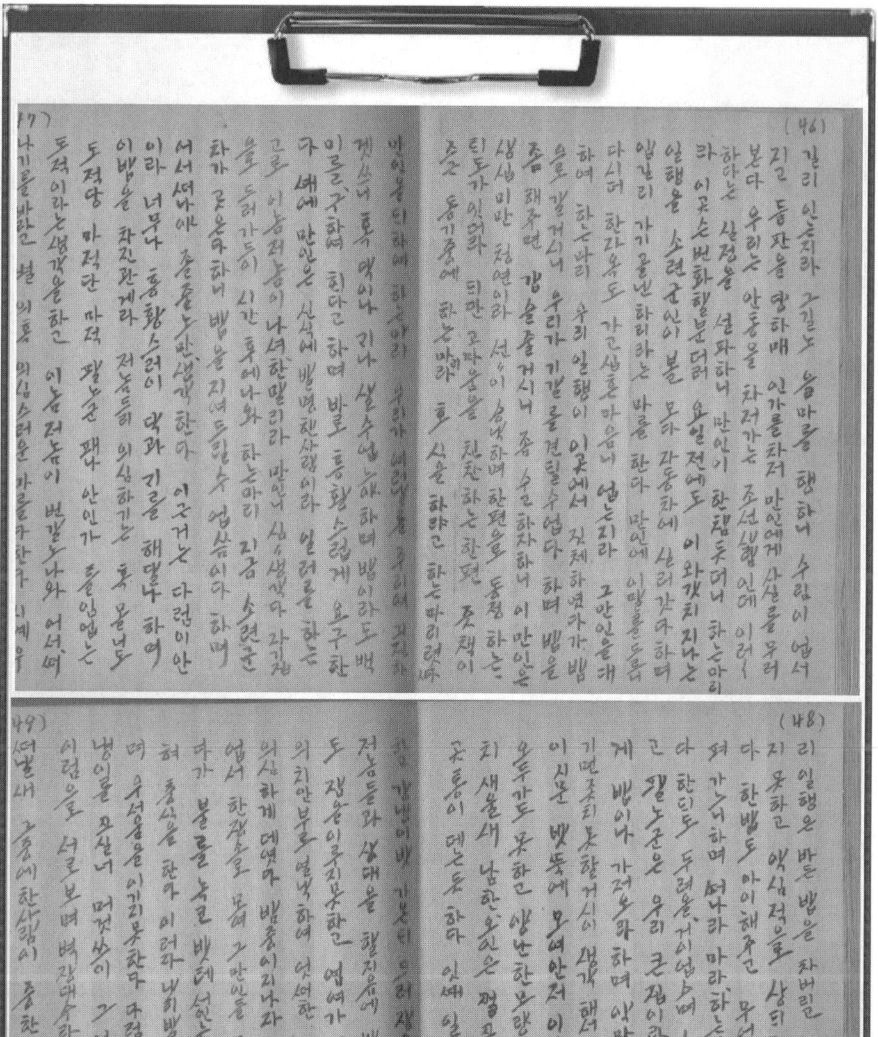

(46)

(48)

(47)

(49)

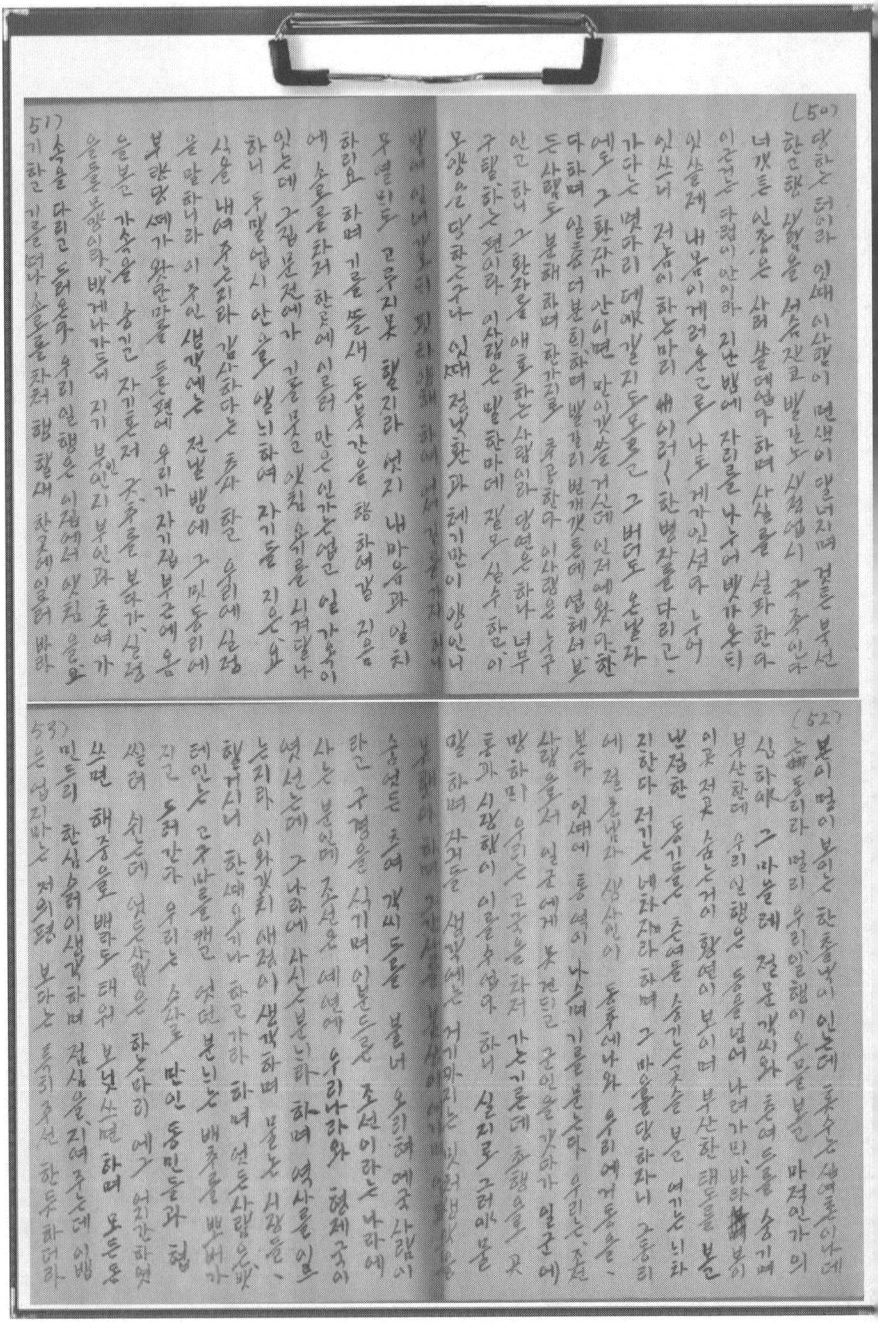

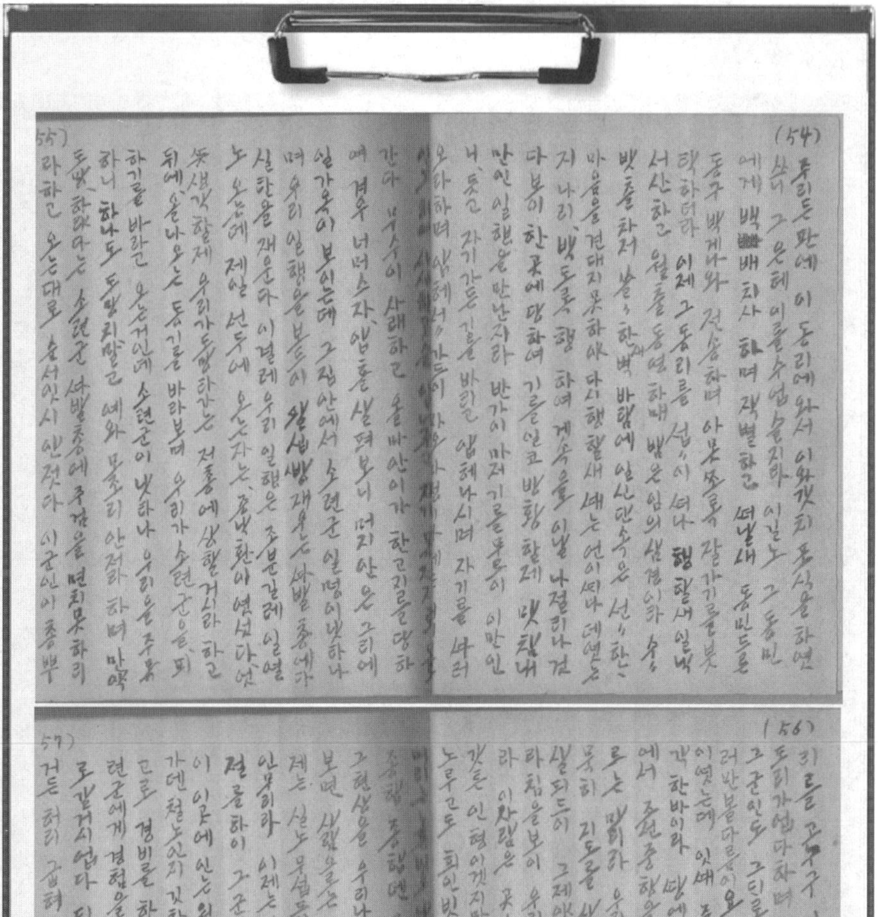

(54)

(56)

55)

57)

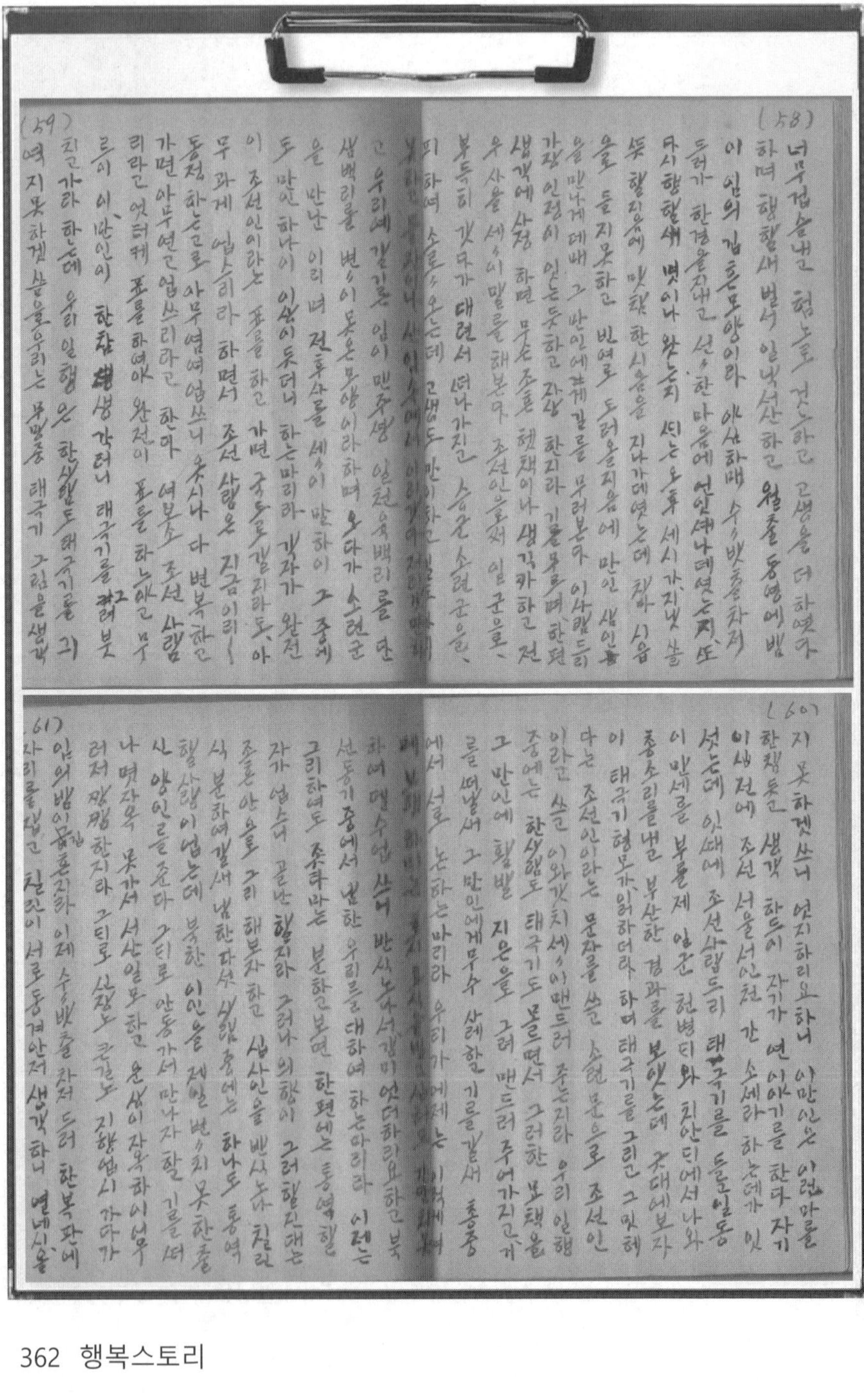

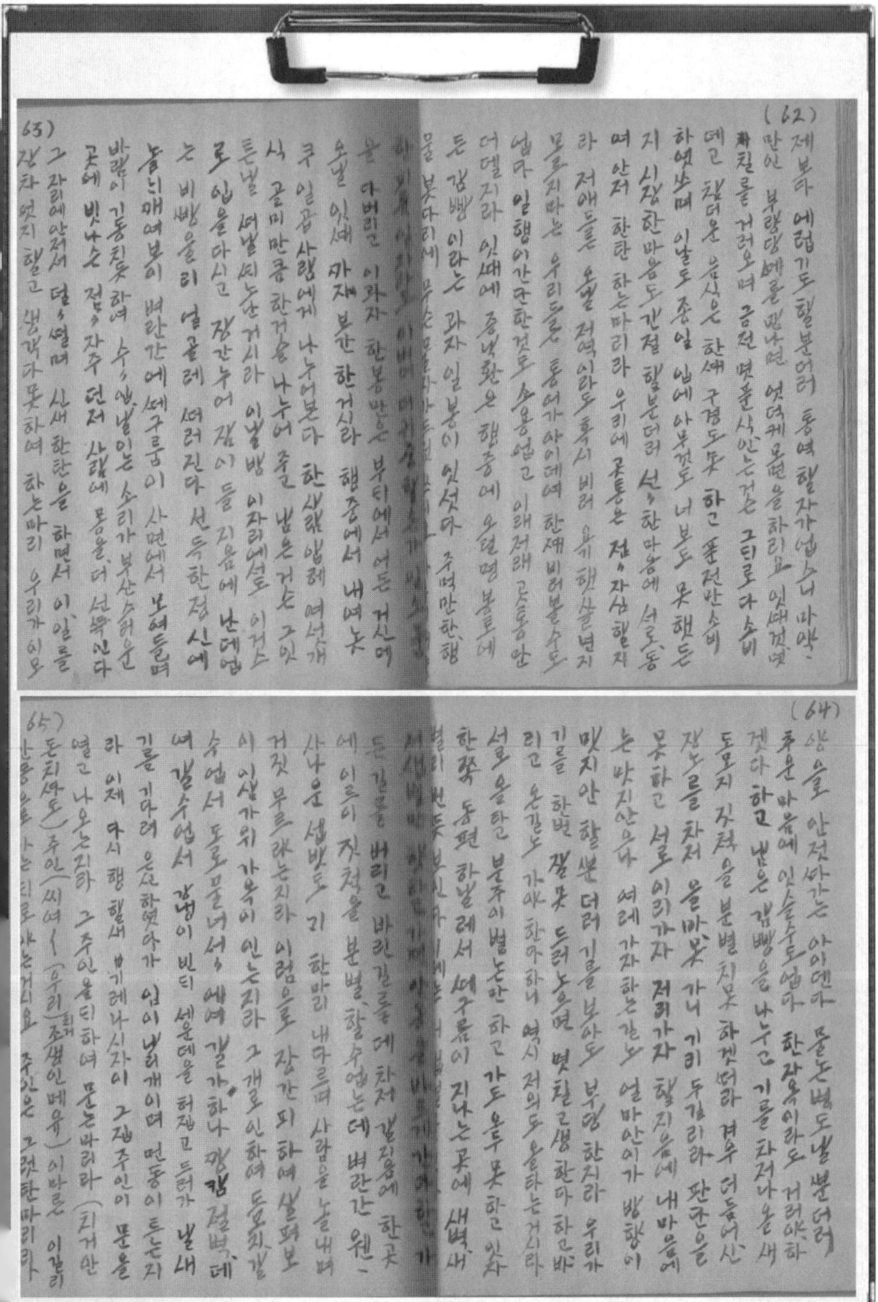

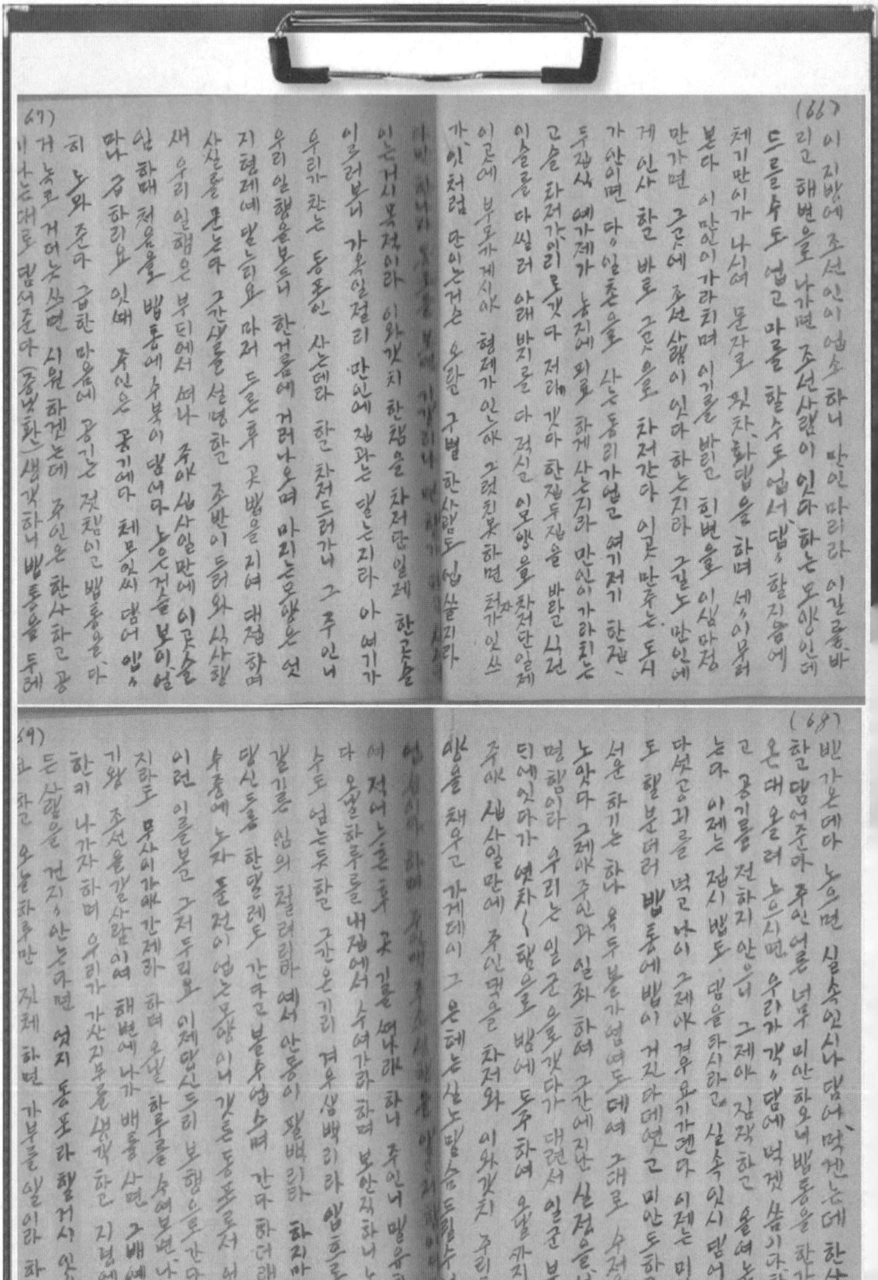

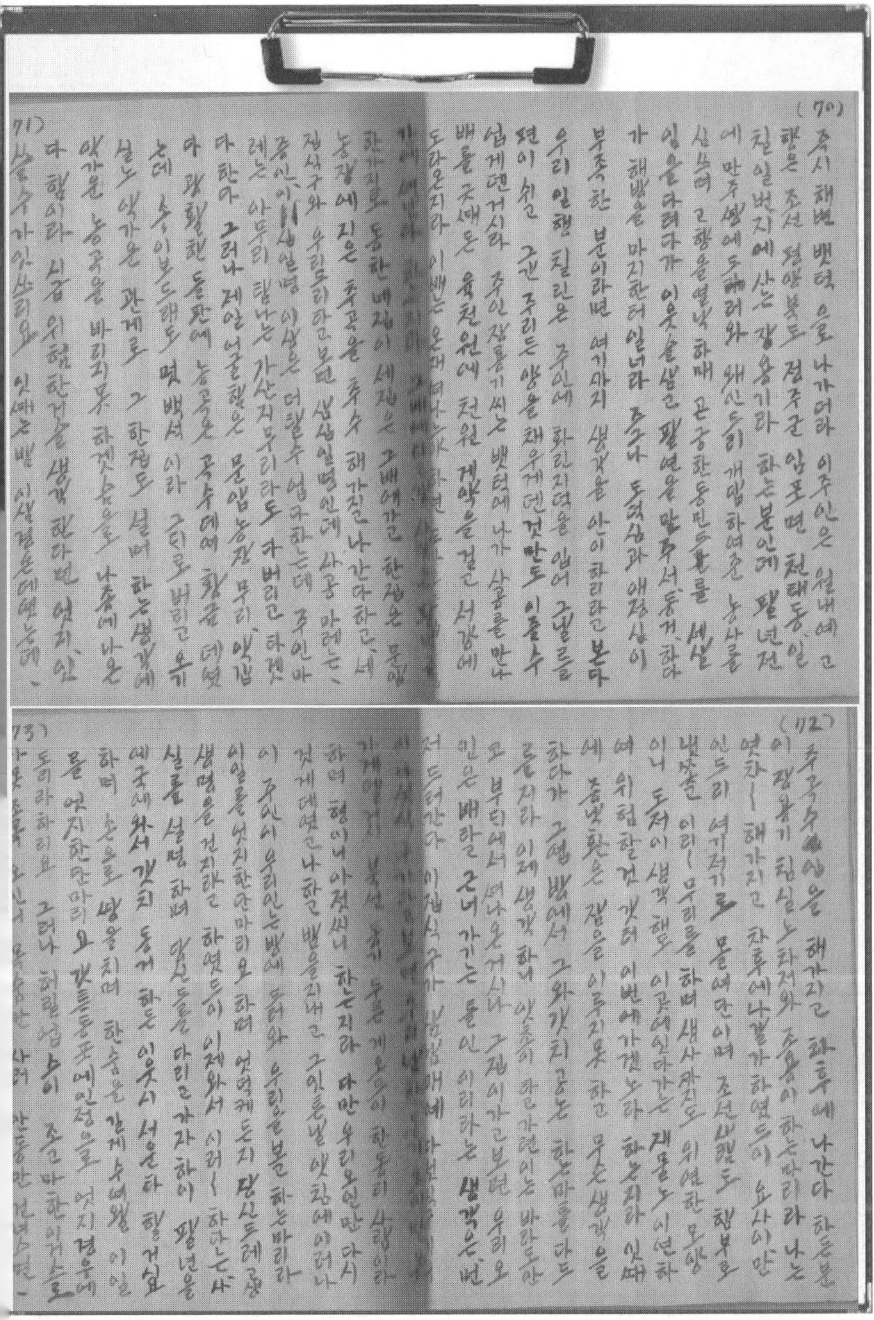

(70)

(71)

(72)

(73)

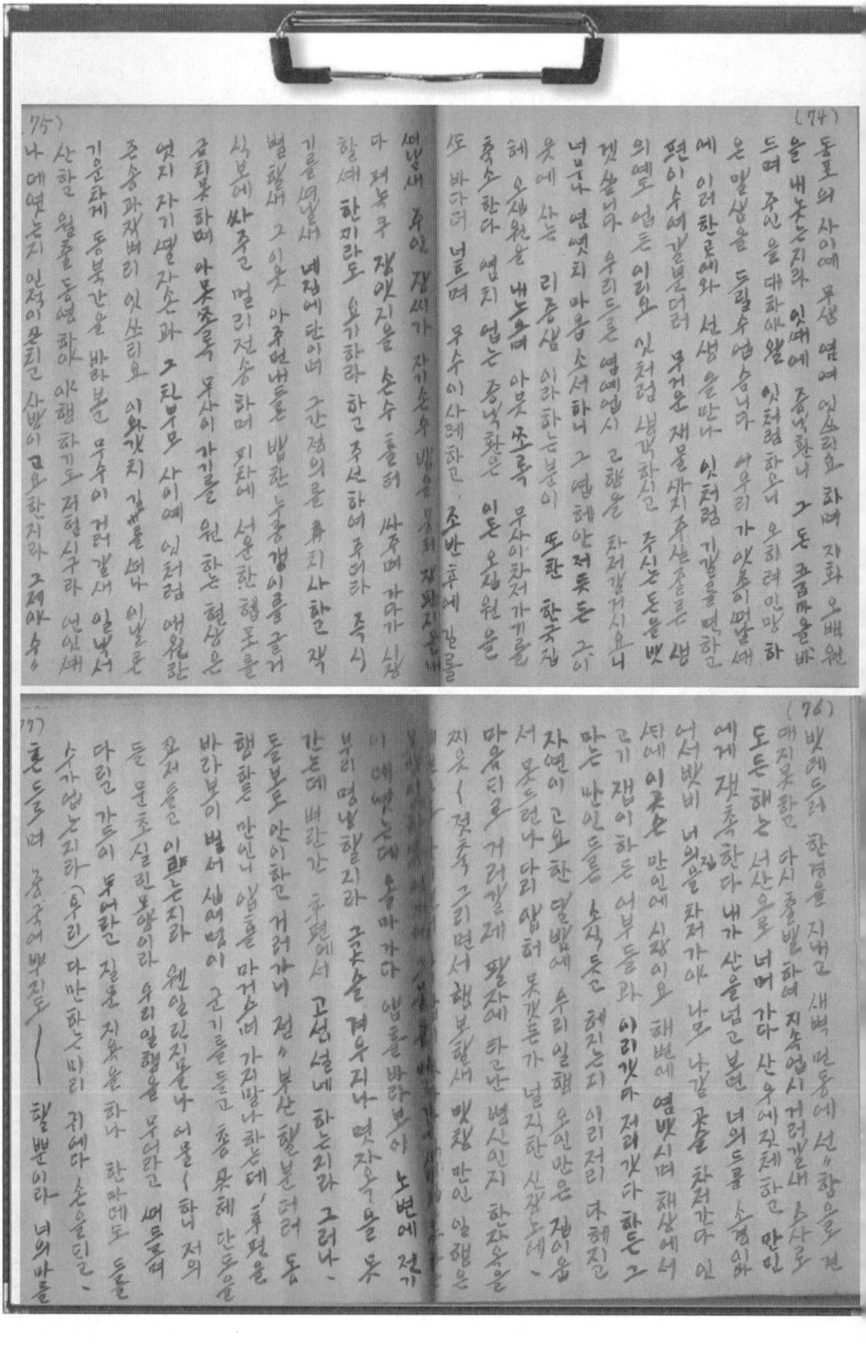

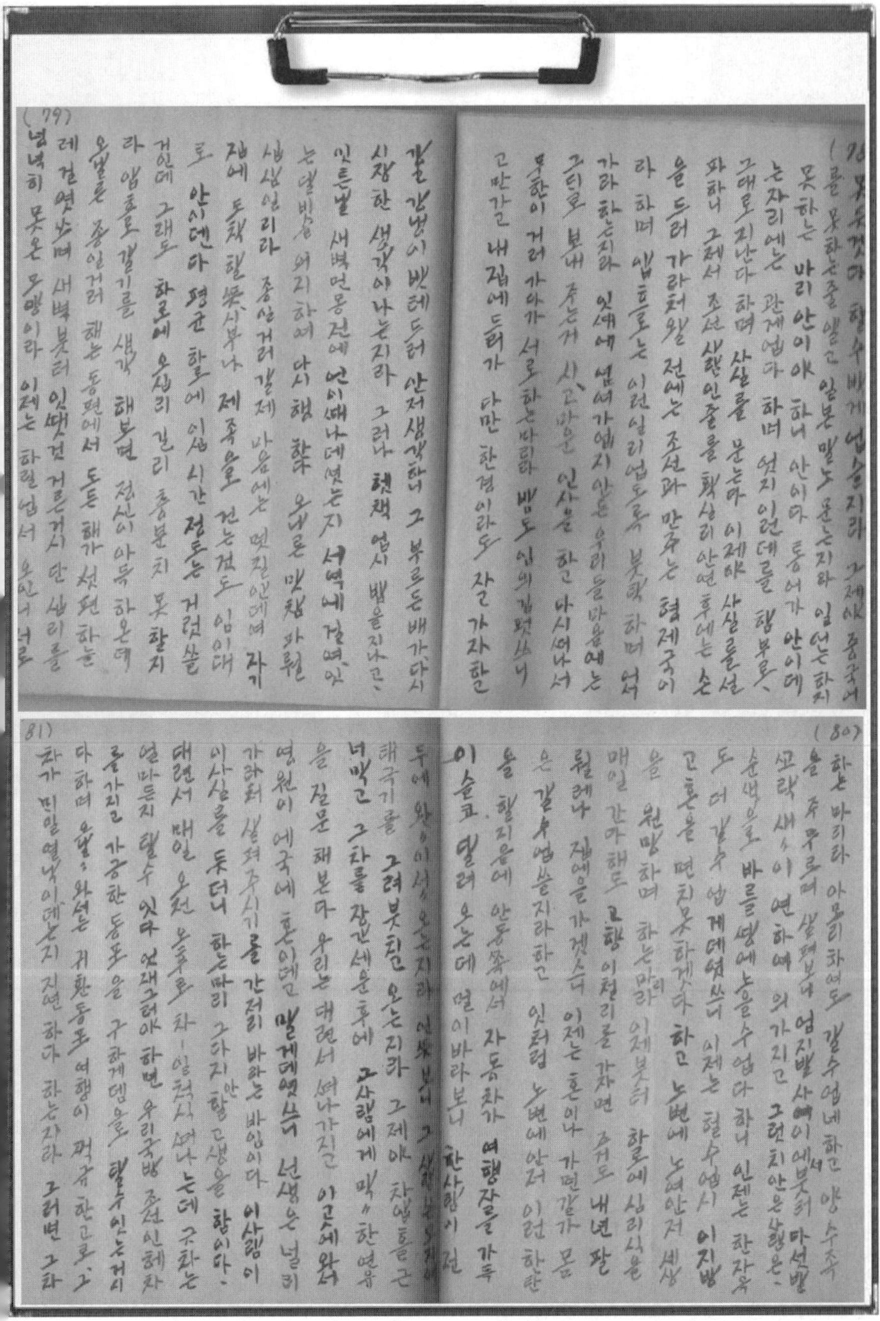

(79)

(80)

(81)

이순신 델러 온는데

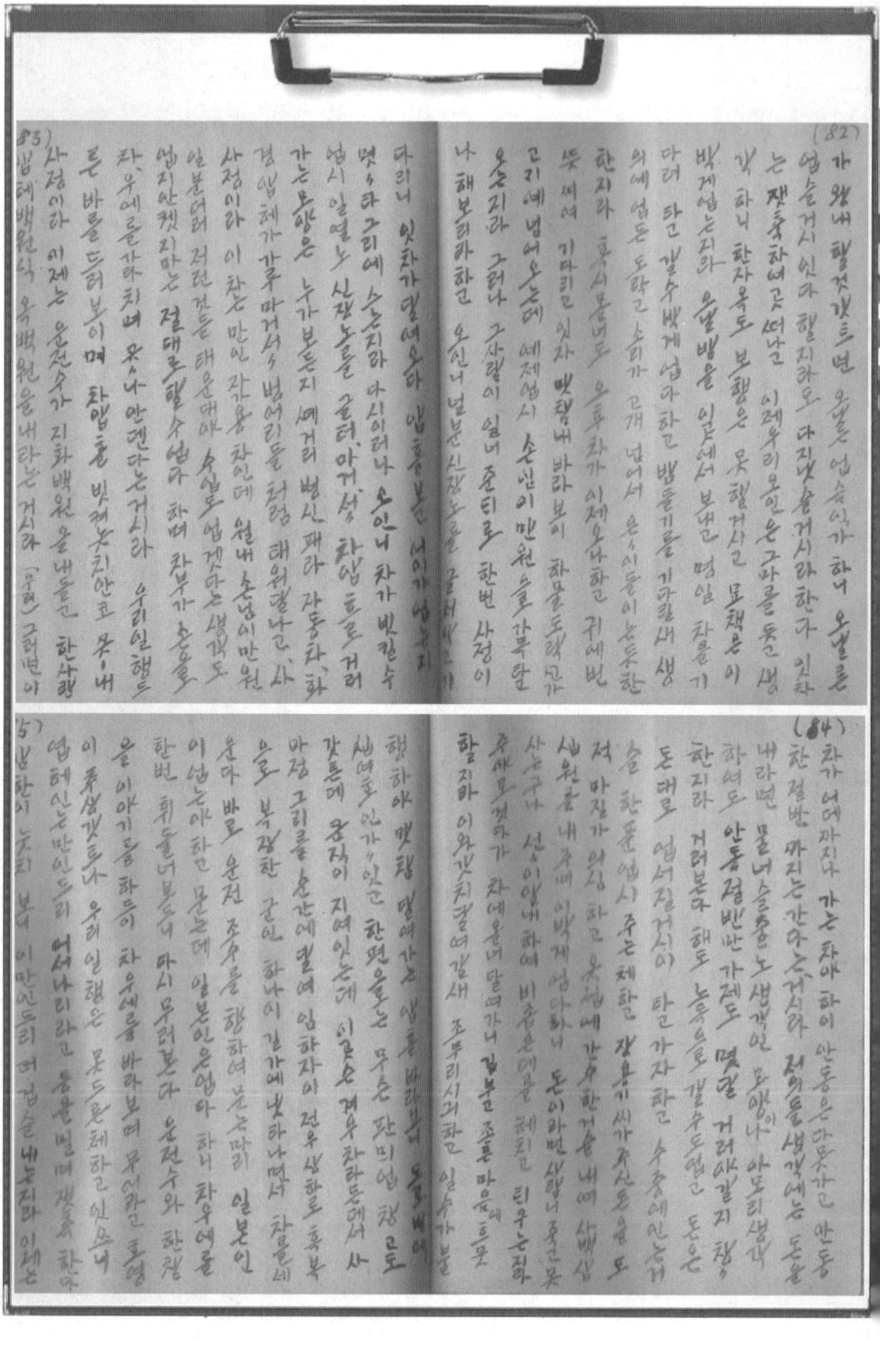

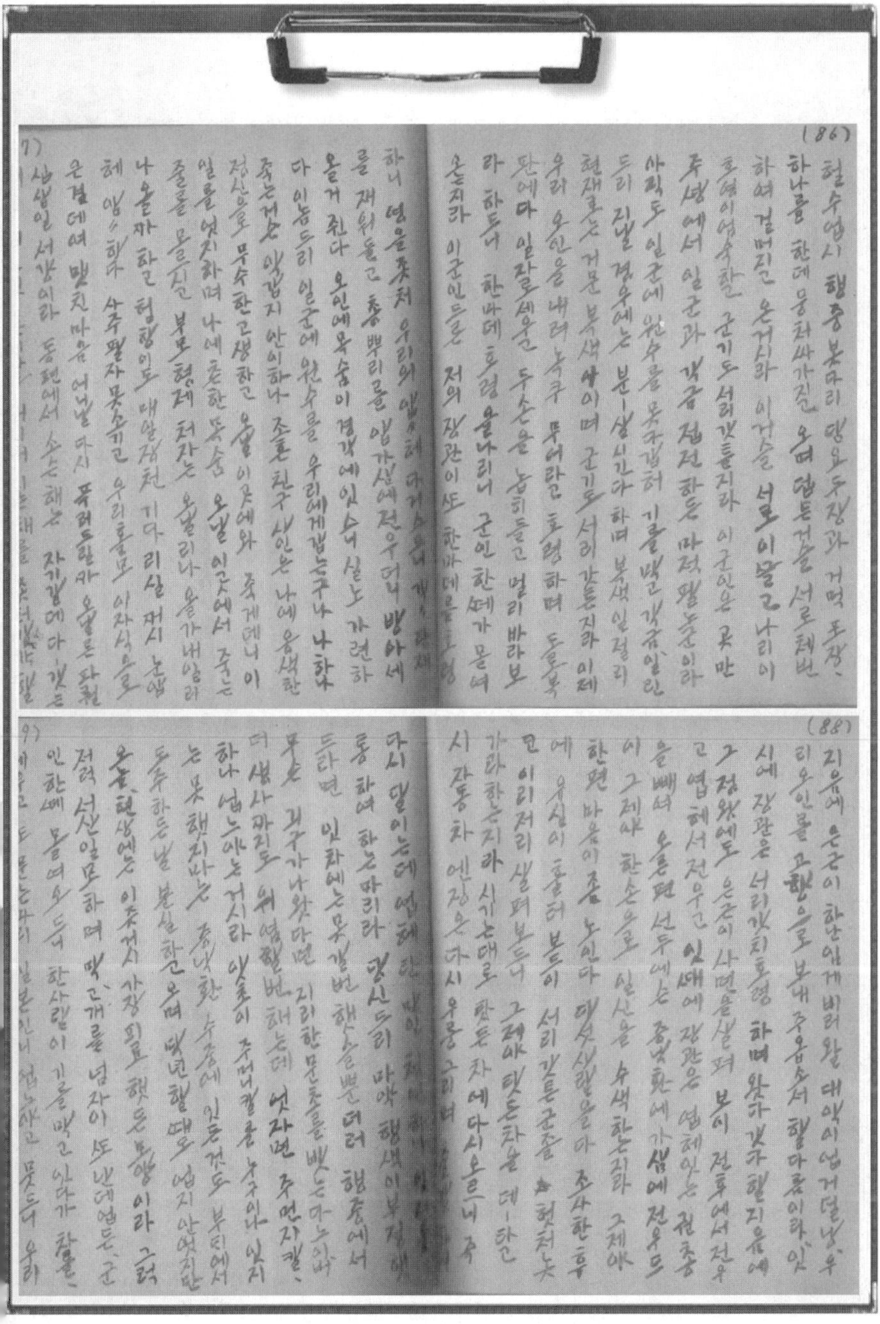

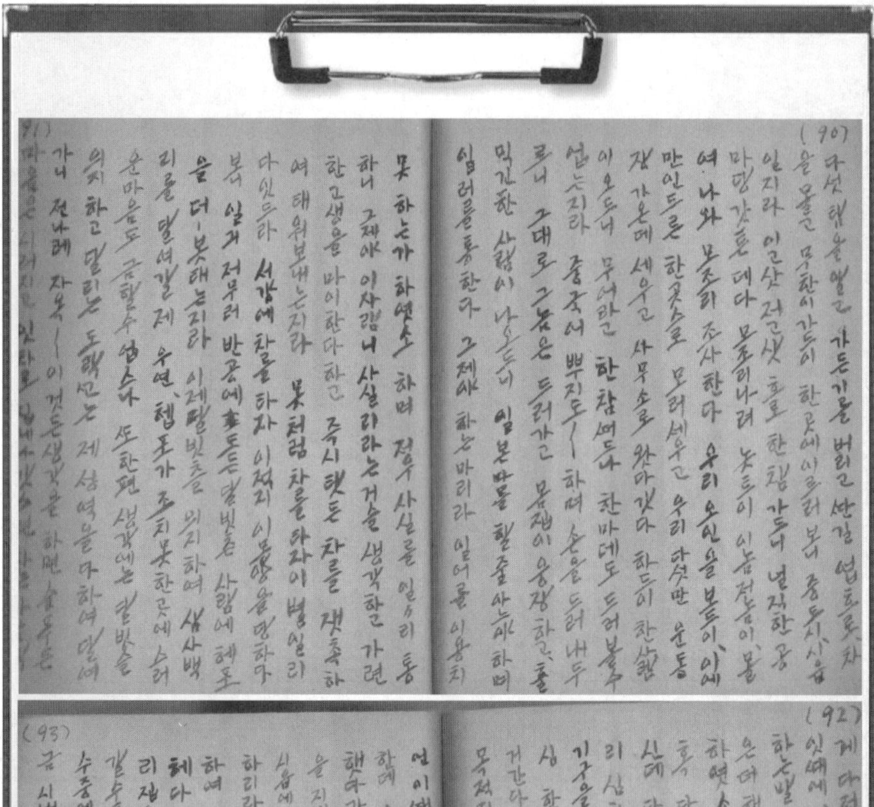

(90)

(91)

(92)

(93)

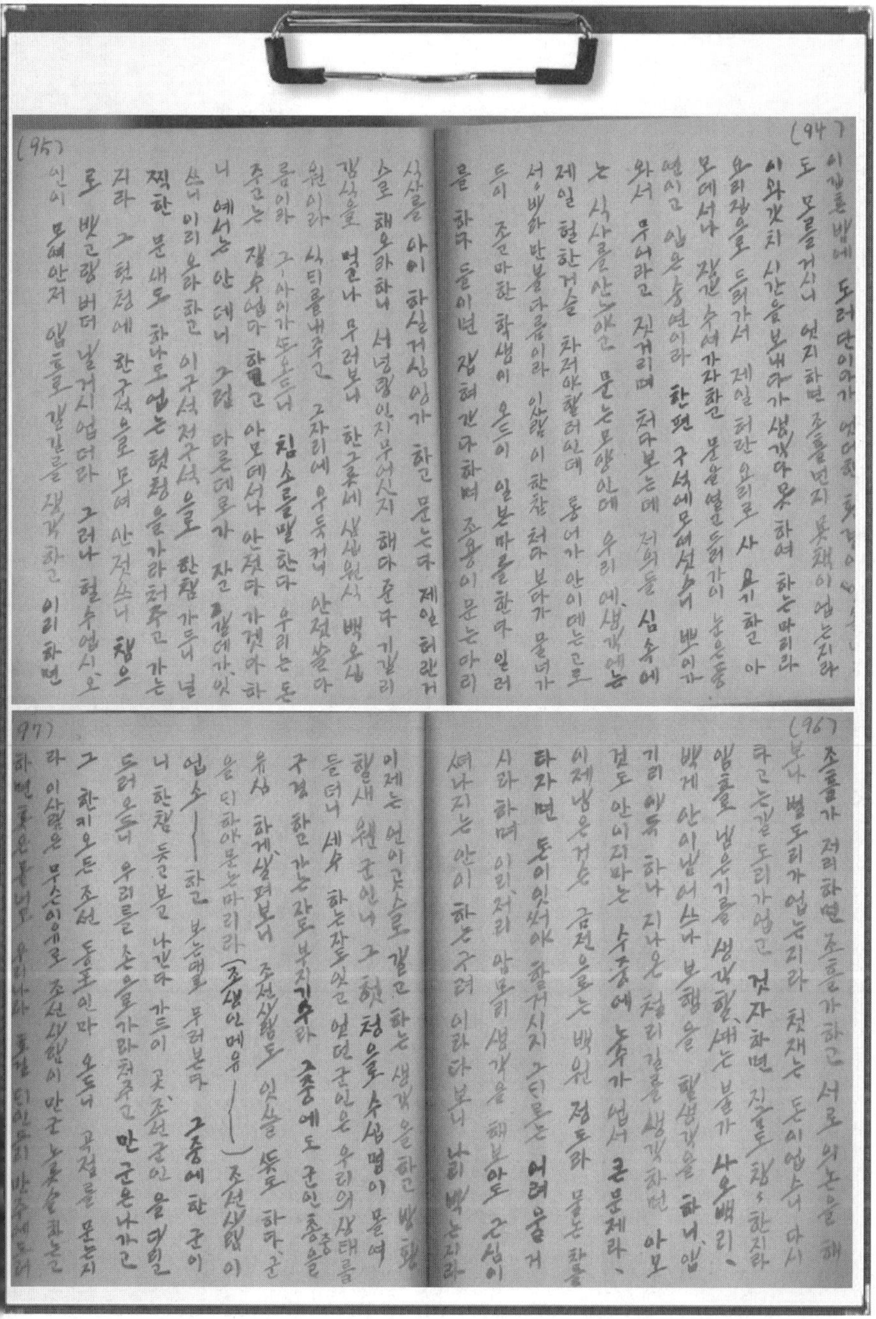

98

가 가만이 들과 한숨 만쉬면서 이근리 무슨
대답하며 묻는지라 우리들 영화~ 하여 양군을
갓나가 되련서 어나 오며 대한사람이 되와
마련한것과 적은사람 실으리 말하며 셔서 상승이
사오백리 라하는데 노두으로 보행 할 수도 업고 막
션 하오 우리가 하루 간들 송희 나달기를 명백히 지로
하여 우셔 쓰면 조출가 하옵나 시사람이 참중이
생각 하느니 조쎈산야 나갈수로 인다하며 이라~
가면 조젠 인해라고 간판이 ▲ 인술 거시라 구로술차
저가 사상를 말하면 본새줄거시 조쎈 인헤라 쉬오
저와갓튼 동포를 구 코자 화쌰 안동에 써부가 인고 갯

지방에 지부가 산쳐 구토하니 그곳을 차져가라한 신간이양
다 한 나가는지라 오라운 회사한 그근술 화져가니 간판
은 인슈 사람이엇노지라 두룸살펴보니 종적이엇는데 후
멷헛 청셰을 드러가 보니 태극기와 만추기 하나~ 국기
만 두리섯난 사모종적이 엇서 문밥 해나와 엇지 할~
리업서 추려~ 행진음에 멀리 생펴보 엇지 본면
조쎈 싱행으로 갓 엇덕커 보면 만인도갓른 삼행하
나이오는게 그모행이골난 한 가졍인앙가보다 외복
이남우 할분더러 춘화 한 룡으로 우리 인는 조
션읁게 암을 챵한 오는데 잣새 보니 만복은 임엇노
나 사랑은 조쎈싱행이 분명 한지라 반겨 대하며 절
문왕 형셰은 무슨용무가 인셔 이곳에게시 오며 이

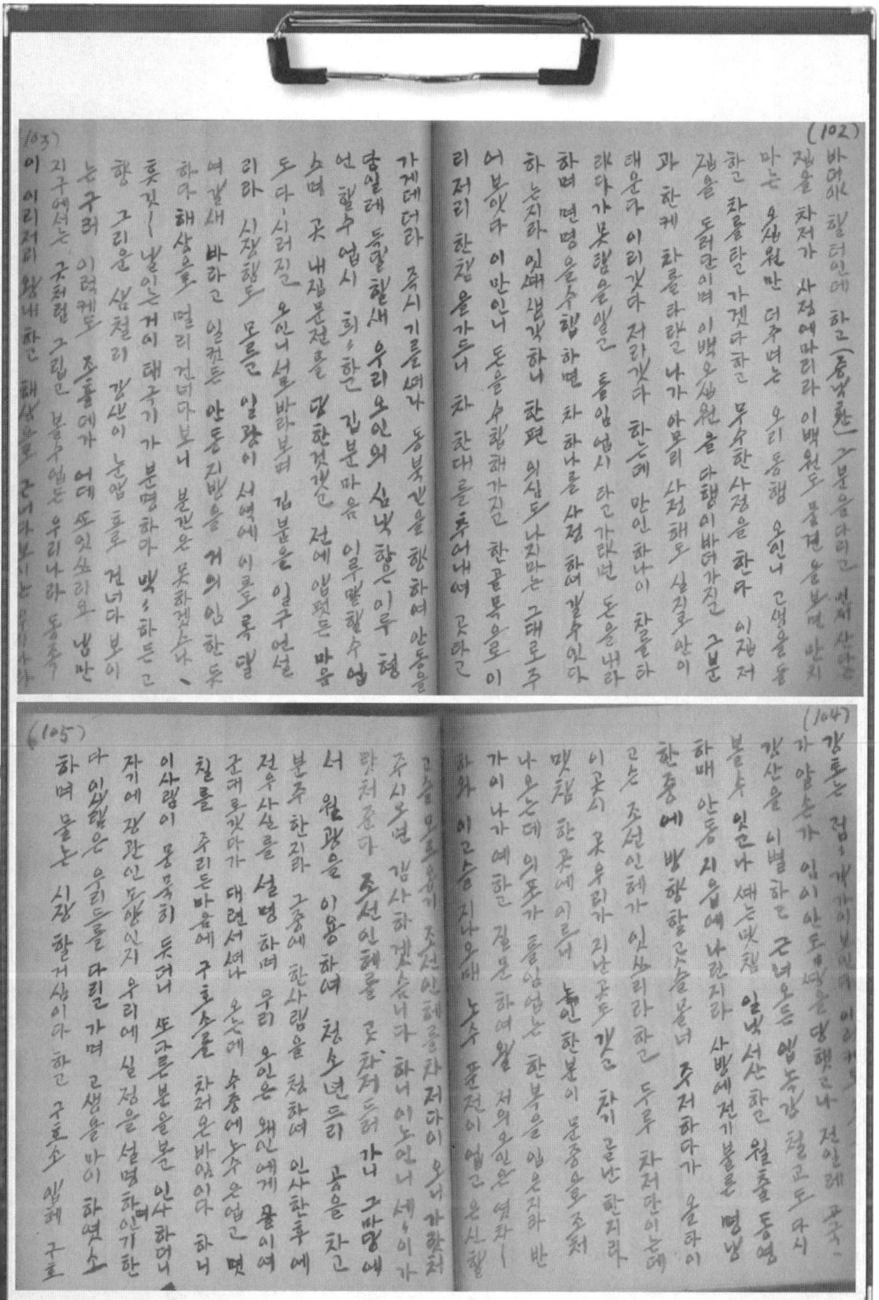

(102)

(103)

(104)

(105)

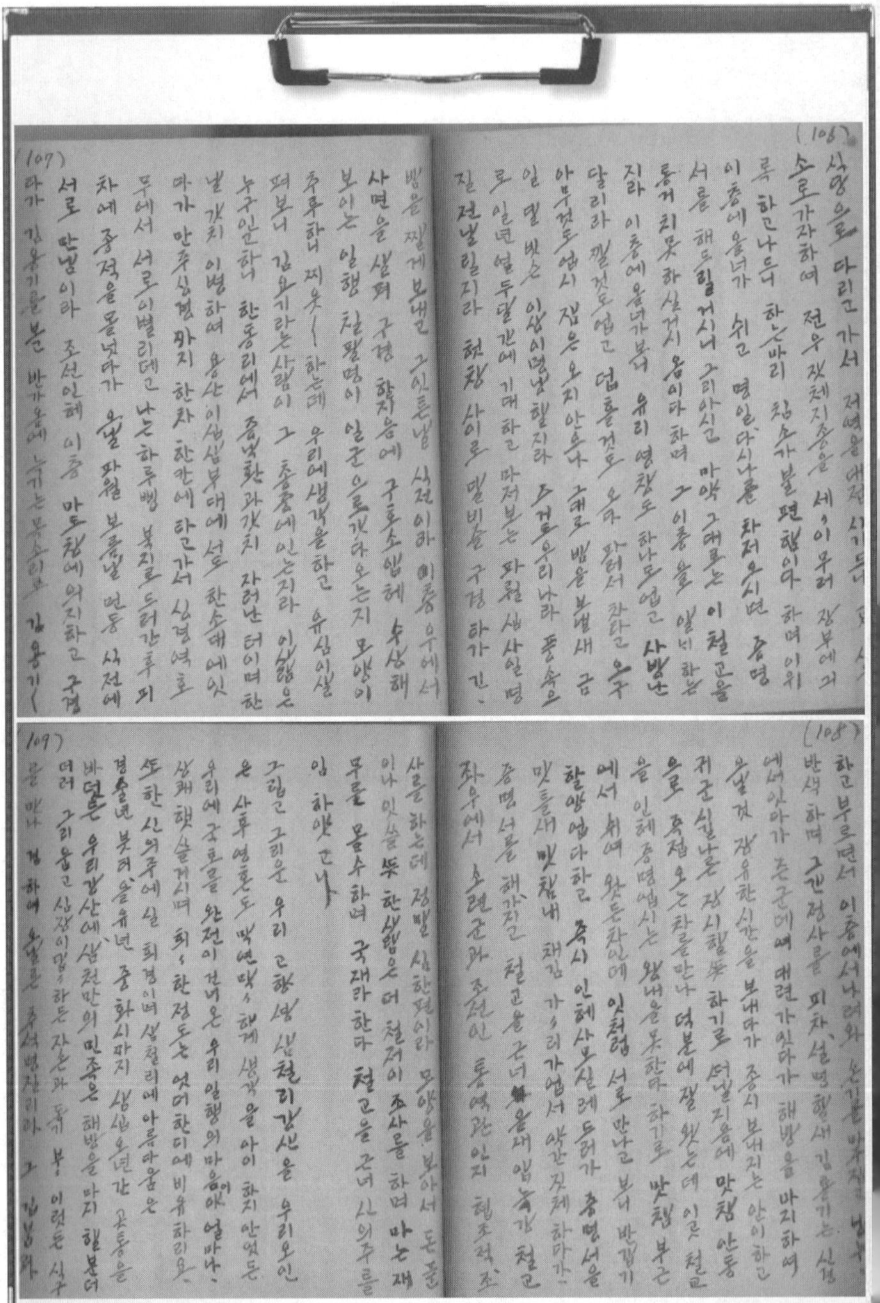

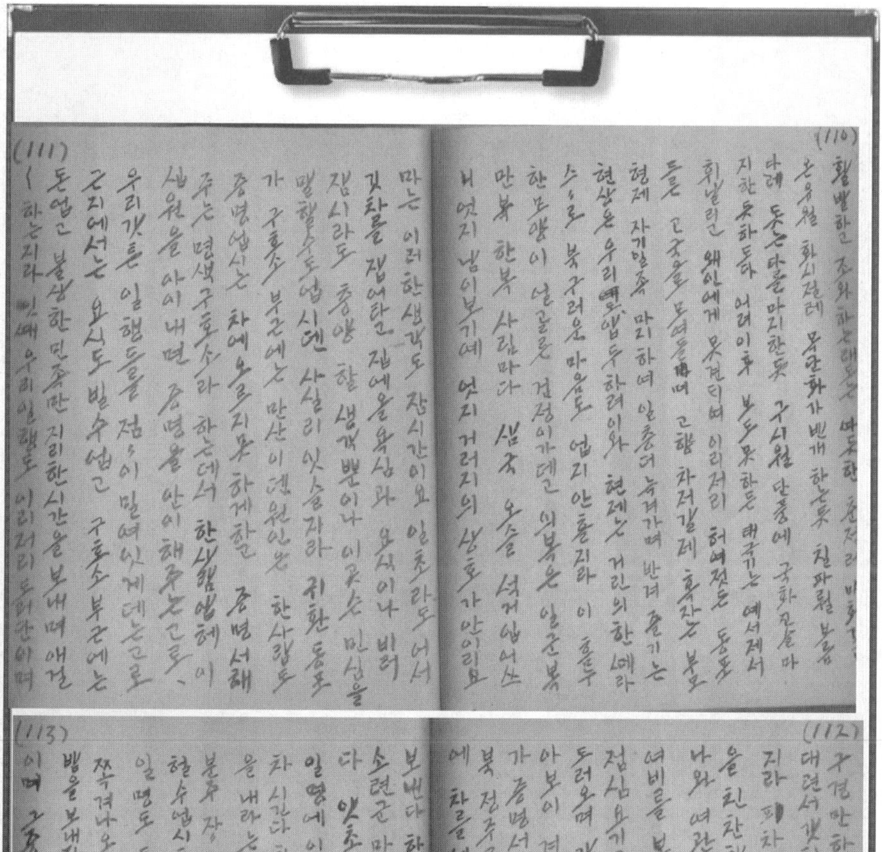

(110)

(111)

(112)

(113)

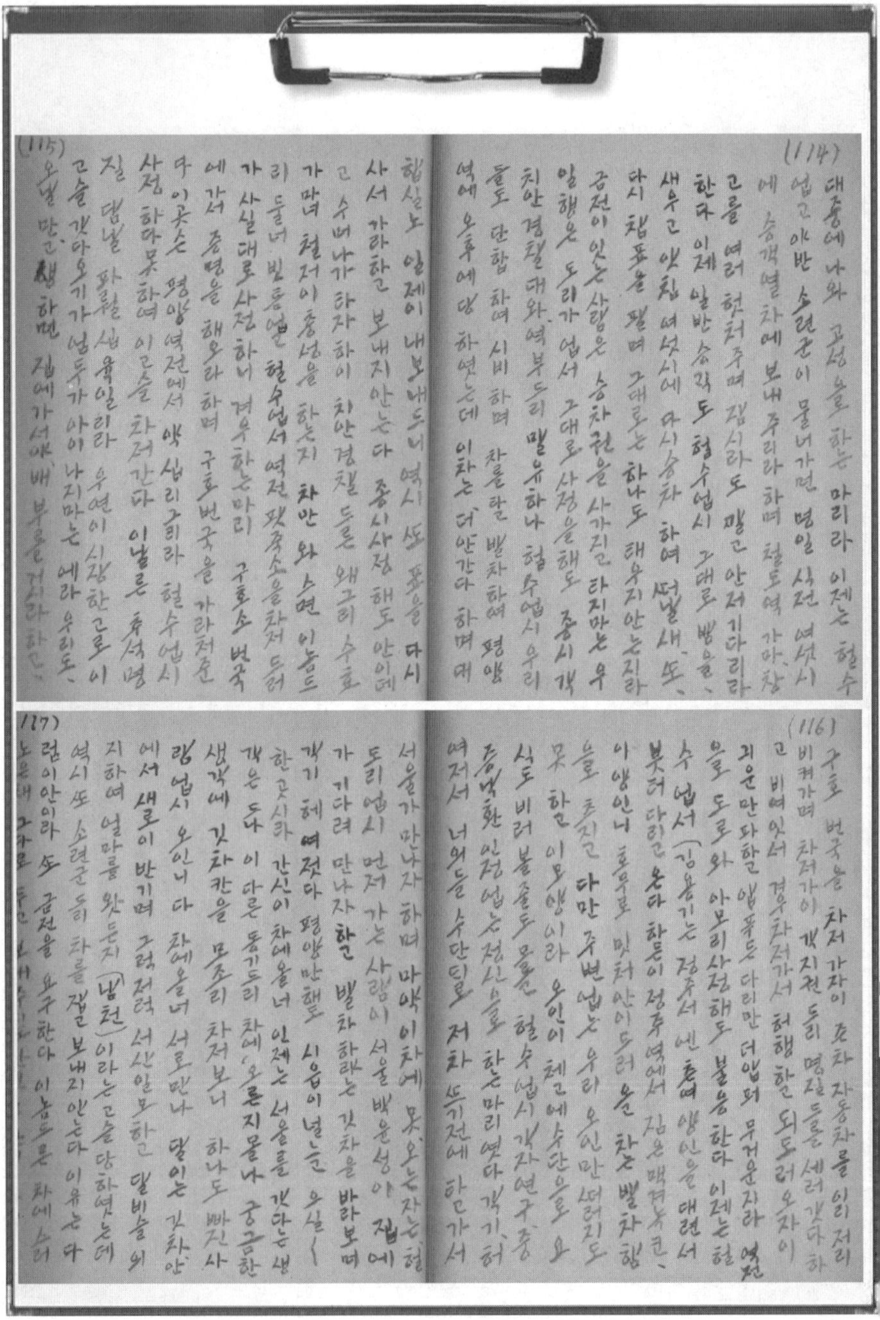

(118)

소련군과 여원 한 와서 한 백구로 도리 가며 하는 마리 이살림 돈을 거르 추워에 금주까지 보내 주지 그럿 치 안으면 보내지 안는다 한수 이라 더 나아 구심 리 밧겟는 더 가도 못한 상팔 경게가 잇서 금주이 생음더 못간다 한 위문이 분주 하드니 한편에선 눈 거러나산다 가속이 만로 보행이 안이 엥 분들 이 에는 너라 한것임세 굿도를 찾저 수삼면 보행으 하렷 모다 상행으로 드러간 다만 냄을 삼팔선 로 금고 구실리라 한순 나라 새로우 금군을 임 하엿는데 금주 좌우 산곳에 소련군이 북병하 근 삼팔 경게 군병을 직키는 모행인데 우리의 불행 을 본를 기를 맛근다 섄은 내벽 면동이라 사령 하여 낼 리 발매 금주에 드러가 여러 손암들로 잇참 삿자를

(119)

밤도 못 한이라요 제기만 줄밋 한이양이요 오메 이아기라 오 기를 잿 축 하며 암 혜나서
건은 모향 창으로 가능 할진다 어덴가 혼저 몸도 산일 러이날 생일리 덴로록 침라온 요사을 구경 화못할 언저온 북산 동기르 요기신 후 심을 일 오시날 치안으리오 만은 개성서 서울 노가는 차 잇다 한곤로 그짜 를 타란 거러 가나 신의주에서 구산리를 거러와 눈이 심 한데 엿지 거름 걸가 가 심 건녀 세월없이 개성 됏삼이라 눈기를 걸을 제 밤세 우에서 소련군이 섕 우색 심사한 보낸다 다리를 각항 필로 열 그레 시내를 진나 금군을 건들새 화 리 오인 뿐이라 수충에 혼전이 업노 신사쌔 새

(121)

은 홍백 에게 상상원 수행 하게 쓸수 업겟는 생각 벳게 섯서 오 증중 이 있는곤 쌀수 업다는 생각을 한다도 구심없이 증멋 확은 암모리 생각을 한지라 임대에 인갑업노 배전한 못 한 어산이 범 한귀오 매 생사고락을 갈수로 업노 안장이라 섯로 눈치 만 본 마너 안정술 뿐이라 저것도 한겻치 해오라 가여 와서 둘 앙이에 또 그사랑 살가 잇잔말도 그개를 수기 여 감게시니 먼저을 가라 하며 앙안에서 눈부리 정 려 옷 성을 적신다 일순 궁백한 산행 이요 가로 복 자안 누구시라 그손 에다 혼저두 사안만 먼저 오찬말

(120)

드리 엿지 하듯지 개성을 올후 네시에 대가 와지 그러 치 못하면 하로더 배를 느끄르거이나 쌔비가고 한 앱 해 가자나 자연 하나 둘른 뒤에 초저 새로기가 금 난 한 동기가 인눈 모향이라 뒤엇서 불으 머 감군 솜 가자한 부른다 마음 만는 금자지반 호저서 갱누 엽는 임장이라 짓체 하여 기다라새 공주 산눈 처안이 하눈 한 조저 안 하눈 곳에 원슴이 오짓못 란 갓치 것즛 거리며 엽헤라 심엽 우저 안 끄며 앙안에서 눈부리 나려 옷깃을 적시며 하눈 마리라 이제 나눈 마양 한잠우로 혼부를 못 하겟스니 나 하눈 운는 촌저 다 갯치 배를 느끄러 업노 돈이 산 잇는 노 삼문 만추면 개성서 서울 찬바 심원이라 가니 촌부를

PART - V. 그리운 나의 부모님/부록 377

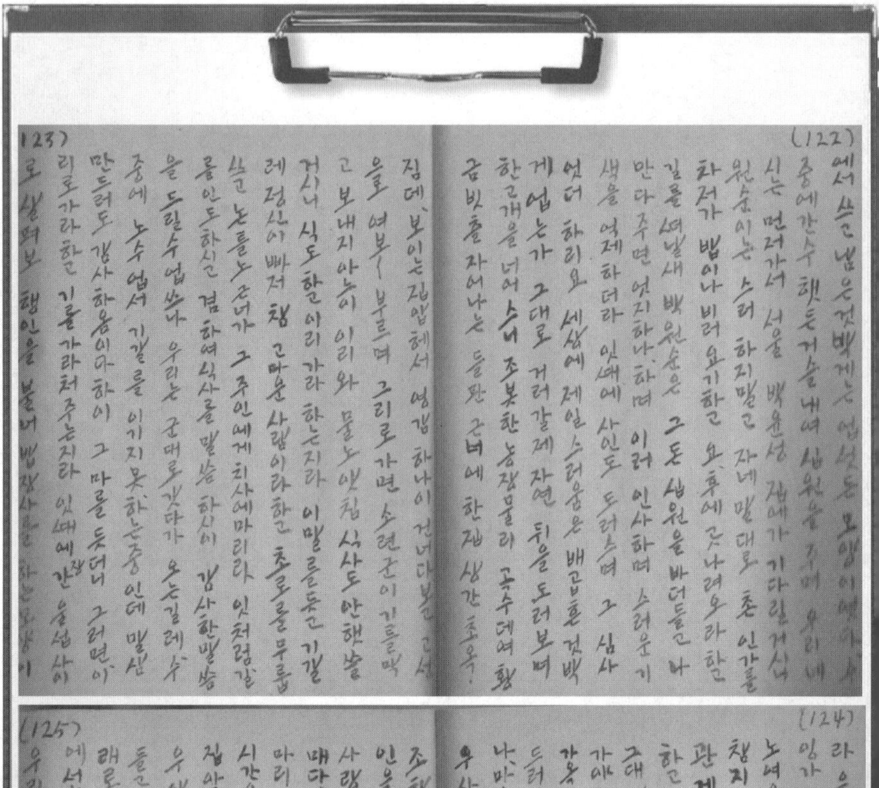

(123)

(124)

(125)

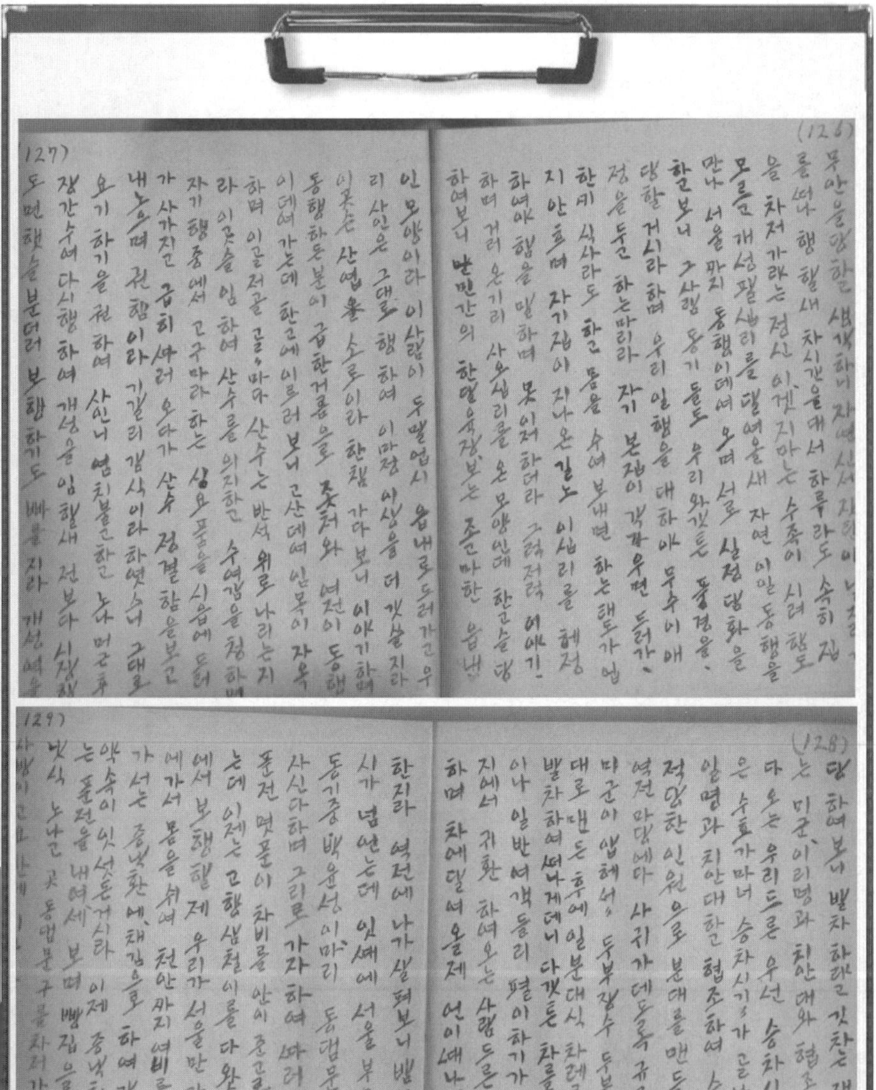

(127)

(128)

(129)

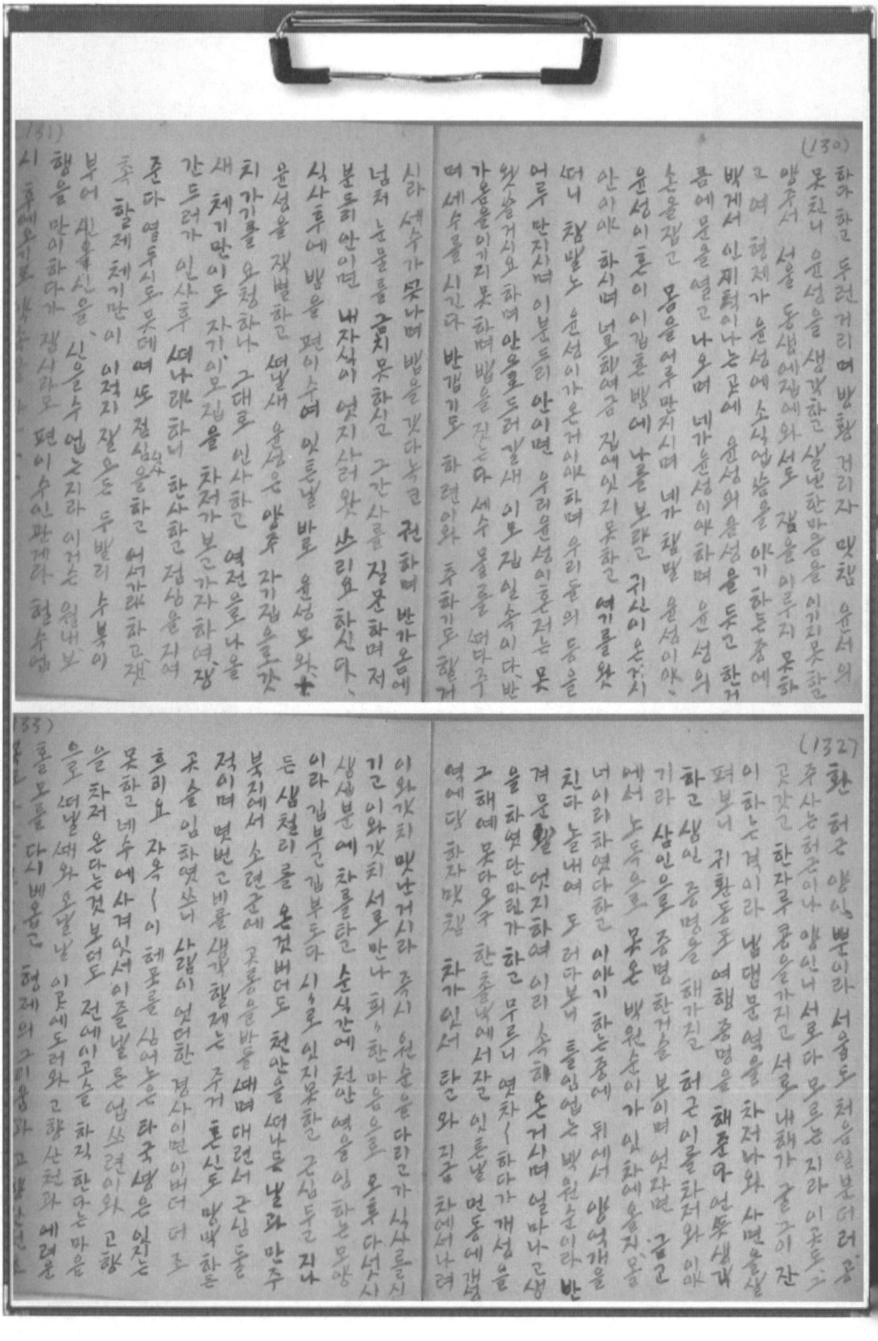

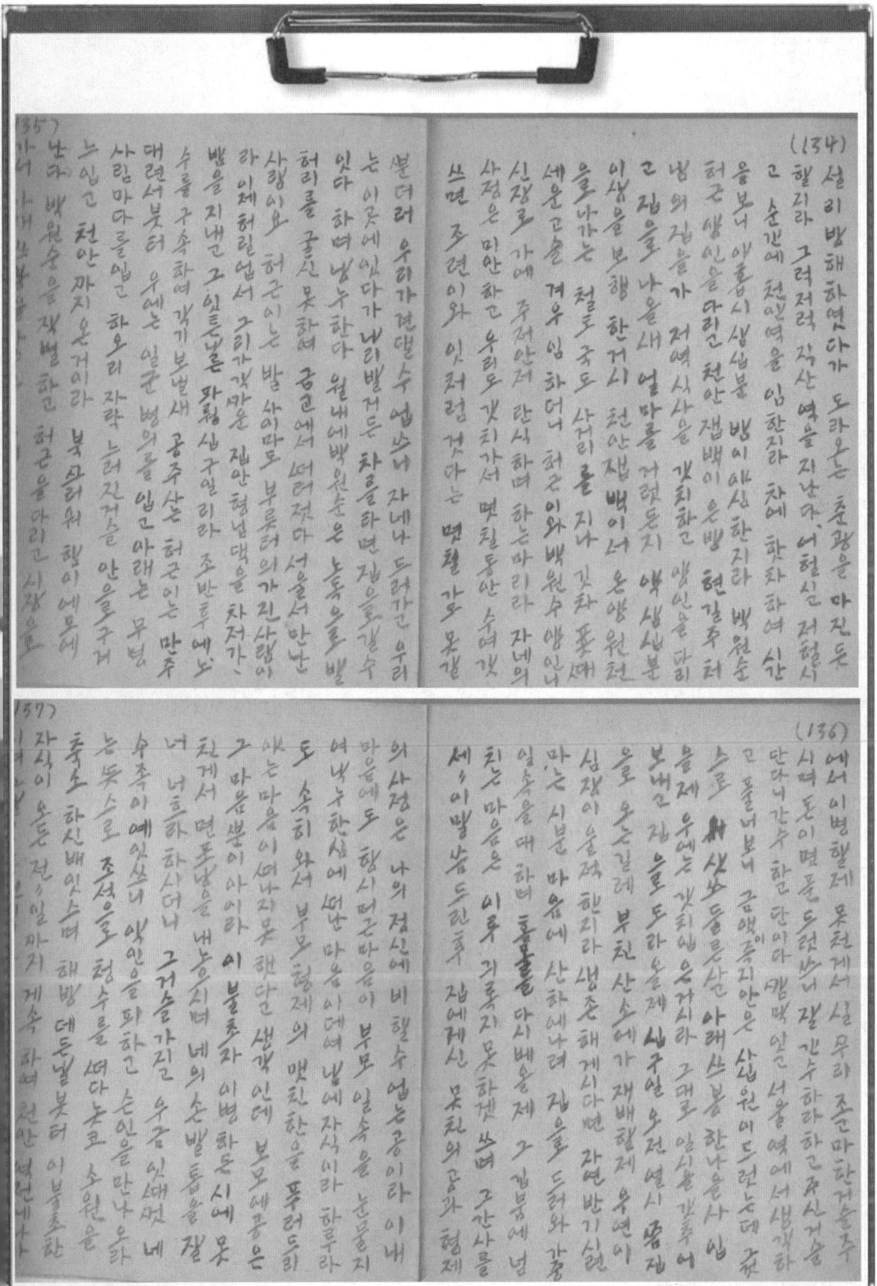

(135) (134)

(137) (136)

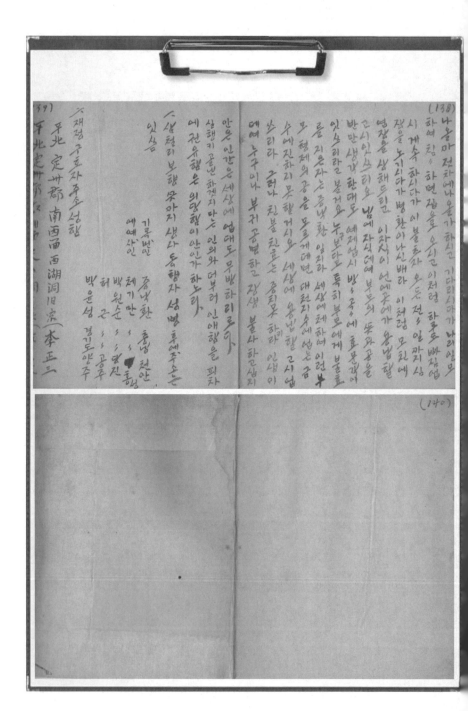

나올마 전차에나 올가 하셨신 기다리시다가 나리 삿당
하여 짐o 하면 잠을 오시긴 이처럼 하로로 빠집업
시 게속 하시다가 씨불초 오든 전o 일 까지 삼
잠을 노기시마가 병 환이 나신 배라 이처렁 모 친에
영장을 삼해 드린 이자식이 언에 곳에가 용납 될
근시 잇쏘니라요 님에 자식 덴데 부모의 뜻과 공을
반만 생각 한대도 여러섬시 방o 곳o에 효 본리이
잇쓰리란 봄거요 누보다도 독히 부모에게 불효
료 지은 자는 종낙 환 일리라 세상에 제하서 이런
로 행제의 공을 모르게대면 대런 슈에서은 금
수에진하리 못할거시요 세상에 용납 한 근시업
쓰라라 그런나 친불 죠큰도 종회복 하라 인생이
대여 누구이나 부귀 공별한 장생 불사 한 상지

안은 인간o 세상에 업대도 무방 하리로다
상행키 골난 한챈지 난은 인와 더부러 신애함을 피차
에권 유행은 의당함이 안인가 하노라

생령리 보행 못마지 생사 동행자 성명 후예주순은
잇심

기록번
세예사인

중낙환   충남 천안
체가만   ..홍성
백원순   ..명진
허근   ..공주
박윤성   경기도 양주

재정구호자주조성함
平北 定州郡 南西面 西湖洞旧宅(本正三)
平北定州郡...

참고문헌

○ Purpose-Driven Life Design 목적이 이끄는 라이프 디자인
   (CMOE Korea 2019.4)

○ ICF인증 Fast Track Program(CMOE Korea 2008.4)

○ NLP 전인(全人)코칭(연세대학교 2008.2.27)

○ Masterful Coaching(하버드대학교 로버트 하그로브 2006.7.10)

○ 연세대학교 코칭 아카데미 매뉴얼(연세대 2008.3)

○ 휴4.5(박영목 변호사 2015.10.20)

○ 잃어버린 아버지를 찾아서(서석현 2018.1.2)

○ 김수영(2012.5.1) 멈추지 마 다시 꿈부터 써봐

○ 베르나르 올리비에(2003.12.20) 나는 걷는다

<21세기 최고의 웰빙지침서>

가정을 변화시키는 **행복스토리**

2019년 7월 31일 발행

저   자 정 충 희
이 메 일 jch257843@hanmail.net

편   집 정 동 희
발   행 도서출판 한행문학
등   록 관악바 00017 (2010.5.25)
주   소 서울시 중구 을지로 18길 12
전   화 02-730-7673 / 010-6309-2050
팩   스 02-730-7673
홈 페 이 지 www.hangsee.com

정   가 15,000원
I S B N   978-89-97952-28-1 03990

공급처 / 가나북스 www.gnbooks.co.kr
전   화 / 031-408-8811(代)
팩   스 / 031-501-8811